Willi Marxsen   **Der zweite Thessalonicherbrief**

Zürcher Bibelkommentare

herausgegeben von
Georg Fohrer, Hans Heinrich Schmid und Siegfried Schulz

Willi Marxsen

Der zweite Thessalonicherbrief

TVZ   **Theologischer Verlag Zürich**

CIP-Kurztitelaufnahme der Deutschen Bibliothek

Marxsen, Willi:
Der zweite Thessalonicherbrief / Willi Marxsen. – Zürich: Theologischer Verlag, 1982.
(Zürcher Bibelkommentare: Neues Testament; 11,2)
ISBN 3-290-14729-0
NE: Zürcher Bibelkommentare/NT

© 1982 by Theologischer Verlag Zürich
Typographische Anordnung von Max Caflisch
Printed in Germany by Buch- und Offsetdruckerei Sommer, Feuchtwangen

Inhaltsverzeichnis

Vorwort

Erheblich später als ursprünglich geplant lege ich nun den Kommentar zum 2. Thessalonicherbrief vor. Die Verzögerung hatte vor allem den Grund, daß es mir schwer fiel, die geeignete Form zu finden. Diese ist zwar durch die Reihe, in der der Kommentar erscheint, zu einem guten Stück bereits vorgegeben; doch kann das nie ein Zwang zur Uniformität sein. Ein entscheidender Gesichtspunkt müßte sonst unberücksichtigt bleiben: Die Form eines Kommentars wird ganz wesentlich durch die zu kommentierende Schrift selbst bestimmt, durch ihre literarische Eigenart, durch die Umstände ihrer Entstehung und durch die Arbeitsweise des Verfassers bei der Niederschrift. An diesen Punkten liegen aber gerade beim 2. Thess. gegenüber anderen neutestamentlichen Schriften sehr viele Besonderheiten vor.

Es ist relativ leicht, sehr viele Probleme des 2. Thess. in Einzeluntersuchungen zu behandeln. Gar nicht leicht dagegen ist es, die dort gewonnenen (und durch die eigene Arbeit dann auch noch modifizierten) Ergebnisse so für die durchgehende Auslegung fruchtbar zu machen, daß der Leser nicht gezwungen wird, neben der Lektüre des Kommentars unentwegt in Zeitschriften und Monographien nachzuschlagen, um die Begründung für exegetische Entscheidungen an den Einzelstellen kritisch verfolgen und verstehen zu können. Viele dieser Arbeiten kann er nur sehr schwer erreichen, manche wahrscheinlich gar nicht. – Beim 2. Thess. liegt aber auch noch diese Besonderheit vor: Viel mehr als in den anderen neutestamentlichen Schriften betreffen Probleme, die an einer Stelle auftauchen, fast immer alle anderen Stellen auch. Sie können daher nur erörtert und verstanden werden, wenn man immer den ganzen Brief in den Blick nimmt. Zugleich aber hängen diese Probleme nahezu immer mit dem eigenartigen Verhältnis des 2. Thess. zum 1. Thess. zusammen. Geht man daher zu schnell an eine Auslegung heran, die dem Text in seinem Ablauf folgt, muß man unentwegt mit Exkursen arbeiten, die den Zusammenhang zerreißen. Außerdem entsteht eine Fülle von Zirkeln mit permanenten Wiederholungen, weil sich fast alle Probleme inhaltlich überschneiden.

Nach manchen Experimenten habe ich mich für folgenden Weg entschieden: Ich erwarte als Voraussetzung lediglich, daß der Benutzer des Kommentars den 2. Thess. (nach dem 1. Thess.!) gelesen hat, und lasse ihn dann von Anfang an an meiner Arbeit teilnehmen. Ist nämlich die Lektüre des 2. Thess. langsam und mit der nötigen Aufmerksamkeit erfolgt, haben sich schon Fragen eingestellt, die auf Antwort warten. Wenn diese nun in der «Hinführung zur Auslegung» aufgenommen werden, dann wird der Leser nicht den Eindruck bekommen, ihm würden Probleme sozusagen übergestülpt, sondern er stößt auf die Fragen, die ihm selbst bei der Lektüre schon gekommen sind (oder hätten kommen müssen). Die Antworten werfen dann ihrerseits neue Fragen auf, die Antworten darauf weitere. Das langsame Heranführen an die Probleme ergibt dann zwar einen ziemlich langen Anmarschweg, bis endlich die «Auslegung» im Zusammenhang erreicht wird, hat aber zugleich den Vorteil, daß der Leser vorbereitet an die Exegese gelangt. Diese kann jetzt erheblich entlastet werden: Beantwortete Fragen bedürfen keiner erneuten Diskussion; ein Rückverweis zur Erinnerung genügt. Der Leser aber wird so in die Lage versetzt, die Auslegung selbst kritisch nachzuvollziehen. Ich habe mir jedenfalls viel Mühe gegeben, dem Leser das Rüstzeug für die eigene Exegese zu vermitteln.

Natürlich kann man sich darüber streiten, ob ich hier nicht manchmal des Guten zu viel getan habe, obwohl ich vieles, was ich nicht unbedingt für wichtig hielt, ohnehin schon weggelassen habe. Dennoch habe ich mir überlegt, ob ich nicht noch mehr kürzen und insbesondere auf den Exkurs auf S. 43–52 verzichten sollte. Aber eine noch weitergehende Kürzung wäre auf Kosten der Verstehbarkeit und inneren Geschlossenheit des Ganzen gegangen; und der Verzicht auf den Exkurs hätte bedeutet, daß ganz entscheidende Dinge, die für das Verständnis der Entwicklung theologischer Aussagen vom 1. Thess. zum 2. Thess. unverzichtbar sind, nicht deutlich genug zur Sprache gekommen wären. So wird dem Leser (vor allem dem, der möglichst schnell an die Auslegung herangehen möchte) etwas Geduld abverlangt. Der 2. Thess. schließt sich nun einmal schwerer auf als andere neutestamentliche Schriften. Die Kommentare zeigen das je auf ihre Weise: B. Rigaux behandelt im 1. Band seines zweibändigen Thessalonicher-Kommentars ausschließlich Fragen der sogenannten Einleitung; und W. Trilling hat einige Jahre vor der Herausgabe seines Kommentars zum 2. Thess. eine gesonderte Monographie erscheinen lassen mit «Untersuchungen zum 2. Thessalonicherbrief», ohne die man den Kommentar selbst kaum benutzen kann. Schon E. v. Dobschütz hat diese Schwierigkeit empfunden, als er 1909 seinen Kommentar zu den Thessalonicherbriefen vorlegte. Im Vorwort schreibt er: «Mein Trost ist, daß ein Kommentar nicht dazu da ist, genossen zu werden, sondern ernste Mitarbeit von seinen Lesern verlangt».

Das aber gilt, wie ich meine, nicht nur für einen Kommentar, den man im allgemeinen als «wissenschaftlich» zu bezeichnen pflegt, weil er vor allem für «Leute von der Zunft» geschrieben worden ist, sondern ebenso von einem Kommentar, dessen Leser normalerweise nicht die griechische Sprache beherrschen, die sich aber dennoch nicht einfach und nur mit den Ergebnissen der Fachleute abspeisen lassen wollen, sondern die an deren Arbeit so weit wie möglich selbst teilnehmen möchten. Das aber zu erreichen, soweit es irgend geht, war das Ziel, das ich mir gesetzt habe.

Meine Sekretärin, Frau Ingrid Augustin, hat zunächst mehrere Entwürfe und schließlich die Reinschrift mit großer Sorgfalt geschrieben. Mit meinem Assistenten, Priv.-Doz. Dr. Gerhard Sellin, habe ich manche Probleme des Kommentars besprochen. Er und meine frühere wissenschaftliche Hilfskraft, Studienreferendarin Marina Loest, haben das Manuskript und dann auch die Korrekturen gelesen, zuletzt unterstützt von stud. theol. Bettina Wirsching und stud. theol. Hans-Josef Born. Ihnen allen danke ich für ihre Hilfe.

Münster, am 22. Januar 1982   Willi Marxsen

Vorüberlegungen

Im Kommentar zum 1. Thess. habe ich gelegentlich angedeutet, daß der 2. Thess. nach meiner Überzeugung nicht vom Apostel Paulus geschrieben worden ist. Es gibt nämlich, wie ich meine, eine Fülle von Argumenten, die nicht nur Zweifel an der paulinischen Verfasserschaft erwecken, sondern es gibt darüberhinaus zwingende Gründe, die diese sogar ausschließen. Die wichtigsten davon sollen später vorgelegt und dann in ihrem Für und Wider erörtert werden.[1]
Gleichwohl möchte ich zu bedenken geben, daß ein solches Urteil (selbst wenn es das Ergebnis einer langen und intensiven Beschäftigung mit diesem Problem ist) nicht zu einem Vor-Urteil werden darf. Das würde für mögliche Gegenargumente blind machen. Auszugehen ist vielmehr bei jeder Auslegung (und darum auch in diesem Kommentar) vom vorliegenden Text. Das Schreiben beginnt, und zwar bereits in seinem ersten Wort, mit der Behauptung, daß es sich um einen Brief handelt, den *Paulus* an die Gemeinde in Thessalonich geschrieben hat.
So muß jetzt von Anfang an alles das bedacht werden, was im Kommentar zum 1. Thess. in den «notwendigen Vorbemerkungen» (S. 9–11) ausgeführt wurde. Ich fasse das kurz zusammen. Zunächst ist darauf hinzuweisen, daß Exegese eine historische Arbeit ist, die im Abstand geschieht. Es gilt, zu verstehen, was der Verfasser seinen konkreten Lesern in ihrer konkreten Situation sagen wollte. Sodann ist zu bedenken, daß ein Brief ein «halbiertes Gespräch» ist. Das Gespräch selbst hat lange vorher begonnen. Der Brief hat eine Vorgeschichte, die man kennen muß, wenn man den letzten Gesprächsgang (eben den vorliegenden Brief) wirklich verstehen will. Schließlich ist jeder Brief eine in sich geschlossene literarische Einheit. Man muß ihn ganz kennen, wenn man die Einzelaussagen verstehen will. In unserem Fall kommt nun noch diese Besonderheit hinzu: Da der zweite Brief an die Thessalonicher ausgelegt werden soll, *setzt die Lektüre dieses Kommentars nicht nur die Lektüre des ganzen 2. Thess. im Zusammenhang voraus, sondern auch die vorangegangene Lektüre des 1. Thess.*
Bereits die Lektüre beider Briefe läßt einige Probleme in den Blick kommen, die jetzt formuliert und ein Stück weit verfolgt werden sollen.
Das erste Problem liegt in der Frage, ob wir es beim 2. Thess. tatsächlich mit dem *zweiten* Brief des Paulus nach Thessalonich zu tun haben. Der *Text* des Schreibens sagt das nicht, zumindest nicht unmittelbar. Lediglich die Überschrift behauptet das. Nun besteht aber gar kein Zweifel darüber, daß eben diese Überschrift erst später hinzugefügt worden ist. Erst bei der Sammlung der Paulus-Briefe wurde sie über das Schreiben gesetzt, wie übrigens die Überschriften aller neutestamentlichen Schriften aus späterer Zeit stammen. Darum handelt es sich in jedem Fall um Urteile Späterer. Ob sie richtig sind, kann immer nur entschieden werden, wenn man die Überschriften mit dem Inhalt der Schreiben vergleicht. So muß dann auch in unserem Fall die Überschrift (der *zweite* Brief an die Thessalonicher) mit dem Inhalt des 2. Thess. verglichen und dabei gefragt werden, ob es sich wirklich um den zweiten Brief an diese Gemeinde handelt. Anders gesagt: Es ist zu prüfen, ob sich der

---

[1] Die beste Zusammenstellung findet sich bei W. Trilling, Untersuchungen zum 2. Thessalonicherbrief, 1972.

2. Thess. dadurch als zweiter Brief nach Thessalonich erweist, daß er den 1. Thess. als ersten Brief voraussetzt.

Die Antwort ist, wie wir alsbald sehen werden, nicht ganz einfach. Es ist daher verständlich, daß in der Forschung gelegentlich die Meinung vertreten worden ist, die Briefe seien in der umgekehrten Reihenfolge entstanden. Das ist freilich sehr unwahrscheinlich, wie eine einfache Überlegung zumindest indirekt zeigen kann.

Die Frage, die wir an den 2. Thess. stellen, müßte ganz entsprechend auch an den 1. Thess. gestellt werden: War er, wie seine Überschrift behauptet, wirklich der erste Brief nach Thessalonich? Im Kommentar zum 1. Thess. ist diese Frage überhaupt nicht gestellt worden. Sie wurde aber nicht etwa übersehen, sondern sie beantwortete sich im Falle des 1. Thess. vom Inhalt dieses Briefes aus von selbst. Aus diesem Schreiben läßt sich die Geschichte des Paulus mit der Gemeinde in Thessalonich lückenlos rekonstruieren. Bei der Gründung hatte das Gespräch begonnen. Fortgesetzt wurde es durch die Entsendung des Timotheus und dessen Rückkehr zum Apostel. Seinen vorläufigen Abschluß fand es mit der Abfassung des 1. Thess. Da Paulus in diesem Schreiben jeden bisherigen Kontakt mit der Gemeinde notiert und sogar seine erfolglosen Versuche erwähnt, die Thessalonicher nach seiner Abreise wieder zu besuchen (1. Thess. 2,17f.), niemals aber auch nur andeutet, daß er ihnen schon einmal geschrieben habe, muß der 1. Thess. wirklich der *erste* Brief nach Thessalonich gewesen sein. Daraus folgt dann aber, daß der 2. Thess. (wenn es sich um einen *Paulus*-Brief *nach Thessalonich* handelt) nur *nach* dem 1. Thess. geschrieben worden sein kann.

Die nächstliegende Vermutung wäre jetzt: Der Apostel hat sein Gespräch mit der Gemeinde, das mit dem 1. Thess. zu einem vorläufigen Abschluß gekommen war, irgendwie fortgeführt und mit dem 2. Thess. erneut zu einem Abschluß gebracht. Als nächstes Problem stellt sich daher die Frage: Bietet der Inhalt des 2. Thess. Hinweise, mit deren Hilfe seine Vorgeschichte rekonstruiert werden kann? Die Kenntnis der Vorgeschichte ist ja für ein wirkliches Verstehen des Briefes unumgänglich notwendig. – Man kann diese Frage so aufgliedern: (a) Knüpft der 2. Thess. erkennbar an den 1. Thess. an? (b) Finden sich Hinweise auf irgendwelche Ereignisse und Vorkommnisse, die uns einen Einblick in die Vorgeschichte ermöglichen, insbesondere in die Geschichte zwischen dem 1. Thess. und dem 2. Thess.? – Wir gehen beiden Fragen nacheinander nach.

(a) Ob der 2. Thess. wirklich an den *1. Thess.* anknüpft, läßt sich (sehen wir vorläufig von den in beiden Schreiben behandelten Themen ab) nicht eindeutig erkennen. Zwar wird auf einen Paulus-Brief (möglicherweise sogar auf mehrere) verwiesen, doch geschieht das in einem Fall sehr unbestimmt (2,15), in zwei anderen Fällen nur zum Teil wirklich durchsichtig (2,2; 3,17). Man darf diese drei Stellen gerade im Blick auf unsere Fragestellung nicht (wie es leider häufig geschieht) isoliert betrachten, sondern man muß die einzelnen Aussagen aufeinander beziehen und im Zusammenhang sehen.

In 2,15 werden die Leser ermahnt, an den Überlieferungen festzuhalten, die sie gelehrt worden sind, «sei es durch (ein) Wort» (also: mündlich), «sei es durch (einen) Brief von uns». Der Verweis auf «(einen) Brief» könnte natürlich ein Verweis auf den 1. Thess. sein. Aber auch wenn das der Fall ist, muß man gleichwohl sehen, daß der Hinweis ganz allgemein formuliert ist: Einerseits ist er nur formal und verzichtet auf jeden Ansatz einer inhaltlichen Entfaltung. Andererseits wirkt aber auch die Formulierung selbst ziemlich seltsam: Müßte man nicht eigentlich, wenn eine Anspielung auf den 1. Thess. gemeint ist, den bestimmten Artikel statt des unbestimmten erwarten (bzw. noch präziser: «durch meinen Brief an euch»)? Wären wir nicht, durch unsere Fragestellung veranlaßt, «auf der Suche» nach dem 1. Thess., würden wir den Verweis in 2,15 unwillkürlich so verstehen, daß er sich auf mehrere Paulus-Briefe bezieht, die den Lesern bekannt sind. Angesichts einer bedrohlichen Irrlehre würde den Lesern mit diesem Vers gesagt, daß sie an der mündlichen und schriftlichen Überlieferung festhalten sollen, die sie vom Apostel Paulus empfangen haben. Eine (selbstverständlich: hypothetische) Überlegung unterstreicht das: Wäre aus irgendeinem Grunde der 1. Thess. verlorengegangen und nur der 2. Thess. erhalten, würden wir 2,15 ganz sicher so allgemein verstehen. Es ergibt sich daher: Der vorliegende Wortlaut dieses Verses enthält nicht unbedingt einen Hinweis auf den 1. Thess. Vorausgesetzt wird jedoch, daß die Leser mindestens einen Paulus-Brief besitzen. Dieser eine *könnte* dann der 1. Thess. sein.

Nun muß man aber beachten, an welcher Stelle im Ablauf des 2. Thess. der Vers 2,15 steht. Vorher war schon einmal von einem Brief die Rede, und das in einer auffallend ähnlichen Wendung. Nach 2,2 läuft bei den Lesern eine Parole um: «Der Tag des Herrn ist (schon) da». Diese Parole könnte sie in Verwirrung bringen oder hat es schon getan. Wie die Parole entstanden oder zu den Lesern gekommen ist, bleibt in der Schwebe. Drei Möglichkeiten werden genannt. Die Parole kann «durch Geist» entstanden (oder gekommen) sein (was vermutlich auf enthusiastischen Ursprung hindeutet; vgl. unten S. 80). Sie kann aber auch «durch (ein) Wort» oder «durch (einen) Brief» gekommen (oder unter den Lesern entstanden) sein. An dieser Stelle wird dann ausdrücklich hinzugefügt: «wie wenn von uns» (d. h.: angeblich von uns). Für das Aufkommen der Parole wird also als *eine* Möglichkeit auf einen Brief verwiesen. Sollte das der Fall sein, dann sollen die Leser wissen: Dieser Brief ist nur angeblich von Paulus. Es handelt sich also um eine Fälschung. Geht man nun davon aus (und das sollte in diesem Kommentar ja zunächst geschehen), daß der 2. Thess. aus der Feder des Paulus stammt, dann kann in 2,2 natürlich kein Hinweis auf den 1. Thess. vorliegen, denn *Paulus* kann doch seinen früheren Brief nicht als Fälschung bezeichnen.

Zur Erhellung der Vorgeschichte des 2. Thess. wird man jetzt aber wahrscheinlich noch mehr sagen können: Irgendwie gewinnt man den Eindruck, daß der 1. Thess. überhaupt ignoriert wird; und man fragt sich, ob das Zufall oder Absicht ist.

Häufiger ist in der Forschung die Meinung vertreten worden, daß die in Thessalonich entstandene Verwirrung ihren Ursprung im 1. Thess. hat, der von der Gemeinde «überinterpretiert» und damit falsch verstanden worden ist. Diese These dürfte aber (zumindest wenn wir es mit einem Paulus-Brief zu tun haben) gerade an 2,2 scheitern. Wie immer die Parole nach Thessalonich kam, auf Paulus können sich ihre Vertreter mit ihr auf keinen Fall berufen. Tun sie das dennoch und verweisen dabei auf «Wort» oder «Brief», dann wird bündig erklärt: Das geschieht zu Unrecht.

Auffällig ist nun aber, wie diese Parole widerlegt wird. Das geschieht nicht mit Hilfe des 1. Thess., denn der (möglicherweise) den Lesern vorliegende Brief muß eine Fälschung sein. Auf seinen Inhalt kann Paulus darum auch gar nicht eingehen. (Wäre hier der 1. Thess. gemeint, dann könnte Paulus nicht nur auf diesen Brief eingehen, er müßte es sogar, wenn er die entstandenen Mißverständnisse ausräumen wollte.) Die Widerlegung der Parole geschieht jedoch ausschließlich unter Verweis auf die *Verkündigung* des Apostels in Thessalonich (2,5!), deren Inhalt 2,3b–4 in Erinnerung gerufen wird. Die Widerlegung geschieht also sozusagen am 1. Thess. vorbei. Kam die Parole nun wirklich durch einen Brief, dann muß es sich um einen gefälschten Brief handeln. So liegt in 2,2 weder direkt noch indirekt ein Hinweis des Paulus auf den 1.Thess.vor.[2]

Man muß nun diese Überlegungen zu 2,2 im Auge behalten, wenn man 2,15 verstehen will, denn ganz offensichtlich ist dieser Vers in Anlehnung an 2,2 formuliert worden – allerdings mit genau umgekehrter Tendenz: An die Stelle einer Orientierung an einem *irreführenden* «Wort» und einem *angeblichen* «Brief» des Paulus (2,2) soll die Orientierung am *echten* «Wort» und am *echten* «Brief» (oder an den echten Briefen) des Paulus treten (2,15). Sollte hier nun aber der 1.Thess.gemeint sein, wundert man sich vollends, daß auch nicht die leiseste Andeutung erfolgt, wie eben dieser 1.Thess.von seinem Inhalt her den Lesern helfen könnte, mit den Schwierigkeiten fertigzuwerden. Man wundert sich umso mehr, als beim «Wort» ganz anders verfahren wird. Einem falschen «Wort», das angeblich von Paulus stammen soll (2,2), wird das richtige Wort mit Angabe des Inhalts entgegengestellt (2,3b–4). Das hat Paulus bei seiner Anwesenheit den Thessalonichern mitgeteilt (2,5). Das geschah aber vor Abfassung des 1.Thess., der doch der Gemeinde vorliegt. Dennoch wird er zur Widerlegung der Parole nicht benutzt. Selbst wenn also in 2,15 der 1.Thess.gemeint sein sollte, muß man feststellen: Praktisch wird dieser Brief ignoriert.

Nun spielt aber das Problem der Fälschung eines Paulus-Briefes nicht nur 2,2, sondern noch einmal 3,17 eine Rolle. Die Bemerkung, daß der Gruß «eigenhändig» geschrieben wurde, ist an sich noch nicht ungewöhnlich. Es entsprach damaliger Sitte, daß jemand, der einen Brief diktierte, den Schlußgruß mit eigener Hand unter das Schreiben setzte (vgl.Gal.6,11). 3,17 wird jedoch die eigenhändige «Unterschrift» ausdrücklich ein «Zeichen» genannt, das so «in allen Briefen» wiederkehrt. Die Leser sollen damit also in die Lage versetzt werden, echte (2,15) von unechten (2,2) Paulus-Briefen zu unterscheiden. So wird in 3,17 (nach 2,2) zumindest die Möglichkeit vorausgesetzt, daß mindestens ein falscher Paulus-Brief im Umlauf ist. Das bestätigt dann aber wieder unsere Annahme, daß 2,2 nicht der 1.Thess.gemeint sein kann, sondern von einem gefälschten Brief die Rede ist.

An dieser Stelle muß nun aber zum erstenmal die kritische Frage gestellt werden: Kann es zu Lebzeiten des Apostels schon gefälschte Paulus-Briefe gegeben haben? Das ist denkbar unwahrscheinlich, denn das setzt doch voraus, daß der Apostel bereits eine unbestrittene Autorität war, gegen dessen Meinung man seine eigene andere Meinung nur dann durchsetzen konnte, wenn man sich der Autorität des Paulus bediente. Eine solche Stellung hatte der Apostel zu seinen Lebzeiten nicht. So begegnet dann auch in der gesamten Korrespondenz des Paulus niemals ein auch nur versteckter Hinweis darauf, daß Briefe umliefen, die fälschlicherweise seinen Namen trugen – außer 2.Thess.3,17 (u.2,2). Doch stellen wir solche Erwägungen einstweilen noch zurück.

Als bisheriges Ergebnis halten wir fest: *Erkennbar* knüpft der 2.Thess.nicht an den 1.Thess.an. Es ist zwar möglich (wenn auch keineswegs sicher), daß in 2,15 ein Hinweis auf den 1.Thess.vorliegt. Doch selbst wenn das der Fall sein sollte, wäre das nicht mehr als ein Hinweis auf die bloße Existenz des 1.Thess.Da seine Inhalte nicht aufgenommen werden, kommt das praktisch einem Verzicht gleich.

(b) Suchen wir nun im 2.Thess.nach Hinweisen auf irgendwelche Ereignisse und Vorkommnisse, die uns einen Einblick in die Vorgeschichte ermöglichen, insbeson-

---

[2]   Ob bei nichtpaulinischer Verfasserschaft in 2,2 dennoch der 1.Thess.in den Blick kommen soll, muß später im Zusammenhang mit der Auslegung erörtert werden. Vgl.unten S.80f.

dere in die Geschichte zwischen dem 1. Thess. und dem 2. Thess., stoßen wir auf ähnliche Schwierigkeiten wie die, denen wir eben begegnet sind. Da für den 2. Thess. der 1. Thess. als Bestandteil des bisherigen Gesprächs zwischen Paulus und der Gemeinde ausfällt, ist nicht wirklich deutlich erkennbar, wie das Gespräch *nach* Abfassung des 1. Thess. weitergegangen ist.

Dreimal gibt Paulus zu erkennen, daß er über Probleme der Gemeinde orientiert ist. Zunächst weiß er, daß die Thessalonicher wegen ihres Glaubens in Bedrängnisse und Verfolgungen geraten sind, die sie willig ertragen (1,4). Er ist sodann über die die Gemeinde verwirrende Parole orientiert (2,2). Schließlich hat er Kenntnis davon, daß es in Thessalonich unordentlich Wandelnde gibt; und hier sagt er ausdrücklich, daß er davon «gehört» habe (3,11). In allen drei Fällen geht es um Probleme (bzw. um eine Thematik), die bereits im 1. Thess. begegnet, aber für ihre Lösung (bzw. ihre Behandlung) wird dieser Brief nie herangezogen.

Wie und durch wen die Bedrängnisse und Verfolgungen über die Gemeinde gekommen sind, bleibt offen. Auf 1. Thess. 2,14–16 (vgl. 3,3) wird nicht zurückgegriffen. Die Ermunterung der Thessalonicher geschieht 1,5–10 mit völlig anderen Argumenten und Gedankengängen, als es im 1. Thess. geschah. – Bei der Frage nach dem Datum der Parusie (2,1f.) nimmt Paulus nicht, was doch nahegelegen hätte, 1. Thess. 5,1ff. auf, setzt sich auch nicht mit 1. Thess. 4,15.17 auseinander; und hinsichtlich der unordentlich Wandelnden erinnert er nicht an seine bereits 1. Thess. 5,14 erfolgte Ermahnung. Stattdessen weist er in diesen beiden Fällen immer auf seinen Gründungsaufenthalt hin. *Damals* hat er den Thessalonichern gesagt, was sie über die Parusie wissen müssen (2,5). Aber er hatte das Thema doch auch im 1. Thess. behandelt! *Damals* ist er unter ihnen so aufgetreten, daß die unordentlich Wandelnden wissen müssen, wie man sich richtig verhält (3,7–9). Aber Paulus hatte doch inzwischen 1. Thess. 2,9 bereits einmal seinen Wandel interpretierend dargelegt! Der 1. Thess. scheint nicht zu existieren.

Daß dieser Eindruck richtig ist, läßt sich auch noch indirekt zeigen. Wir gehen dazu noch einmal von der hypothetischen Annahme aus, daß nur der 2. Thess., nicht aber der 1. Thess. erhalten ist. Wenn man jetzt versucht, den 2. Thess. für sich allein zu verstehen, gelingt es ohne Schwierigkeit, dieses Schreiben als *ersten* Brief des Paulus *nach Thessalonich* auszulegen. Aus seinen Angaben ließe sich etwa folgende Vorgeschichte rekonstruieren: Nach Gründung der Gemeinde durch die Verkündigung des Paulus (2,5.15; 3,10) hat dieser einige Zeit in ihr gewirkt (3,7f.). Später bekam er alarmierende Nachrichten aus Thessalonich (2,2; 3,11), erfährt auch, daß die Gemeinde verfolgt wird (1,4). So schreibt er aus konkret erkennbarem Anlaß. Das muß allerdings längere Zeit nach der Gründung gewesen sein. Paulus weiß nämlich, daß inzwischen in Thessalonich Briefe im Umlauf sind, die er an andere Gemeinden geschrieben hat (2,15). Welche das genau sind, scheint er allerdings nicht zu wissen, da er deren Inhalte offenbar nicht angeben kann. Paulus hat aber den begründeten Verdacht, daß unter diesen Briefen auch Fälschungen sind. Damit die Gemeinde darauf nicht hereinfällt, gibt er ihr ein Erkennungszeichen für echte Briefe (3,17). Wenn die Thessalonicher nun Briefe mit diesem Erkennungszeichen besitzen, sollen sie sich daran orientieren (2,15). In der Sache helfen kann Paulus der Gemeinde aber nur durch Erinnerung an seine Anfangsverkündigung (2,5.15; 3,10) und durch Hinweis auf die Gestalt seines damaligen Auftretens (3,7f.). Ihr selbst hat er ja noch keinen Brief geschrieben, auf dessen Inhalt er zusätzlich auch noch verweisen könnte.

Eine so rekonstruierte «Vorgeschichte» wäre zwar nicht so präzise wie die Vorgeschichte, die sich aus dem 1. Thess. rekonstruieren läßt. Dennoch ließe sich mit Bestimmtheit sagen: Man vermißt in dieser «Vorgeschichte» den 1. Thess. nicht, weil der Inhalt des 2. Thess. nicht auf die Vermutung führt, daß ein Brief *an die Thessalonicher* vorangegangen ist.

Damit stehen wir nun aber vor dem entscheidenden Problem, das uns die Exegese des 2. Thess. stellt. Es gelingt nicht, dieses Schreiben als *zweiten* Brief an die Thessalonicher auszulegen, in dem das Gespräch, das Paulus bisher mit der Gemeinde geführt hat und das mit dem 1. Thess. zu einem vorläufigen Abschluß gekommen ist, noch einmal aufgenommen und zu einem neuen Abschluß gebracht wird. Anders formuliert: Der 1. Thess. *muß* der *erste* Brief des Paulus an die Thessalonicher gewesen sein. Da aber der 2. Thess. (für sich genommen) auch den Eindruck eines ersten Briefes nach Thessalonich macht, ist ein geschichtliches Nacheinander vom 1. Thess. zum 2. Thess. nicht ohne weiteres zu erkennen.

So wird die Auslegung des 2. Thess. anders einsetzen müssen, als es beim 1. Thess. geschah. Darum muß aber auch die Anlage dieses Kommentars eine andere sein. Beide Briefe müssen zunächst als relativ selbständige Schreiben behandelt werden. Da ihre geschichtliche Beziehung zueinander undurchsichtig ist, muß ihre Beziehung anders geklärt werden. Der Weg, der sich da anbietet, ist ein Vergleich der beiden Texte und der in diesen Texten begegnenden Aussagen.

I. Hinführung zur Auslegung

A. Vergleich des 2. Thess. mit dem 1. Thess.

Nach den Vorüberlegungen können wir nun von dieser Arbeitshypothese ausgehen: Da der 1. Thess. der erste Brief des Paulus nach Thessalonich sein muß, kann der 2. Thess. nur später geschrieben worden sein. Offen ist jetzt die Frage: In welcher Beziehung steht der 2. Thess. zum 1. Thess.?

Liest man den 2. Thess. unmittelbar nach dem 1. Thess., kann man sich kaum eines widersprüchlichen Eindrucks entziehen: Einerseits finden sich in beiden Briefen sehr weitgehende Entsprechungen, andererseits jedoch tiefgreifende Differenzen. Auffällig ist dabei, wo Entsprechungen und wo Differenzen vorliegen.

Die Entsprechungen begegnen vor allem im Formalen. Beide Schreiben sind weitgehend parallel aufgebaut. An den im Aufbau jeweils parallelen Stellen finden sich sehr viele gleichklingende, häufig sogar völlig gleiche Formulierungen. Doch finden sich die nicht nur im Rahmen des parallelen Aufbaus, sondern darüber hinaus an einer Fülle weiterer Stellen. (Beispiele werden gleich genannt werden.) Eine so weitgehende Übereinstimmung zwischen zwei Briefen findet sich in der gesamten (erhaltenen) Korrespondenz des Paulus niemals wieder. Man könnte im Blick darauf fast geneigt sein, den 2. Thess. eine Paraphrase des 1. Thess. zu nennen.

Indes, eine Paraphrase ist er auf keinen Fall, denn man ist doch nun aufs höchste überrascht, wenn man (gerade angesichts dieser weitgehenden und sofort auffallenden Gemeinsamkeiten) Inhalt und Tendenz beider Schreiben miteinander vergleicht. Zwar geht es in beiden Briefen um etwa die gleichen Probleme: Erörterungen, die um die Parusie kreisen, wobei jedesmal die Frage des Termins eine besondere Rolle spielt. Insofern besteht dann sogar auch in der Thematik als solcher eine gewisse Gemeinsamkeit. Nur ist die Zielrichtung, die beide Schreiben verfolgen, eine genau entgegengesetzte. Im 1. Thess. wird die Parusie zwar als ganz unmittelbar bevorstehend erwartet (vgl. vor allem 4,15.17), und man könnte auf die Vermutung kommen, daß ein Interesse an diesem nahen Termin besteht und wachgehalten werden soll. Bezeichnend ist jedoch, daß Paulus nachdrücklich betont: Die Frage des Termins darf nicht zu einem Problem gemacht werden, ja, wer sie zu einem Problem macht, verfehlt gerade, worauf es entscheidend ankommt (vgl. 5,1–11 und den Kommentar dazu). Im 2. Thess. dagegen wird nicht nur die Terminfrage ausdrücklich zu einem Problem gemacht, das sehr wohl bedacht werden muß, weil es von entscheidender Bedeutung ist, sondern darüber hinaus wird überraschenderweise von diesem Termin dann auch noch gesagt, daß er gerade nicht unmittelbar bevorsteht (2,1–12).

Diese offenbare Diskrepanz zwischen so weitgehenden Entsprechungen in beiden Briefen und der dennoch genau entgegengesetzten Zielrichtung und Tendenz der Sachaussagen verlangt eine Erklärung. Sie ist, wie die Behandlung dieses Themas in der Literatur zeigt, offenbar nicht ganz leicht zu finden. Man wird aber sagen müssen (und auch das zeigt die Literatur), daß wir es hier mit dem Schlüsselproblem für das Verstehen des 2. Thess. zu tun haben. Da seine Lösung später auch die Auslegung bestimmt, muß zunächst versucht werden, hier zu einer vorläufigen Klärung zu kommen. Diese selbst muß sich dann bei der Auslegung bewähren.

Es kann hilfreich sein, die bei den Thessalonicherbriefen vorliegende Besonderheit dadurch ein wenig präziser zu erfassen, daß wir uns kurz ähnliche Probleme zwischen neutestamentlichen Schriften vergegenwärtigen. Ich nenne drei Beispiele.

(a) Wenn wir die Briefe des Paulus nach Korinth exegesieren wollen, dürfte es ratsam sein (sehen wir einmal von Teilungshypothesen ab), mit dem 1. Korintherbrief zu beginnen und sich erst danach dem 2. Korintherbrief zuzuwenden. Er setzt das Gespräch fort, das mit dem 1. Korintherbrief begonnen hatte. Dieses Beispiel ist aber in unserem Fall nicht anwendbar. Daß der 2. Thess. das Gespräch fortsetzt, das Paulus mit dem 1. Thess. geführt hatte, läßt sich gerade nicht erkennen (wie in den Vorüberlegungen gezeigt wurde). Außerdem kann man im 2. Kor. nicht erkennen, daß der 1. Kor. in Aufbau und Formulierungen die Gestaltung bestimmt hat. Entsprechungen, die denen zwischen 1. Thess. und 2. Thess. auch nur vergleichbar wären, finden sich nicht.

(b) Ein wenig anders liegt es schon, wenn man den Epheserbrief mit dem Kolosserbrief vergleicht. Hier liegt zwischen beiden Schreiben in Sprache, Stil und Begrifflichkeit manche Entsprechung vor; und dennoch decken sich die Aussagen in beiden Briefen keineswegs. Sie sind ja aber auch nicht an den gleichen Leserkreis gerichtet, was Unterschiede in den Aussagen leichter erklärbar macht. Und außerdem gehen die Entsprechungen keineswegs so weit, wie das zwischen dem 1. Thess. und dem 2. Thess. der Fall ist. Dennoch ist dieses Beispiel für unser Problem nicht ohne Bedeutung.

Es ist zwar bis heute umstritten, wer die Verfasser des Epheser- und des Kolosserbriefes waren. Weitgehende Einigkeit besteht jedoch darüber, daß der Epheserbrief nicht aus der Feder des Paulus stammt. Sein Verfasser muß aber den Kolosserbrief (ob dieser nun von Paulus verfaßt wurde oder nicht) gekannt haben. Er muß vertraut gewesen sein mit dessen besonderer Begrifflichkeit (die oft von der der anderen Paulus-Briefe abweicht) und hat dann – in Anlehnung an den Kolosserbrief – in selbständiger Arbeit den Epheserbrief geschrieben.[3] Will man nun den Epheserbrief exegesieren, kann das nur gelingen, wenn man das vor dem Hintergrund des Kolosserbriefes tut, denn nur so kommt die eigenständige Aussage des Epheserbriefes wirklich in den Blick.

(c) Die sogenannten synoptischen Evangelien (Matthäus, Markus, Lukas) sind nach nahezu einhelligem Konsensus der Forschung so entstanden, daß Matthäus und Lukas (neben einer nicht erhaltenen Spruchquelle) das Markus-Evangelium als Vorlage benutzt haben. Das Werk des Markus lag dann (außer der Spruchquelle) sozusagen auf dem Schreibtisch von Matthäus und Lukas.

Damit erklärt sich sofort der weitgehend parallele Aufbau in allen drei Werken (es ist der Aufbau des Markus-Evangeliums) und das Vorkommen gleicher Erzählungen in entsprechender Reihenfolge. Diese Erzählungen begegnen aber nur ganz selten im gleichen Wortlaut, sondern Matthäus und Lukas bringen durchaus Änderungen an. Auch dabei bleibt ihre Abhängigkeit vom Markus-Evangelium erkennbar. – Daneben fällt auf, daß Matthäus und Lukas nicht jede Erzählung an der genau entsprechenden Stelle im Ablauf bringen, wie ihre Vorlage, das Markus-Evangelium, sie bietet. Gelegentlich nämlich bringen sie eine Erzählung aus einem früheren Zusammenhang des Markus-Evangeliums erst an späterer Stelle (vgl. Mk. 1,29–34 mit Mt. 8,14–17 und Mk. 1,16–20 mit Lk. 5,1–11) oder auch umgekehrt (vgl. Mk. 5,21–43 mit Mt. 9,18–26 und Mk. 6,1–6 mit Lk. 4,16–30).

---

[3]   Vgl. dazu: W. Marxsen, Einleitung in das Neue Testament, 4. Aufl. 1978, S. 186–189.

Wir wissen heute, daß Matthäus und Lukas das Markus-Evangelium nicht einfach mehr oder weniger schematisch erweitert haben, nur um Vollständigkeit in der Darbietung des Stoffes zu erreichen (dann wären das Auslassen von Erzählungen und auch die Veränderungen in der Darstellung nicht zu erklären), sondern die beiden späteren Evangelisten machten unter Verwendung des Ablaufs des Markus-Evangeliums mit Modifizierungen des Stoffes an den parallelen Stellen und dazu unter Austausch der Reihenfolge (wieder mit Modifizierungen) durchaus eigenständige theologische Aussagen. Will man nun die Eigenart dieser theologischen Aussagen des Matthäus und Lukas erkennen (und das heißt: will man die *Gesamt-aussage* dieser Werke verstehen), gelingt das nur, wenn man die Evangelisten bei ihrer literarischen Arbeit beobachtet. Mit anderen Worten: Die Einsicht in die Technik der «Schreibtischarbeit» des Matthäus und Lukas ist eine unverzichtbare Voraussetzung dafür, daß wir überhaupt verstehen, was diese Evangelisten mit ihren Werken sagen wollten. *Die Exegese darf sich darum nicht nur und einfach an den vorhandenen Texten orientieren, sondern sie muß das literarische Zustandekommen dieser Texte als Voraussetzung der Texte und ihrer Aussagen mitbedenken.*

Das dritte der genannten Beispiele weist nun ohne Zweifel eine große Nähe auf zu unserem Problem, denn beim literarischen Verhältnis zwischen dem Markus-Evangelium und dem Matthäus- bzw. Lukas-Evangelium findet sich die gleiche doppelte Entsprechung: paralleler Aufbau und Ähnlichkeiten der Formulierungen sowohl an den parallelen als auch an anderen Stellen – und trotz dieser Entsprechungen durchaus Eigenständigkeiten in den inhaltlichen Aussagen. Wir können daher nun der ersten Arbeitshypothese (der 2. Thess. ist nach dem 1. Thess. abgefaßt worden) eine zweite Arbeitshypothese hinzufügen: Der Verfasser des 2. Thess. hat den 1. Thess. als literarische Vorlage benutzt und ist dabei ähnlich vorgegangen, wie Matthäus und Lukas vorgegangen sind, als sie ihre Evangelien schrieben.

Bevor wir jetzt an einen näheren Vergleich der Texte herangehen, soll eine kurze Zwischenbemerkung über Arbeitshypothesen eingeschaltet werden. Solche Hypothesen lassen sich niemals exakt beweisen. Ihre Richtigkeit läßt sich immer nur dadurch einsichtig machen, daß man mit ihnen arbeiten kann und daß man, wenn man mit ihnen arbeitet, Probleme lösen kann, die sich auf andere Weise nicht (oder nur schlechter oder unzureichend) lösen lassen. Um mögliche Mißverständnisse von vornherein auszuschalten, sei betont: Es soll nicht etwa eine Hypothese durch eine andere gestützt werden. So etwas ist immer eine mißliche Sache. In unserem Zusammenhang heißt das: Auch wenn man mit unserer zweiten Arbeitshypothese annimmt, daß der Verfasser des 2. Thess. den 1. Thess. benutzt hat, ist damit noch keineswegs gesagt, daß Paulus nicht der Verfasser des 2. Thess. sein kann. Es ist doch z.B. denkbar, daß der Apostel bei der Abfassung des 2. Thess. so etwas wie eine Kladde oder einen Entwurf seines 1. Thess. auf dem Schreibtisch hatte. Zur Not könnte man sogar daran denken, daß Paulus beim Schreiben oder Diktieren des 2. Thess. die Formulierungen des 1. Thess. noch in so lebhafter Erinnerung hatte, daß man von einer zumindest direkten literarischen Abhängigkeit nicht einmal reden muß, obwohl der Eindruck einer solchen vorliegt. Wie immer sich die Dinge wirklich verhalten haben, mit unserer zweiten Arbeitshypothese ist die Frage der Verfasserschaft des 2. Thess. noch keineswegs vorentschieden. Man muß sich nur sehr nüchtern darüber klar sein, daß wir hier ohne Hypothesen niemals auskommen. Denn die Diskrepanz zwischen so weitgehender Entsprechung beider Briefe bei gleichzeitig entgegengesetzter Zielrichtung der Aussagen verlangt nun einmal eine Erklärung. Hier aber ist jede Erklärung immer eine Hypothese.

Wir haben eingesetzt mit dem allgemeinen Eindruck, der sich nach der Lektüre beider Briefe einstellte. Der ist nun zu vertiefen. Da die Beziehungen zwischen dem 1. Thess. und dem 2. Thess. evident sind, darf man den 2. Thess. nicht vom 1. Thess. isolieren. Für den vorliegenden Kommentar bedeutet das, daß er immer wieder auf den 1. Thess. zurückgreifen muß, denn es ist (wie gerade das Beispiel der synoptischen Evangelien gezeigt hat) unumgänglich nötig, nicht nur den vorhandenen Text selbst zu befragen, sondern sein Zustandekommen ist mitzubedenken. Das Erkennen des Zustandekommens einer Schrift ist nun zwar immer eine wichtige Hilfe für das Verstehen der Schrift. Im Fall des 2. Thess. wird man aber sagen müssen, daß es sich hier um *die* entscheidende Hilfe handelt.

Das soll nun in zwei Schritten geschehen, die sich als Konsequenz aus dem ersten Eindruck einfach nahelegen. Die *Gemeinsamkeit* zwischen beiden Briefen zeigt sich beim gleichen Aufbau und der gleichen Sprache. Der erste Schritt muß ein Textvergleich sein. – Die *Diskrepanz* zwischen beiden Briefen zeigt sich in den unterschiedlichen Sachaussagen. Der zweite Schritt muß daher ein Vergleich der Sachkomplexe sein.

1. Vergleich der Texte

Beim Vergleich der Texte muß, wie oben bereits angedeutet, in zwei Hinsichten unterschieden werden. Zunächst gilt es, die Übereinstimmungen herauszustellen, die (entsprechend dem etwa gleichen Aufbau beider Schreiben) an den jeweils entsprechenden Stellen begegnen. Danach muß ein Eindruck von den weiteren Übereinstimmungen vermittelt werden, die an verstreuten Stellen vorkommen. Die jeweiligen Beobachtungen sollen registriert und kommentiert werden.

Technisch werden wir so vorgehen, daß die Entsprechungen und Gleichklänge *kursiv* gesetzt werden, damit sie auch optisch schnell zu erfassen sind. Gleichwohl ist auf eine Schwierigkeit hinzuweisen, die im vorliegenden Kommentar nicht ganz zu beheben ist: Die Texte können hier nur in deutscher Übersetzung geboten werden. Das ist leider ein Notbehelf, da manche Übereinstimmungen und Gleichklänge erst dann wirklich deutlich werden, wenn man sich am griechischen Urtext orientiert. Es läßt sich daher auch nicht vermeiden, daß einige wenige Male auf Eigentümlichkeiten der griechischen Sprache eingegangen wird. Ebenfalls läßt sich nicht vermeiden, daß die Übersetzung mehrfach sehr sklavisch verfährt. Nur dann ist ein Vergleich wirklich möglich. Damit hängt weiter zusammen, daß die Übersetzungen in den nachfolgenden Tabellen nicht immer ganz mit den Übersetzungen übereinstimmen, die im Kommentar zum 1. Thess. geboten wurden und die im zweiten Teil dieses Kommentars später vorgelegt werden. Hier wurde (und wird) nämlich bei der Übersetzung der jeweilige Kontext berücksichtigt. Schließlich ist darauf hinzuweisen, daß die Tabellen nur eine Auswahl des Materials bieten. Tatsächlich gehen nämlich die Übereinstimmungen noch viel weiter als die hier aufgeführten. Um den des Griechischen unkundigen Leser jedoch nicht zu ermüden, werden nur so viele Stellen genannt, wie nötig sind, um einen ausreichenden Gesamteindruck zu vermitteln und die daraus gezogenen Schlüsse überzeugend zu begründen. Das aber ist zum Verstehen unumgänglich nötig. Ein Verzicht auf die Mühe, die nachfolgenden Tabellen durchzuarbeiten, käme einem Verzicht auf ein sachgemäßes Verstehen des 2. Thess. überhaupt gleich. Daran kann aber kein Leser und Benutzer dieses Kommentars interessiert sein.[4]

---

[4]   Leser, die des Griechischen kundig sind, seien ausdrücklich verwiesen auf die Untersuchung von W. Wrede und den Kommentar von B. Rigaux (S. 133–134); vgl. die Literaturhinweise unten, S. 118.

a) Übereinstimmungen in der Reihenfolge des Aufbaus

Wir gehen in diesem Abschnitt vom 1. Thess. aus und fragen, wo sich jeweils im 2. Thess. eine Parallele mit Gleichklängen und ähnlichen Formulierungen findet. Gleichzeitig soll der weitgehend parallele Aufbau beider Schreiben möglichst deutlich in Erscheinung treten.

1. Thess.	2. Thess.

(a) *Briefeingang (Präskript)*

1,1	1,1–2
Paulus und Silvanuns und Timotheus der Gemeinde der Thessalonicher in Gott dem Vater und dem Herrn Jesus Christus: Gnade (sei mit) *euch und Friede.*	*Paulus und Silvanus und Timotheus der Gemeinde der Thessalonicher in Gott* unserem *Vater und dem Herrn Jesus Christus: Gnade* (sei mit) *euch und Friede* von Gott dem Vater und dem Herrn Jesus Christus.

Eine so weitgehende Übereinstimmung der Briefpräskripte findet sich bei Paulus nie wieder. Wohl aber enthalten alle übrigen Paulus-Briefe dieselbe Erweiterung des Gnaden- und Friedenswunsches, die 2. Thess. 1,2b gegenüber 1. Thess. 1,1b aufweist (vgl. Gal. 1,3; Phil. 1,2; Phlm. 3; 1. Kor. 1,3; 2. Kor. 1,2; Röm. 1,7). In den nachpaulinischen Briefen findet sich Entsprechendes: Eph. 1,2; verkürzt: Kol. 1,2; erweitert: 1. Tim. 1,2; 2. Tim. 1,2; Tit. 1,4. – Die Gestaltung des Gnaden- und Friedenswunsches in 2. Thess. 1,2b kann also verstanden werden als Erweiterung von 1. Thess. 1,1b, andererseits aber auch als eine Anpassung an die spätere Gestaltung des paulinischen (und deuteropaulinischen) Briefpräskripts.

(b) *erste Danksagung*

1,2	1,3
Wir danken Gott allezeit für euch alle ...	*Wir* sind es schuldig, Gott *allezeit für euch zu danken* ...

1,3	1,3
... wenn wir ... eingedenk sind eures Werkes des *Glaubens*, eurer Mühe der *Liebe* und eurer *Geduld* der Hoffnung ...	... daß euer *Glaube* über alle Maßen wächst und die *Liebe* eines jeden einzelnen von euch zueinander zunimmt ...

1,6	1,4
... indem ihr das Wort angenommen habt in großer *Bedrängnis* ...	... wegen eurer *Geduld* und eures Glaubens inmitten aller eurer Verfolgungen und *Bedrängnisse* ...

Daß im 2. Thess. traditionelle Motive der Danksagung wiederkehren, ist verständlich. Auffällig jedoch ist, daß zentrale Begriffe im 2. Thess. in derselben Reihenfolge erscheinen wie im 1. Thess., obwohl der Kontext verändert worden ist.
Sodann kehren Begriffe aus der Danksagung des 1. Thess. *noch einmal* zusammengefaßt wieder im Abschluß der Danksagung des 2. Thess.

1,2	1,11
... *allezeit für euch*	... beten wir *allezeit für euch*, damit unser Gott euch der *Erwählung* würdig
1,4	mache und zur Vollendung bringe jeden
... *Erwählung* ...	

| 1,3 | Entschluß zum Guten und das *Werk des* |
| ... *Werk des Glaubens* ... | *Glaubens* in Kraft ... |

Auffällig ist hier, daß 1. Thess. 1,3 die Formulierung «Werk des Glaubens» innerhalb einer Doppel-Trias steht, in der zwei Triaden (Glaube/Liebe/Hoffnung und Werk/Mühe/Geduld) kunstvoll miteinander verbunden und aufeinander bezogen sind (vgl. Kommentar zum 1. Thess. S. 35f.). Das scheint der Verfasser des 2. Thess. (wenn es sich um Paulus handelt) vergessen zu haben; oder aber er hat es (wenn es sich nicht um Paulus handelt) gar nicht gemerkt. Nachdem 1,3f. aus der Doppel-Trias die Begriffe Glaube, Liebe, Geduld herausgebrochen waren, werden 1,11 die Begriffe Werk und Glaube herausgebrochen. Ein sehr seltsames Vorgehen! Schließlich begegnet ein *Motiv* aus dem 1. Thess. im 2. Thess. eigentümlich modifiziert:

| 1,8.9a | 1,4 |
| (*Andere* rühmen vor Paulus den guten Christenstand der Thessalonicher; er selbst braucht darum gar nichts zu sagen.) | (*Paulus selbst* rühmt sich in anderen Gemeinden wegen der Thessalonicher.) |

(c) *Zweite Danksagung*

| 2,13 | 2,13 |
| Und deswegen *danken* auch *wir* Gott *unaufhörlich* ... | Wir sind es schuldig, *Gott unaufhörlich* für euch *zu danken* ... |

Eine zweite Danksagung inmitten des Briefes, die der üblichen Danksagung am Briefanfang (nach dem Präskript) ähnlich ist, begegnet sonst in keinem Paulus-Brief. Umso auffälliger ist, daß sie im 2. Thess. an der vergleichsweise entsprechenden Stelle wie im 1. Thess. steht. Noch auffälliger aber ist, daß die Veränderung der Formulierung von 1. Thess. 2,13 in 2. Thess. 2,13 (umständlich überladene Ausdrucksweise) genau der Veränderung von 1. Thess. 1,2 in 2. Thess. 1,3 entspricht (siehe oben!).
Die direkte Abhängigkeit der Formulierung in 2. Thess. 2,13 von der in 1. Thess. 2,13 wird im griechischen Text noch viel deutlicher. Im Griechischen bildet das persönliche Fürwort (wir) zusammen mit dem Verbum (danken) *ein* Wort. Nur wenn eine ausdrückliche Betonung vorliegt, wird das persönliche Fürwort noch einmal daneben gesetzt. Das ist 1. Thess. 2,13 der Fall. Ganz sklavisch übersetzt heißt es dort: «Und deswegen ‹wir danken› (ein Wort!) auch wir ...». Ausgedrückt wird damit: In das Danken aller (wir danken) schließt Paulus sich ausdrücklich ein (*auch wir*), wobei «wir» für «ich» steht (vgl. Kommentar zum 1. Thess., S. 47), – 2. Thess. 2,13 ist aber weder das Wir betont, noch liegt eine Aussage vor, die der in 1. Thess. 2,13 entspricht. Dennoch erscheint neben dem Verbum («wir sind (es) schuldig» *ein* Wort!) gesondert das gleiche persönliche Fürwort wie in 1. Thess. 2,13 (wir). Das ist an dieser Stelle nicht nur völlig überflüssig, sondern auch im Griechischen ganz ungewöhnlich. Erklären kann man das nur so, daß 2. Thess. 2,13 in *direkter* Abhängigkeit von 1. Thess. 2,13 formuliert worden ist.
Damit müßte sich das Urteil nahelegen: Der 2. Thess. ist *literarisch* vom 1. Thess. abhängig. Man kann das wohl noch präzisieren: Wenn der 2. Thess. von Paulus geschrieben oder diktiert wurde, kann der Apostel die Formulierungen aus dem 1. Thess. schwerlich aus dem Gedächtnis wiederholt haben (vgl. oben S. 17), denn eine solche Spracheigentümlichkeit prägt sich kaum ein. Stammt der 2. Thess. von

Paulus, dann muß er bei der Abfassung den Text des 1. Thess. vor sich gehabt haben (eventuell einen Entwurf).[5]

(d) *Gebet und Überleitung*

3,11	2,16.17
Er selbst aber, unser Gott und *Vater,* und unser Herr Jesus bahne unseren Weg zu euch ...	*Er selbst aber, unser* Herr Jesus Christus, und *Gott* unser *Vater* ...

3,13	
... damit *eure Herzen* gestärkt werden ... bei der Parusie	... tröste *eure Herzen* und *stärke* sie

Auffällig ist hier, daß aus dem Gebet, mit dem Paulus den 1. Teil des 1. Thess. abschließt, Worte in der gleichen Reihenfolge in 2. Thess. 2,16.17 begegnen, obwohl der entscheidende Gebetswunsch (Besuch des Paulus in Thessalonich) in den 2. Thess. nicht aufgenommen wird. Zu beachten ist sodann, daß nach der Wendung «er selbst aber» im 2. Thess. zunächst der Kyrios (Herr) genannt wird. Daß wir es hier nicht mit einer zufälligen Formulierung, sondern mit bewußter Umgestaltung zu tun haben, zeigt ein Vergleich mit dem Segenswunsch am Schluß beider Briefe (vgl. unten Ziffer g).

(e) *Aufforderung*

4,1	3,1
Im übrigen, Brüder, bitten ...	*Im übrigen, Brüder,* betet ...

4,1	3,6
... und *ermahnen* wir euch, ... wie ihr es von uns *empfangen* habt, wie ihr *wandeln* und Gott gefallen sollt ...	Wir *gebieten* ..., daß ihr euch von jedem Bruder zurückzieht, der unordentlich *wandelt* und nicht nach der Überlieferung, die sie von uns *empfangen* haben ...

Hier liegen die Dinge ähnlich wie oben Ziffer d: Aus 1. Thess. 4,1 begegnen 2. Thess. 3,1 und 3,6 Worte in (fast) gleicher Reihenfolge, und das, obwohl 2. Thess. 3,2–5 ein ganz anderer Gedankengang eingefügt worden ist.

(f) *Ethik*

5,14	3,6
... bringt die *Unordentlichen* zurecht ...	... der *unordentlich* wandelt ...

	3,7
	... wir haben nicht *unordentlich* unter euch gelebt ...

	3,11
	... wir hören, daß einige unter euch *unordentlich* wandeln ...

---

[5] An dieser Stelle sei darauf hingewiesen, daß die doppelte Danksagung in beiden Briefen Anlaß zu Teilungshypothesen gegeben hat. Der Kommentar zum 1. Thess. hat gezeigt, daß man an dieser Stelle auf keinen Fall teilen darf (vgl. S. 47). Zusätzlich spricht aber auch noch gegen eine Teilungshypothese, daß die umständlich überladene Formulierung des Dankes in 2. Thess. 1,3 und 2. Thess. 2,13 in dieser Form sonst nie bei Paulus begegnet, also eine Eigentümlichkeit gerade des 2. Thess. ist, die nun genau an den Stellen begegnet, wo an den entsprechenden Stellen im 1. Thess. das Danken in der sonst bei Paulus üblichen Formulierung vorkommt. Das zweimalige Danken ist also innerhalb der Paulus-Briefe eine Eigenart nur des 1. Thess. (vgl. auch 1. Thess. 3,9); und von dort aus gelangt es in den 2. Thess., in beiden Fällen in gleicher Umgestaltung.

Hier liefert ein Stichwort aus dem 1. Thess. die Vorlage für eine breite Behandlung des damit angeschnittenen Problems. Warum aber jetzt darauf eingegangen werden muß, wird erst 2. Thess. 3,11 nachträglich erwähnt.

(g) *Segenswunsch*

5,23   3,16
Er selbst aber, der Gott *des Friedens* ...   *Er selbst aber, der* Herr *des Friedens* ...

1. Thess. 5,23 wird die Wendung «er selbst aber» auf Gott bezogen, wie es auch schon 3,11 geschah (vgl. oben Ziffer d); und vom «Gott des Friedens» spricht Paulus auch in anderen Briefen (Phil. 4,9; Röm. 15,33). – 2. Thess. 3,16 dagegen wird die aus dem 1. Thess. übernommene Wendung «er selbst aber» auf den Kyrios (den Herrn) bezogen. Das entspricht genau der unter Ziffer d notierten Modifizierung. Daraus folgt: 2. Thess. 3,16 steht Kyrios (Herr) nicht für Gott, sondern meint (wie 2. Thess. 2,16 eindeutig zeigt) den Herrn Jesus Christus. *Dieser* wird jetzt (unter Aufnahme der Formulierung aus 1. Thess. 5,23) als «Herr des Friedens» bezeichnet.

Wir versuchen eine erste Zusammenfassung. Wenn man die oben aufgeführten parallelen Stellen einzeln betrachtet, könnte man jede für sich relativ leicht erklären. Daß bei ähnlichen Formulierungen gelegentlich Variationen begegnen, ergibt sich bei Briefen fast von selbst, auch wenn sie aus der Feder desselben Verfassers stammen. Schwerwiegende Schlüsse darf man daraus nicht ziehen; oft wird man einfach mit dem Zufall rechnen müssen.

Nun zeigt aber bereits die bisherige Gegenüberstellung, daß ein Vergleich an nur einzelnen Stellen kein vollständiges Bild ergibt, denn ganz offensichtlich scheinen hier Gesetzmäßigkeiten zu walten. Wir haben vorläufig nur die Ähnlichkeiten betrachtet, die an den je entsprechenden Stellen in beiden Schreiben begegnen. Diese lassen den völlig parallelen Aufbau beider Briefe deutlich erkennen. Das aber ist ein Aufbau, der in keinem anderen Paulus-Brief eine Entsprechung hat. Insbesondere gilt das für die jeweils zweite Danksagung (1. Thess. 2,13; 2. Thess. 2,13) und für den Gebetswunsch vor der Überleitung zum zweiten Briefteil (1. Thess. 3,11–13; 2. Thess. 2,16.17), dessen Einleitung noch einmal aufgenommen wird als Ansatz für den Briefschluß (1. Thess. 5,23; 2. Thess. 3,16). Jedesmal verändert der Schreiber des 2. Thess. dabei Formulierungen aus dem 1. Thess., und zwar in völlig gleicher Weise. Darüber hinaus begegnet in beiden Briefen häufiger eine Reihe von Wörtern und Begriffen in gleicher Reihenfolge, und das, obwohl die Aussage im jeweiligen Kontext eine ganz andere ist.

Das alles kann man schwerlich als eine Anhäufung *einzelner* Zufälle bezeichnen, sondern das verlangt eine *gemeinsame* Erklärung. Die nächstliegende dürfte dann aber die sein, die wir in unseren Arbeitshypothesen formuliert hatten: Der 1. Thess. muß die *literarische* Vorlage für den 2. Thess. gewesen sein. An keiner Stelle kommt man auf die Vermutung, daß es umgekehrt war. Mit hoher Wahrscheinlichkeit muß der Verfasser des 2. Thess. nun aber den *schriftlichen* Text des 1. Thess. vor sich gehabt haben. Legt schon das zu Ziffer b Ausgeführte das nahe (Auflösung der Triaden in 1. Thess. 1,3), dann läßt das zu Ziffer c Ausgeführte (die ausdrückliche, im neuen Kontext aber ganz unmotivierte Wiederholung des «Wir» aus 1. Thess. 2,13 in 2. Thess. 2,13) eigentlich gar keinen anderen Schluß mehr zu.

Nimmt man nun weiterhin Paulus als Verfasser des 1. Thess. an, muß man für mehrere (auch psychologische) Schwierigkeiten eine Erklärung finden. Zunächst muß man nun nämlich unterstellen, daß sich der Apostel bei der Abfassung des 2. Thess.

ungewöhnlich sklavisch am Aufbau des 1. Thess. orientiert hat, obwohl er in keinem späteren Brief einen entsprechenden Aufbau wiederholt. Sodann muß man unterstellen, daß Paulus an traditionellen Stellen im Briefaufbau (Danksagung, Gebetswunsch, Schlußgruß) Formulierungen aus dem 1. Thess. in immer gleicher Weise abändert. Daß der Apostel nach Abfassung des 1. Thess. an diesen Stellen zu einem neuen Sprachgebrauch übergegangen ist, könnte man zwar noch verstehen. Auffällig ist dann aber gerade, daß dieser neue (und innerhalb des 2. Thess. durchaus einheitliche) Sprachgebrauch die Eigentümlichkeit nur eines einzigen Briefes bleibt. In allen späteren Briefen kehrt Paulus zu dem Sprachgebrauch zurück, dem er im 1. Thess. folgte. So fällt der 2. Thess. auf jeden Fall aus dem Rahmen der übrigen Paulus-Briefe heraus.

Selbstverständlich sind auch dafür Erklärungen denkbar. Doch auch die wären, wie schon angedeutet, Hypothesen. Dem Arbeiten mit Hypothesen kann man nur entgehen, wenn man diesen ebenso offenkundigen wie seltsamen Befund nicht zur Kenntnis nimmt. Das dürfte sich aber doch wohl nicht empfehlen. Wenn dann auch die bisherigen Beobachtungen allein noch nicht ausreichen mögen, ein definitives Urteil über die (nichtpaulinische) Verfasserschaft des 2. Thess. zu fällen, so müssen sie doch später erneut herangezogen werden. Im Zusammenhang mit anderen Argumenten können sie durchaus Gewicht bekommen.

b) Übereinstimmungen an unterschiedlichen Stellen

Haben wir uns bisher bei den aufgeführten Übereinstimmungen zwischen beiden Briefen vom Aufbau leiten lassen und Ähnlichkeiten an parallelen Stellen miteinander verglichen, dann kam doch bereits an einer Stelle (vgl. oben Ziffer b) ein weiterer Aspekt in den Blick. Achten wir auf die dort begegnende Besonderheit! Zunächst einmal finden sich Worte und Begriffe aus 1. Thess. 1,2.3.6 in 2. Thess. 1,3.4 wieder. Insoweit gehört diese Übereinstimmung zu denen, die am gleichen Aufbau orientiert sind. Nachdem dann aber 2. Thess. 1,5–10 ein völlig neuer Gedankengang eingeführt und entfaltet worden ist (das Gericht bei der Parusie), für den es im 1. Thess. keine Entsprechung gibt, greift der Verfasser des 2. Thess. in 1,11 noch einmal auf (teils dieselben, teils andere) Begriffe aus 1. Thess. 1,2.4.3 (in dieser Reihenfolge!) zurück. Diese Beobachtung liefert einen ersten Hinweis dafür, die Eigentümlichkeit der literarischen Abhängigkeit des 2. Thess. vom 1. Thess. präziser zu bestimmen.

Der Verfasser des 2. Thess. hat bei der literarischen Benutzung seiner Vorlage offenbar wirklich zwei verschiedene «Techniken» angewandt. Neben der (bisher überwiegend beobachteten) fast schematischen Abhängigkeit im parallelen Aufbau findet sich eine andere Abhängigkeit, die charakterisiert ist durch selektive Benutzung der Vorlage. Der Verfasser formuliert zwar eigene (und dann vom 1. Thess. abweichende) Gedanken. Er gestaltet diese aber so, daß er dabei einzelne an verschiedenen Stellen im 1. Thess. vorkommende Begriffe (und im allgemeinen nur die Begriffe selbst) in seine Ausführungen einschleust. Dieses selektive Vorgehen erkennt man am besten, wenn man nicht vom 1. Thess. ausgeht und fragt, wo sich die Begriffe im 2. Thess. wiederfinden, sondern wenn man umgekehrt Textzusammenhänge im 2. Thess. daraufhin untersucht, welche Begriffe und Wendungen aus dem 1. Thess. sich dort wiederfinden und an welchen Stellen im 1. Thess. diese vorkommen.

Als erstes Beispiel sei hier vorgeführt:

(h) *Der Textzusammenhang 2. Thess. 2,13–3,5*

Zunächst ist wieder (vgl. oben S. 18) darauf hinzuweisen, daß man die Übereinstimmungen oft nur am griechischen Text wirklich erkennen kann, weil in Formen des Verbums und des Substantivs dieselben Stämme begegnen. Die jeweiligen Kontexte erfordern dann eigentlich unterschiedliche Übersetzungen desselben Wortes ins Deutsche. – Entsprechungen, die nur in gleichen Gedankengängen, nicht aber mit denselben Vokabeln begegnen, sind in Klammern gesetzt.

2. Thess.	1. Thess.
2,13	2,13
Wir sind es schuldig *Gott unaufhörlich* für euch zu danken, *vom* Herrn *geliebte Brüder,* daß Gott euch (erwählt) hat zum Heil *in Heiligung*	Und deswegen *danken* auch *wir Gott unaufhörlich*
	1,4
	von Gott *geliebte Brüder*
	4,7
	... (berufen) ... *in Heiligung*
2,14	5,9
... wozu er euch auch (berufen) hat durch unser Evangelium *zum Erwerb* (der Herrlichkeit) *unseres Herrn Jesus Christus*	... Gott hat uns ... (bestimmt) *zum Erwerb* (des Heils) durch *unseren Herrn Jesus Christus*
2,15	3,8
So *steht* nun *fest,* Brüder (und haltet die *Überlieferungen* fest, die ihr gelehrt worden seid ... von uns)	... wenn ihr *fest steht* ...
	4,1
	(wie euch *überliefert* wurde von uns)
2,16	3,11
Er selbst aber, unser Herr Jesus Christus, und *Gott* unser *Vater* ...	*Er selbst aber, unser Gott* und *Vater,* und unser Herr Jesus ...
2,17	3,2
... *tröste eure Herzen* und *stärke* sie ...	... um euch zu *stärken* und zu *trösten* ...
	3,12
	... damit *eure Herzen gestärkt* werden ...
3,1	4,1
übrigens,	*übrigens*
	5,25
	Brüder, betet auch *für uns*
Brüder, betet für uns ...	
3,3	5,24
treu aber ist der Herr	*treu* ist der, der euch ruft
3,5	3,11
der *Herr* aber *richte* eure Herzen	... und unser *Herr* Jesus Christus *richte* unseren Weg

Der kontinuierlichen Folge der Verse im 2. Thess. korrespondiert eine sprunghafte Folge der Verse im 1. Thess., aus denen der Verfasser Elemente zur Gestaltung seines Textes entnommen hat. Auch hier kann man natürlich den Zufall als Erklärung zur Hilfe nehmen, wenn man von den Anklängen jeden für sich einzeln vergleicht. Hält man Paulus für den Verfasser, kann man mehrfach darauf hinweisen, daß er einem ihm vertrauten Sprachgebrauch folgt. Betrachtet man jedoch das Ganze, kommt man doch wohl nicht um die Feststellung herum: Das literarische Vorgehen geschieht nach einem «System», das hinter allen Einzelstellen steht und von dem aus die Einzelstellen dann auch erklärt werden müssen.

Am nächsten liegt dann die Annahme: Der Verfasser des 2. Thess. hat den 1. Thess. vor sich auf dem Schreibtisch liegen. Einerseits hat er sich, wie bereits vermerkt wurde, formal am Aufbau seiner Vorlage orientiert. Andererseits hat er aber zugleich, während er neue Gedankengänge formulierte, immer wieder einmal einen Blick auf den 1. Thess. geworfen. Dabei geht er selektiv vor.

Daß dann *auch* Wendungen begegnen, die denen des 1. Thess. sehr nahe kommen und deren paulinische Herkunft nicht zu bestreiten ist, kann nicht verwundern. Indes darf man das jetzt nicht als Indiz für paulinische Verfasserschaft ins Feld führen. Ein Hinweis auf Einzelnes trägt hier nichts aus. Insgesamt aber fällt auf, daß in diesem Zusammenhang spezifische Eigenarten des 2. Thess. wiederkehren, die vom sonstigen paulinischen Sprachgebrauch abweichen. So werden Aussagen, die im 1. Thess. auf Gott bezogen werden, im 2. Thess. auf den Herrn (Jesus Christus) bezogen (vgl. oben Ziffer d und g; ferner 1. Thess. 1,4 mit 2. Thess. 2,13; 1. Thess. 5,23 mit 2. Thess. 3,16).

Besonders instruktiv ist, was man an der Benutzung des Verbums «richten» in 1. Thess. 3,11 und 2. Thess. 3,5 beobachten kann. Das griechische Wort *(kateuthynein)* kommt innerhalb der paulinischen (und deuteropaulinischen) Briefe nur an diesen beiden Stellen vor. Ein dem Paulus besonders geläufiges Verbum war es also nicht. Das gilt aber nicht nur für dieses Wort selbst, sondern darüber hinaus auch für die Konjugationsform, in der das Verbum steht, nämlich im Optativ, einer Form, die nicht nur bei Paulus, sondern überhaupt im Neuen Testament ganz selten ist. Nun hat das Verbum 1. Thess. 3,11 räumliche Bedeutung: Gott(!) möge *den Weg* des Apostels zu den Thessalonichern «richten». Dagegen wird es 2. Thess. 3,5 übertragen gebraucht: Der Herr(!) möge *die Herzen* der Leser auf die Gottes-Liebe und Christus-Geduld «richten». Schwerlich kann man das alles als Zufall erklären. Hinzu kommt nämlich noch, daß bei der Übernahme desselben Verbums in derselben Konjugationsform unter gleichzeitiger Modifizierung seiner Bedeutung eine wesentliche inhaltliche Veränderung eintritt. Der im Kontext des 1. Thess. dazugehörende Gedanke fällt aus, nämlich der von Paulus so dringend ersehnte und in Aussicht gestellte zweite Besuch bei der Gemeinde (vgl. 1. Thess. 2,17–3,2; 3,10f.). 2. Thess. 3,5 auf dem Hintergrund von 1. Thess. 3,11 zeigt nun, daß dieses Motiv bewußt gestrichen worden ist. Es begegnet auch an keiner anderen Stelle des 2. Thess. Wenn es sich um einen Paulus-Brief handelt, ist das nahezu unerklärbar. Stammt der 2. Thess. hingegen nicht von Paulus, erklärt sich das Weglassen gerade dieses Motivs fast von selbst. Doch wird auf die damit zusammenhängenden Fragen später noch näher einzugehen sein (vgl. S. 36f.).

Man kann nun durchaus noch in weiteren zusammenhängenden Texten des 2. Thess. Spuren aus dem 1. Thess. entdecken und kommt dann zu ganz entsprechenden Beobachtungen und Ergebnissen. Ich beschränke mich hier aber darauf, zum Abschluß der Gegenüberstellungen noch ein besonders instruktives Beispiel anzuführen.

(i) *Der Textzusammenhang 2. Thess. 3,6–9*

3,6 Wir befehlen euch aber, *Brüder, im Namen des Herrn Jesus* Christus, euch von jedem Bruder zurückzuziehen, der *unordentlich wandelt* und nicht nach den Überlieferungen, die sie von uns *empfangen* haben.	**4,1** Im übrigen, *Brüder,* bitten und ermahnen wir euch *im Namen des Herrn Jesus,* daß, wie ihr von uns *empfangen* habt, wie ihr *wandeln* sollt ... **5,14** ... bringt die *Unordentlichen* zurecht ...
3,7 Ihr selbst wißt ja, wie man uns *nachahmen* soll:	**1,6** Ihr seid unsere *Nachahmer* geworden und die des Herrn ...
Wir haben nicht *unordentlich* unter euch gelebt,	**5,14** (siehe oben)
3,8 auch haben wir nicht umsonst Brot von jemandem gegessen, sondern in *Anstrengung und Mühe haben wir Nacht und Tag gearbeitet, um nicht jemanden von euch zu belasten.*	**2,9** Erinnert euch, Brüder, unserer *Anstrengung und Mühe: Nacht und Tag arbeitend, um nicht jemanden von euch zu belasten,* haben wir euch das Evangelium Gottes verkündigt.
3,9 ... damit wir uns euch zum *Vorbild* gäben, uns *nachzuahmen*	**1,7** ... ihr seid ein *Vorbild* geworden
	1,6 ... ihr seid unsere *Nachahmer* geworden ...
(3,11: *unordentlich*)	(5,14: siehe oben)

Wir versuchen zunächst (unter Aufnahme der bisherigen Beobachtungen), das «technische» Zustandekommen des Textzusammenhangs dieser Verse zu erklären. Bei der Behandlung eines ethischen Problems orientiert sich der Verfasser des 2. Thess. einerseits (entsprechend dem parallelen Aufbau beider Briefe) mit dem Stichwort «unordentlich» in 3,6.7.11 an 1. Thess. 5,14 (vgl. auch oben Ziffer f). In dieses formale Gerippe baut er Ermahnungen ein, die er *inhaltlich* durchaus selbständig konzipiert. Auffällig ist jedoch, daß und wie der Verfasser bei der Gestaltung des Wortlautes dieser Ermahnungen in «selektiver Technik» verfährt: Er greift auf drei frühere Stellen aus dem 1. Thess. zurück. Zunächst nimmt er aus 1. Thess. 4,1 den Gedanken auf, daß die Leser den Wandel «von Paulus empfangen» haben. – Da der richtige Wandel nicht nur Inhalt der Überlieferung aus der Verkündigung ist, sondern an Paulus selbst abgelesen werden soll, nimmt der Verfasser sodann in V. 7 das Stichwort von der Nachahmung aus 1. Thess. 1,6 auf. Er löst es aber nicht nur aus dem dortigen Kontext heraus, sondern er ersetzt auch das Substantiv durch das Verbum. Das dazugehörige Stichwort Vorbild bringt er alsbald in V. 7. Wurden damit aber 1. Thess. 1,7 die Thessalonicher charakterisiert, dann charakterisiert es nun Paulus. – Schließlich führt er aus, wie der Wandel des Paulus konkret ausgesehen hat, indem er auf 1. Thess. 2,9 zurückgreift und daraus mehr als 10 Worte (nach dem griechischen Text) in genau derselben Reihenfolge

wiederholt. (Auch das ist wieder ein deutlicher Hinweis dafür, daß dem Verfasser
des 2. Thess. der Text des 1. Thess. schriftlich vorlag.)
Sind nun diese sprachlichen Anklänge und damit die literarische Abhängigkeit mit
Händen zu greifen, dann fällt demgegenüber auf, daß im 2. Thess. in keinem Fall
mit denselben Worten dieselbe Aussage gemacht wird, die mit ihnen im 1. Thess.
gemacht wurde. Das Motiv der Nachahmung wird einerseits umgekehrt:
1. Thess. 1,6 liegt eine Konstatierung vor, mit der Paulus Anerkennung ausdrückt;
2. Thess. 3,7 eröffnet eine Ermahnung. Andererseits wird dieses Motiv verkürzt,
und zwar (gemessen am 1. Thess.) am entscheidenden Punkt: Die christologische
Begründung dafür, daß Paulus «Vorbild» (*typos*) der Gemeinde ist (vgl. Kommentar zum 1. Thess., S. 38f.), entfällt. Die «Kette» im Gefüge der «Nachfolge», in der
die Thessalonicher nach dem 1. Thess. wirklich leben, wird nicht mehr bis auf den
Herrn zurückgeführt. Im 2. Thess. endet sie bei Paulus. Die «Überlieferung», die
die Leser von Paulus empfangen haben (2. Thess. 3,6), besteht also in einem Paulusbild, das sie sich vor Augen halten sollen. Die Züge dieses Bildes sind 1. Thess. 2,9
entnommen. Doch an dieser Stelle lag eine adverbiale Bestimmung vor: Paulus gibt
an, unter welchen Bedingungen er in Thessalonich verkündigt hat, und er tut das im
Zusammenhang mit einer Apologie des Evangeliums (vgl. Kommentar zum
1. Thess., S. 43–46). Im 2. Thess. wird aus der adverbialen Bestimmung ein selbständiger Gedanke. Nach dem, was der Verfasser des 2. Thess. in 3,6 gesagt hatte, kann
es ihm auch nur noch darauf ankommen. Den Lesern soll also mit 3,7 ein ethisches
Vorbild vor Augen gestellt werden, das sie «nachahmen» sollen. Und hier muß man
(zusammen mit 3,9) tatsächlich von einer Aufforderung zur Imitation reden. Daß
aber ohne eine christologische Begründung der Wandel nach dem Vorbild gefor-
dert wird (und sei es das Vorbild des Paulus), wird man, wenn man an den Aussagen des 1. Thess. mißt, als einigermaßen befremdlich bezeichnen müssen. – Doch
damit kommen nun bereits Sachkomplexe in den Blick.
Fassen wir kurz zusammen. Das Vorgehen des Verfassers des 2. Thess. erscheint als
in hohem Maße seltsam. Ohne jeden Zweifel will er eigene Gedanken formulieren,
die andere sind als die, die im 1. Thess. entwickelt wurden. Mit dieser Eigenständigkeit des Verfassers ist aber seine offenkundige literarische Abhängigkeit vom
1. Thess. nicht recht in Einklang zu bringen. Sie liegt in zweifacher Gestalt vor. Einerseits zeigt der dem 1. Thess. weitgehend parallele Aufbau des 2. Thess., daß der
1. Thess. die Vorlage für die Abfassung des 2. Thess. war. Das ließe sich noch als be-
wußtes oder auch unbewußtes Vorgehen erklären. Andererseits zeigt jedoch die
«selektive Technik» bei der Benutzung des 1. Thess., daß der Verfasser ganz offensichtlich darum bemüht ist, schon äußerlich die Ähnlichkeit seines Schreibens mit
dem 1. Thess. erkennbar zu machen. Bei diesem Bemühen um erkennbare Ähnlichkeit wird aber die Sprache des 1. Thess. (Worte, Wortverbindungen, Motive) in einer Weise benutzt, daß sich einfach die Frage aufdrängen muß: Hat der Verfasser
gar nicht gemerkt, daß der jeweilige Kontext im 1. Thess. ein völlig anderer ist? Hat
er den am Ende gar nicht verstanden? Oder kann er für sein eigenes Anliegen mit
dem 1. Thess. nichts anfangen? Wie soll man sich diese Vergewaltigung der Sprache
erklären?
Es ist doch wirklich nur sehr schwer, eigentlich aber gar nicht vorstellbar, daß ein
und derselbe Verfasser (der in diesem Fall ja nur Paulus sein könnte) denselben Lesern kurze Zeit später nicht nur etwas anderes, sondern tatsächlich etwas genau
Entgegengesetztes sagen muß, als er früher gesagt hat, diese neue Aussage aber
dennoch in einer geradezu mechanischen Abhängigkeit vom Text der ersten Aussa-

ge formuliert. Und das geschieht dann nicht so, daß inhaltlich an die erste Aussage angeknüpft wird. Es wird vielmehr die neue Aussage einfach *neben* die alte gestellt, der 2. Thess. *neben* den 1. Thess. Ein eigentümlicher Verdacht muß auftauchen: Will der Verfasser die alte Aussage durch eine neue *ersetzen*?

Sollte das der Fall sein, darf man sich nicht mehr darüber wundern, daß es nicht gelingt, eine Fortsetzung des Gesprächs zu rekonstruieren, das vom 1. Thess. zum 2. Thess. hinführt (vgl. oben S. 9–14). Ein solches Gespräch hat dann ja gar nicht stattgefunden. Das führt zu einer weiteren Frage: Will der Verfasser durch die mechanische Benutzung des Textes des 1. Thess. denen gegenüber, die den 1. Thess. kennen, zum Ausdruck bringen, daß seine eigene Aussage die eigentlich von Paulus gemeinte, also die «richtige» ist? Wenn er das will, kann er ja auch nicht an Inhalte des 1. Thess. anknüpfen, sie modifizieren und weiterführen. Er darf das nicht einmal tun, denn das würde die Leser doch auffordern, im 1. Thess. nachzulesen. Der Verfasser muß das also gerade verhindern; und eben das würde erklären, warum der 1. Thess. im 2. Thess. praktisch ignoriert wird.

Der Vergleich der Texte führte uns zu solchen Vermutungen. Ob sie begründet sind, wird man erst sagen können, wenn in den Vergleich auch die behandelten Sachkomplexe einbezogen sind.[6]

2. *Vergleich der Sachkomplexe*

In diesem Abschnitt soll es darum gehen, die jeweils in beiden Briefen behandelten Themen miteinander zu vergleichen, aber auch die aus dem 1. Thess. ausgelassenen und die im 2. Thess. neu begegnenden. Die unterschiedlichen Akzente, die sich in der Ausarbeitung dieser Themen erkennen lassen, sollen dann helfen, das Verhältnis beider Schreiben zueinander (unter Aufnahme früherer Beobachtungen) näher zu bestimmen. Dabei wird in einem ersten Durchgang vom 2. Thess. aus der 1. Thess. in den Blick genommen, in einem zweiten Durchgang vom 1. Thess. aus der 2. Thess.

a) Vergleich vom 2. Thess. zum 1. Thess.

Der 2. Thess. läßt sich relativ leicht gliedern. Abgesehen vom Präskript (1,1–2) und vom Briefschluß (3,16–18) und vorläufig auch abgesehen von der Frage, ob man die Komplexe noch weiter untergliedern muß, sind vier größere Zusammenhänge deutlich erkennbar:
(a) eine Danksagung (1,3–12);
(b) eine Belehrung über den Termin der Parusie (2,1–12);
(c) eine Überleitung mit verschiedenen Motiven (2,13–3,5);
(d) ein Abschnitt mit ethischen Inhalten (3,6–15).
Für jeden dieser Komplexe gibt es Parallelen im 1. Thess. – mit Ausnahme des zweiten Komplexes (2,1–12). Es empfiehlt sich also, hier einzusetzen.

---

6   Mancher Leser wird eine solche Hypothese unwillkürlich für unwahrscheinlich halten. Kann ein urchristlicher Schreiber einen Brief des Apostels Paulus durch seinen eigenen Brief ersetzt haben wollen? Um hier nicht von vornherein ein Vorurteil aufkommen zu lassen, sei bereits an dieser Stelle darauf hingewiesen, daß eine solche Hypothese – zumindest prinzipiell – keineswegs ungewöhnlich ist. Es wurde oben schon darauf aufmerksam gemacht, daß das literarische Vorgehen des Verfassers des 2. Thess. eine große Ähnlichkeit mit dem literarischen Vorgehen der Evangelisten Matthäus und Lukas hat (vgl. S. 16f.). Nun besteht aber gar kein Zweifel: Sie verfolgten genau diese Absicht: Ihre Werke sollten an die Stelle der früheren Werke (insbesondere an die Stelle des Markus-Evangeliums) treten; und der dritte Evangelist sagt das sogar ausdrücklich (vgl. Lk. 1,1–4).

Auffälligerweise liegen in diesen zwölf Versen keinerlei sprachliche Anklänge an den Text des 1. Thess. vor. Da der Verfasser also diesen Komplex (und von den Gesamtkomplexen in seinem ganzen Schreiben *nur* diesen) ohne Benutzung der Sprache des 1. Thess. selbständig gestaltet hat, legt sich sofort die Vermutung nahe: In diesem Abschnitt haben wir es mit dem Hauptanliegen des Verfassers zu tun.

Diese Vermutung wird durch weitere Beobachtungen gestützt. Zunächst begegnet uns hier nach der (in Briefen üblichen, vom Briefformular her also vorgegebenen) Danksagung das erste Thema. Darauf steuert der Verfasser offenbar von Anfang an los. Das legt die Formulierung in 2,1 nahe, die wie eine Überschrift wirkt: «Was die Parusie unseres Herrn Jesus Christus und unsere Zusammenführung mit ihm angeht, ...». Dennoch haben wir es hier gerade nicht mit einer Überschrift zu tun, denn die Zusammenführung der Gläubigen mit dem Herrn Jesus Christus wird 2,2–12 ja gar nicht behandelt. Sie ist vielmehr bereits vorher, zumindest in groben Umrissen, in den Blick genommen, nämlich *innerhalb* der Danksagung in den Versen 1,5–10. Sie handeln vom Gericht bei der Parusie. Bei diesen sechs Versen liegt nun aber auch insofern eine Entsprechung zu 2,1–12 vor, als auch sie weitgehend selbständig vom Verfasser gestaltet worden sind, nahezu unabhängig vom Text des 1. Thess.

Der Verfasser geht also so vor: Er setzt nach dem aus dem 1. Thess. wörtlich übernommenen und durch einige Worte erweiterten Präskript mit der traditionellen Danksagung ein. Dabei verwendet er in 1,3–4 den Text des 1. Thess. (vgl. oben S. 19f.). Dann führt er (jetzt unabhängig vom Text des 1. Thess.) in 1,5–10 das Motiv *Parusie* ein. Anschließend bringt er 1,11–12 die Danksagung zu Ende, nun wieder unter Verwendung des Textes des 1. Thess. (vgl. oben S. 19f.). Man muß 2,1 also als Überleitung bezeichnen. Sie knüpft an den Einschub des Verfassers in die Danksagung an und leitet über zu dem *einen* Aspekt des Motivs Parusie, das den Verfasser in erster Linie interessiert: der Termin. Gleich anschließend (2,2) nennt er dann die Begründung, warum er diesen Aspekt des Themas Parusie behandeln muß: Die Leser sind verwirrt und erschrocken, weil irgendwie die Parole aufgetaucht ist oder ihnen nahegebracht oder vermittelt werden soll, nach der der Tag des Herrn schon da sei. Es besteht also gar kein Zweifel: Die Ausführungen des Verfassers sind konkret veranlaßt. In 2,2 wird der Grund angegeben, warum dieser Brief geschrieben werden mußte: Dem Verfasser liegt daran, den Lesern sehr nachdrücklich einzuschärfen, daß es sich um eine falsche Parole handelt. In einer daran anschließenden Belehrung legt er sein eigenes Verständnis vom Termin des Tages des Herrn dar: Die Parusie kann keineswegs schon da sein, weil vorher eine Reihe von Ereignissen geschehen müssen, die bisher (wenigstens zum Teil) noch ausstehen.

Was der Verfasser hier ausführt, steht nun aber in einem deutlichen Widerspruch zu Aussagen im 1. Thess. Dieser Brief läßt erkennen, daß Paulus bei seinem Gründungsaufenthalt in Thessalonich die Parusie als nahe bevorstehend angekündigt hatte, und zwar als so nahe, daß die Thessalonicher meinten, sie würden sie demnächst erleben, jedenfalls noch vor ihrem Tode. Nur deswegen konnten eingetretene Todesfälle Unruhe in der Gemeinde hervorrufen (1. Thess. 4,13). Jetzt wurde der Termin der Parusie für die Gemeinde zu einem Problem (vgl. Kommentar zum 1. Thess., S. 63–66). Genau an dieser Stelle setzt Paulus dann mit seiner Argumentation an. Er hält zwar an der *Vorstellung* von der unmittelbaren Nähe der Parusie fest, wenn er behauptet, daß er und die noch lebenden Thessalonicher ganz bestimmt die Parusie noch vor ihrem Tode erleben werden, mit weiteren Todesfällen also nicht zu rechnen ist (1. Thess. 4,15.17). Dennoch liegt dem Apostel daran, daß der Termin der Parusie für die Thessalonicher gerade nicht zu einem Problem wird. Er schreibt ihnen, daß die Terminfrage eigentlich kein Problem sein dürfe (1. Thess. 5,1). Vor allem zeigt er ihnen, daß und warum der Termin der Parusie auch gar kein Problem zu werden braucht (1. Thess. 5,4–10). Die Tendenz der Ausführungen ist also deutlich: weg von der Frage nach dem Termin!

Jetzt wäre es zwar denkbar, daß die von Paulus immer noch vertretene *Vorstellung* von der unmittelbar bevorstehenden Parusie (1. Thess. 4,15.17) die Erwartung in Thessalonich noch einmal gesteigert hat und Paulus sich im 2. Thess. dagegen und gegen die Konsequenz daraus wenden will. Diese Meinung ist dann auch häufiger vertreten worden. Wenn es sich jedoch um einen Paulus-Brief handelt, ist diese These, wie oben gezeigt wurde, nicht zu halten (vgl. S. 11f.). Die falsche Parole über den Termin der Parusie kann nicht durch den 1. Thess. (auch nicht durch einen mißverstandenen 1. Thess.) entstanden sein. Wie sie aufgekommen ist, bleibt nach 2,2 zwar offen. Sie kann mündlich nach Thessalonich gekommen (oder dort aufgekommen) sein, durch geistgewirkte Rede oder durch andere Verkündigung. Sollte sie aber durch einen Brief gekommen sein, oder sollte ein Brief den Hintergrund für das Aufkommen dieser Parole bilden (was der Verfasser nicht ausschließt), dann war das auf keinen Fall ein Paulus-Brief. Paulus hat also nichts damit zu tun.

Die Art, wie der Verfasser bei der Gestaltung seiner Belehrung vorgeht, bestätigt das. Er knüpft nicht korrigierend an Aussagen des 1. Thess. an, was er ja tun müßte, wenn er die Befürchtung hätte, dieser sei mißverstanden worden[7], sondern er stellt seine Behauptung, daß bis zur Parusie noch Zwischenereignisse eintreten müssen, einfach neben die Behauptung des 1. Thess. von der Nähe der Parusie. Er geht also jetzt ausdrücklich auf die Terminfrage ein, obwohl Paulus im 1. Thess. viel Mühe darauf verwandt hat, den Lesern zu zeigen, daß der Termin nicht zum Problem werden darf, auch nicht zum Problem zu werden braucht.

Ist schon das zumindest seltsam (und von der Psychologie eines Briefschreibers aus nahezu unverständlich), dann führt eine weitere Bemerkung des Verfassers in einen glatten Widerspruch hinein, der sich nicht auflösen läßt. Der Schreiber behauptet nämlich, Paulus habe die Thessalonicher über die Ereignisse, die vor der Parusie noch eintreten müssen, bereits bei seinem Aufenthalt bei ihnen belehrt (2,5). Nun kann Paulus doch aber unmöglich, als er in Thessalonich war, sowohl die unmittelbare Nähe der Parusie angekündigt (und die Vorstellung von der Nähe 1. Thess 4,15.17 wiederholt) haben, als auch die Gemeinde über die bis zur Parusie noch ausstehenden Zwischenereignisse belehrt haben. Der Verfasser des 2. Thess. behauptet aber, daß das, was er den Thessalonichern jetzt aus einem konkreten Anlaß (2,2) sagen muß und wovon sich sowohl in der Geschichte des Paulus mit der Gemeinde in Thessalonich (vgl. Kommentar zum 1. Thess., S. 13–26) als auch im 1. Thess. selbst nicht die leiseste Spur findet, den Lesern bereits beim Gründungsaufenthalt mitgeteilt worden ist. Wenn diese Angabe des 2. Thess. aber stimmen sollte, wäre es dann nicht einigermaßen unverständlich, daß Todesfälle für die Thessalonicher zu einem Problem werden konnten? Damit hätten sie dann doch eigentlich rechnen müssen. Doch weiter: Wenn die Anfangsverkündigung des Paulus in Thessalonich die Inhalte enthielt, die der 2. Thess. unterstellt, wird dann nicht der ganze 1. Thess. überhaupt unverständlich? Diese Inhalte wären dann doch beileibe keine Nebensächlichkeiten gewesen und müßten darum auch irgendwie im

---

[7]   Es findet sich nicht nur keine Bemerkung, die der ähnlich ist, wie sie etwa 1. Kor. 5,9ff. vorliegt (Ich habe euch in jenem Brief geschrieben ... das ist aber nicht so zu verstehen, wie ihr es tut ... in Wirklichkeit habe ich euch geschrieben ...), es findet sich auch keine Andeutung einer Spur in dieser Richtung.

1. Thess. Spuren hinterlassen haben. So ist es einfach unmöglich, daß Paulus bei seinem Gründungsaufenthalt in Thessalonich das gesagt hat, was er nach 2. Thess. 2,5 gesagt haben soll.

Der ausdrückliche Hinweis auf die Verkündigung des Paulus bei seiner Anwesenheit in Thessalonich mit einer präzisen Angabe ihres Inhalts läßt doch nun aber wohl die Absicht des Verfassers des 2. Thess. erkennen. Er muß mit einem konkreten Problem fertigwerden, das, wie er es sieht, seine Leser in Verwirrung bringt. Er möchte mit diesem Problem aber unter Rückgriff und durch Berufung auf Paulus fertigwerden. Dabei knüpft er jedoch nicht an irgendwelche Aussagen in Paulus-Briefen an, sondern er stellt zwischen seinem eigenen Schreiben und dem Aufenthalt des Paulus in Thessalonich eine unmittelbare Beziehung her – und zwar am 1. Thess. vorbei.

Daß der Verfasser diese Absicht wirklich verfolgt, wird dadurch bestätigt, daß er zwei weitere Male genau ebenso verfährt.

Das geschieht 2,15 innerhalb des dritten Abschnittes des Briefes (2,13–3,5) ziemlich allgemein: Die Leser sollen an den Überlieferungen festhalten, die sie gelehrt worden sind, sei es durch Wort oder Brief. Auf welchen Brief (oder: auf welche Briefe) hier angespielt wird, lassen wir zunächst offen (doch vgl. schon oben, S. 10–12). Da keine Inhalte angegeben werden, läßt sich darüber ohnehin zumindest unmittelbar nichts sagen. Unter «Wort» muß man hier aber doch wohl die Verkündigung des Paulus unter den Thessalonichern verstehen – und damit (zumindest auch) die Verkündigung, von deren Inhalt der Verfasser im Zusammenhang des Komplexes 2,1–12 zu berichten weiß.

Sehr viel konkreter ist dann 3,10. Innerhalb des Abschnittes mit ethischen Belehrungen (3,6–15) werden die Leser ermahnt, sich in ihrem Wandel an dem Wandel zu orientieren, den sie an Paulus ablesen konnten, als er bei ihnen war. Mit dem Stichwort vom unordentlichen Wandel (3,6) wird an eine Bemerkung in 1. Thess. 5,14 angeknüpft. Daß es sich bei diesem unordentlichen Wandel um einen gegenwärtigen Mißstand bei den Lesern handelt, sagt der Verfasser ausdrücklich (3,11: Wir hören ...). Der Verfasser tritt diesem Mißstand entgegen, indem er Formulierungen eines Motivs aus dem 1. Thess. aufnimmt (vgl. oben, S. 26f.), die dort jedoch in einem ganz anderen Kontext stehen. Aus 1. Thess. 2,9 nimmt er zehn Worte auf und entwirft damit ein Paulusbild beim Gründungsaufenthalt in der Gemeinde. Dieses stellt er (unmittelbar, nicht jedoch in mittelbarer Argumentation wie 1. Thess. 2,9) als Vor-Bild für die Gegenwart seinen Lesern vor Augen. Wieder geht dieser (Rück-) Blick am 1. Thess. vorbei, denn der Verfasser erinnert nicht daran, daß er ihnen das doch schon geschrieben habe.

Lassen sich aus diesen Beobachtungen Schlüsse ziehen über das Verhältnis beider Schreiben zueinander? Wir versuchen eine Auswertung und knüpfen dabei an Erwägungen an, die bereits oben (vgl. S. 27f.) am Schluß des Vergleiches der Texte angestellt wurden.

In diesem Zusammenhang soll aber zunächst ausdrücklich darauf hingewiesen werden, daß im Laufe der letzten Ausführungen immer weniger von Paulus, statt dessen immer häufiger vom *Verfasser* des 2. Thess. die Rede war. Das geschah, weil sich manches einfach nicht als Aussage des Paulus verstehen ließ, am allerwenigsten die Angaben über den Inhalt der Verkündigung beim Gründungsaufenthalt in Thessalonich. So schien es geraten, vorsichtiger zu formulieren und die Pseudonymität mindestens ernsthaft zu erwägen. Die Annahme nichtpaulinischer Verfasserschaft des 2. Thess. drängt sich als neue Arbeitshypothese jetzt einfach auf. Auch sie muß freilich zunächst Arbeitshypothese bleiben, die sich noch zu bewähren hat. Damit darf und soll die Frage nicht ausgeschlossen werden, ob nicht doch noch Argumente begegnen, die für eine paulinische Verfasserschaft sprechen.

Als wichtigstes Argument dagegen hat sich ergeben, daß der entscheidende Störfaktor, der sich einem Verstehen des 2. Thess. als *zweiten* Brief des Paulus an die Thessalonicher immer wieder in den Weg stellt, die Existenz des 1. Thess. mit gerade dessen Inhalt darstellt. Dieser *muß* aber, wie gezeigt wurde, vor dem 2. Thess. abgefaßt worden sein. Ihn dem Paulus abzusprechen (um auf diese Weise das Verstehen des 2. Thess. als Paulus-Brief leichter zu machen), darf ohne weitere Diskussion als ausgeschlossen gelten.

Für den Verfasser des 2. Thess. *scheint* es nun aber so zu sein, daß der 1. Thess. überhaupt nicht existiert, und das, obwohl er ihn nicht nur kennt, sondern seinen Text (aber eben *nur* seinen Text) ganz intensiv benutzt. Ein Verweis auf *Inhalte* des 1. Thess. und darauf, daß diese *schon im 1. Thess.* stehen, begegnet an keiner Stelle. *Insofern* muß man sagen, daß der Verfasser des 2. Thess. den 1. Thess. ignoriert. Wenn man aber einen vorhandenen Brief benutzt (vor allem jedoch: wenn man ihn so benutzt, wie der Verfasser des 2. Thess. es tut, eben weitgehend rein «mechanisch») und wenn man es dabei dennoch zugleich peinlich vermeidet, irgendwie auf seinen Inhalt (als Inhalt des früheren Briefes an dieselben Leser) auch nur hinzuweisen, kann man das nicht mit sorgloser Nachlässigkeit erklären oder als bloßen Zufall bezeichnen. Hier liegt ganz offensichtlich Planmäßigkeit vor; und dahinter muß eine bestimmte Absicht stecken. Zu prüfen ist daher jetzt, ob es Hinweise dafür gibt, die diese Absicht erkennen lassen.

Wir gehen dabei von den Problemen aus, vor denen der Verfasser steht und die er selbst deutlich genug als solche zu erkennen gibt. Er hat konkrete Leser vor Augen, die er durch eine gefährliche Parole bedroht sieht (2,2). Außerdem gibt er an, daß er von einem unordentlichen Wandel gehört hat (3,11), der in der Gemeinde um sich gegriffen hat. Der Verfasser verfolgt nun das Ziel, seinen Lesern zu zeigen, warum die Parole falsch ist und wie ein richtiger Wandel aussehen muß. In beiden Fällen geht er so vor, daß er sich bei der Lösung der Probleme auf Paulus beruft. Warum er das tut, kann wohl keinem Zweifel unterliegen: Für die Leser ist Paulus Autorität. Er ist so sehr Autorität, daß er sogar auf den Titel des Apostels (der 1. Thess. 2,7 einmal beiläufig begegnet) verzichten kann. Die Leser sollen daher davon überzeugt werden, daß das, was der Verfasser ihnen schreibt, in Übereinstimmung mit der Meinung des Paulus steht. (Ob der Verfasser selbst der Meinung ist, paulinische Gedanken vorzutragen, kann man natürlich nicht sicher sagen. Wahrscheinlich wird man es aber unterstellen dürfen; vgl. unten, S. 115).

Den Nachweis für die Übereinstimmung seiner eigenen Aussagen mit denen des Paulus kann der Verfasser nur so führen, daß er zeigt: Sie gehen auf Paulus zurück. Dabei könnte er, um das überzeugend einsichtig zu machen, andere Paulus-Briefe heranziehen und sich darauf berufen. Diesen Weg geht er aber nicht. Warum er das nicht tut, läßt sich nicht sicher sagen. Es könnte daran liegen, daß er keine anderen Paulus-Briefe zur Verfügung hat. Es kann aber auch daran liegen, daß er in den Paulus-Briefen, die er kennt, keine für sein Anliegen geeigneten Ausführungen gefunden hat.

Den *einen* Paulus-Brief aber, den er nicht nur kennt, sondern den er bei der Abfassung seines eigenen Schreibens «auf dem Schreibtisch» gehabt haben muß, den 1. Thess., kann er nicht benutzen, weil er verschiedene Aussagen dieses Briefes als Störung seines eigenen Anliegens empfindet. Wo die Parole umläuft, daß der Tag des Herrn schon da sei, und wo diese Parole (wie immer sie genauer zu verstehen ist; dazu vgl. unten, S. 53–55) in einen gesteigerten Enthusiasmus hineinführt, kann die Orientierung am 1. Thess. gefährlich werden, da sie u. U. diesem Enthusiamus neue Nahrung gibt. Der Verfasser kann darum auch nicht seinen Lesern sagen, daß Paulus bereits einmal im 1. Thess. einiges zur Frage des Termins der Parusie gesagt hat. Die Leser dürfen also, will der Verfasser sein Anliegen durchsetzen, auf keinen Fall zur Lektüre des 1. Thess. angeregt werden.

Kann der Verfasser sich also nicht (aus welchen Gründen immer) auf Inhalte von Paulus-Briefen berufen und kann er sich darüber hinaus auf gar keinen Fall auf den 1. Thess. berufen und diesen in den Dienst seiner Argumentation stellen, dann bleibt ihm nur noch die Möglichkeit, auf die Verkündigung und das Auftreten des Paulus selbst zurückzugreifen. Diesen Weg geht er. Um die umlaufende Parole und die damit gegebenen Probleme zu bekämpfen, konstruiert er von dort aus in die Vergangenheit hinein Inhalte der Verkündigung des Paulus bei seinem Aufenthalt unter den Thessalonichern. Um dem unordentlichen Wandel zu begegnen, entwirft er (unter Aufnahme eines Textes aus dem 1. Thess.) ein Bild vom Auftreten des Paulus in der Gemeinde, an das sich die Leser halten sollen.

Auf diese Weise entsteht dann ein Schreiben, in dem *unmittelbar* an das Wirken des Paulus in Thessalonich angeknüpft werden kann. Es entsteht also ein neuer erster Thessalonicherbrief. Dieser aber entsteht am 1. Thess. vorbei. Nur wenn der Verfasser konsequent am 1. Thess. vorbeigeht, kann er ja diesen neuen ersten Thessalonicherbrief schreiben.

Wahrscheinlich wird man jetzt aber noch mehr sagen können. Die eigentümliche (mechanische) Benutzung des Textes des 1. Thess. legt zumindest die Vermutung nahe, daß dieser den Lesern nicht völlig unbekannt ist. Der Verfasser scheint das nicht nur vorauszusetzen, sondern möglicherweise sogar zu befürchten. Dadurch nun, daß er seine eigenen Ausführungen so weit an Gestalt (Aufbau) und Wortlaut des 1. Thess. anlehnt, daß man beim flüchtigen Lesen des 2. Thess. den Eindruck bekommen kann, er sei so etwas wie eine «Paraphrase» des 1. Thess. (vgl. oben, S. 15), sollen die Leser, wenn sie den 2. Thess. lesen, zur Annahme geführt werden: *Dieses Schreiben ist der «1. Thess.»*

Sollten die Leser aber den 1. Thess. (oder eine Abschrift) zur Hand haben (oder in die Hand bekommen), dann müssen sie sich nun dort einmal die «Unterschrift» etwas genauer ansehen, denn in 2. Thess. 3,17 liegt ihnen ein sicheres «Zeichen» dafür vor, daß dieser Brief bestimmt aus der Feder des Paulus stammt. Vergleichen sie nun dieses Zeichen mit dem Briefschluß im 1. Thess., werden sie zunächst feststellen, daß es fehlt. Die «Unterschrift» als Zeichen findet sich dort nicht, obwohl Paulus in 2. Thess. 3,17 doch betont, daß er «in allen Briefen» so unterschreibt, aber keineswegs andeutet, daß er das wegen inzwischen aufgetauchter falscher Briefe von nun an tun wolle. Das muß dann *den 1. Thess.* in Verdacht bringen, eine Fälschung zu sein. Zur Gewißheit wird dieser Verdacht, wenn die Leser bemerken, daß der eigenhändige Schluß im 1. Thess. (vgl. Kommentar zum 1. Thess., S. 73) in einer anderen Handschrift geschrieben wurde als der eigenhändige Schluß 2. Thess. 3,17–18. Haben die Leser nur eine Abschrift des 1. Thess. in der Hand, ist zwar ein Vergleich nicht möglich. Dennoch beeinträchtigt das die Überzeugung von der Authentizität des 2. Thess. nicht, denn wegen 3,17 muß ihnen dieser Brief auf jeden Fall als paulinisch gelten.

Gelegentlich hat man gerade diese letzte Erwägung benutzt, um zu zeigen, daß der 2. Thess. trotz 3,17 doch von Paulus geschrieben sein könne. Man hat argumentiert:

Wenn der Verfasser längere Zeit nach Paulus den 2. Thess. geschrieben hat, mußte er damit rechnen, daß man im Normalfall überhaupt nur mit Abschriften von Paulus-Briefen vergleichen konnte, darum aber in Wahrheit überhaupt nicht mehr vergleichen konnte. Er mußte also wissen, daß er das, was er erreichen wollte, gar nicht erreichen konnte. Da man ihm das nicht unterstellen wollte, ließ man 3,17 als Argument gegen die paulinische Verfasserschaft nicht gelten. Dagegen ist zu sagen, daß es mißlich ist, die Argumente für oder gegen paulinische Verfasserschaft an Einzelstellen zu erörtern. Für sich genommen, sind viele Einzelargumente in der Tat nicht zwingend. Man muß sie vielmehr im Zusammenhang betrachten und im Zusammenhang erklären. 2. Thess. 3,17 für sich genommen besagt dann aber auf jeden Fall: Der 2. Thess. stammt von Paulus; und eben das muß betont werden, weil es Fälschungen von Paulus-Briefen (ganz vorsichtig formuliert) mindestens geben könnte. Das *Problem* der Fälschung von Briefen besteht also; und eben das begegnet uns sonst zu Lebzeiten des Paulus niemals wieder (vgl. oben, S. 12).

Blicken wir von hier aus noch einmal in den Gesamtzusammenhang des 2. Thess., lassen sich einige Erwägungen anstellen, die möglicherweise zu einer präziseren Erfassung des «*Sitzes im Leben*» dieses Schreibens führen. Wie schon mehrfach erwähnt, ist gelegentlich in Kommentaren die Meinung vertreten worden, daß es *der 1. Thess.* war, der in Thessalonich die Naherwartung der Parusie erneut gesteigert und die Gemeinde in einen überspannten Enthusiasmus hineingeführt hat. Dagegen soll sich dann Paulus mit dem 2. Thess. gewandt haben (vgl. oben, S. 11.30). Diese Erklärung hat sich uns inzwischen jedoch als ganz und gar unwahrscheinlich erwiesen. Wir hätten es dann ja mit einer «Fortsetzung des Gesprächs» zu tun, was aber nach dem bisher Ausgeführten als ausgeschlossen gelten muß (vgl. oben, S. 9–14). Insbesondere spricht 2. Thess. 2,2 dagegen, denn hier wird ja gerade festgestellt, daß sich die umlaufende Parole, wenn sie sich auf einen Paulus-Brief beruft, auf einen Brief beruft, der nicht von Paulus stammt, den die Leser also als Fälschung erkennen sollen, wenn man sie auf ihn verweist (vgl. oben, S. 11f.).

Dennoch könnte diese in Kommentaren vertretene Meinung ein Wahrheitsmoment enthalten. Das wäre dann der Fall, wenn die Ortsangabe im Präskript des 2. Thess. zutreffen sollte. Wir hätten uns die Leser dann als in Thessalonich wohnend vorzustellen. Unter ihnen hätte sich ein gesteigerter Enthusiasmus herausgebildet. Dieser entstand freilich nicht durch den 1. Thess. und auch keineswegs gleich nach Empfang des 1. Thess. Diese Möglichkeit ist wegen 2,2 auszuschließen. Dieser Vers könnte dann aber Aufschluß darüber geben, wie der Enthusiasmus entstand: durch (vom) Geist (gewirkte Rede) innerhalb der Gemeinde. Dafür berief man sich dann *auch* auf «Wort» (= auf Paulus zurückgeführte Verkündigung)[8] und *auch* auf den 1. Thess. Diesen Brief wird man ziemlich sicher irgendwo in Thessalonich aufbewahrt haben; und gelegentlich dürfte er auch immer wieder einmal gelesen worden sein. Im Augenblick befindet er sich aber «auf dem Schreibtisch» des Verfassers des 2. Thess., und zwar wahrscheinlich sogar im Original (wenn Verfasser und Leser als in Thessalonich wohnend angenommen werden dürfen).

Bringt der Verfasser nun sein eigenes Schreiben in Umlauf, kann (und jetzt muß man sagen: soll) bei vielen Lesern der Eindruck entstehen, daß es sich um den alten Paulus-Brief an die Gemeinde handelt. Beide Schreiben entsprechen sich ja, wie gezeigt wurde, im Aufbau und weisen im Text große Ähnlichkeiten auf. Sollten sich

---

[8]   Es ist sprachlich möglich, das «angeblich» in 2. Thess. 2,2 nicht nur auf den «Brief», sondern auch auf das «Wort» zu beziehen; vgl. unten, S. 80.

dennoch bei einigen Lesern Zweifel einstellen und sollten die nun nach dem 1. Thess. suchen und mit der Suche Erfolg haben, dann kann jetzt die eigenhändige Unterschrift 2. Thess. 3,17 tatsächlich mit dem *Original* des 1. Thess. verglichen werden. Dieser Vergleich kann dann aber nur ergeben: Der 2. Thess. muß als der in Wahrheit erste Brief des Paulus an die Thessalonicher angesehen werden. Es ist der allein echte Paulus-Brief.

Unsere Überlegungen dürften also bestätigen, was früher schon vermutet wurde (vgl. oben, S. 33), und wir können als weitere Arbeitshypothese formulieren: Der Verfasser des 2. Thess. will mit seinem Schreiben den 1. Thess. verdrängen.[9]

Von dort aus läßt sich dann vielleicht auch noch besser erkennen, als es bisher gelang, welcher «Brief» in 2. Thess. 2,15 gemeint ist (vgl. oben, S. 11f.). Wenn der Verfasser die Leser an dieser Stelle ermahnt, an den Überlieferungen festzuhalten, die sie gelehrt worden sind, «sei es durch (ein) Wort, sei es durch (einen) Brief von uns», dann ist das eine nachdrückliche Bestätigung dessen, was er vorher ausgeführt hat. Der Verfasser hat sich gegen die (in Thessalonich) umlaufende Parole gewandt, indem er zunächst ausschloß, daß sie sich auf ein echtes «Wort» (= Verkündigung) und auf einen *echten* Brief des Paulus berufen konnte (2,2). Anschließend argumentiert er positiv. Er gibt den «richtigen» Inhalt des «Wortes» des Paulus an (2,3b–4), das dieser den Thessalonichern bei seiner Anwesenheit bereits mitgeteilt hat (2,5). An *dieses* «Wort» sollen sie sich nach 2,15 halten – und an den 2. Thess. Denn wenn der Verfasser die Leser anweist, sich angesichts der bei ihnen herrschenden Verwirrung an einem Paulus-Brief oder an Paulus-Briefen zu orientieren (nach dem griechischen Text kann beides gemeint sein), dann muß er jetzt ja bestimmt *auch* sein eigenes Schreiben im Blick haben, möglicherweise überhaupt nur dieses. Wahrscheinlich hat der Verfasser auch andere Paulus-Briefe gekannt. Da er aber niemals auf deren Inhalte für seine eigene Argumentation zurückgreift, spielen diese für ihn praktisch keine Rolle. Die allgemeine Formulierung an dieser Stelle

---

[9] Diese These hängt nicht unbedingt mit den zuletzt vorgetragenen Erwägungen zusammen, die versuchten, das Entstehen des 2. Thess. in Thessalonich wahrscheinlich zu machen. Denkbar bleibt durchaus auch ein Entstehen an einem anderen Ort, an dem man eine neu entstandene gespannte Naherwartung mit übersteigertem Enthusiasmus auch unter Berufung auf den 1. Thess. vertrat. Wirklich zwingend beweisen kann man hier nichts. Wenn ich es für mindestens wahrscheinlich halte, daß sich das alles in Thessalonich zutrug, dann spricht dafür m. E. nicht nur, daß jetzt wirklich die Möglichkeit bestand, die Unterschriften zu vergleichen, sondern auch die allgemeine Beobachtung, daß pseudonyme Briefe sehr oft an dem Ort entstanden sind, an den sie gerichtet wurden. Dabei verkenne ich nicht, daß es auch Gegenargumente·gibt. (Z. B. könnte man sagen, daß die Adresse des 2. Thess. seinem Verfasser durch den 1. Thess. einfach vorgegeben war.) – Für sicher halte ich indes, daß der 2. Thess. den 1. Thess. verdrängen sollte. Dabei möchte ich noch einem uns (unter den heutigen Bedingungen) naheliegenden Einwand entgegentreten. Wir könnten fragen, wie denn der Verfasser sein Schreiben überhaupt hat in Umlauf bringen können. Mußte es nicht jeden Leser skeptisch machen, wenn plötzlich ein bisher unbekannter Paulus-Brief auftauchte? Doch das ist modern gedacht. Dieselbe Frage müßte man bei allen neutestamentlichen Briefen stellen, deren Verfasserangaben einer kritischen Überprüfung nicht standhalten; und das gilt nach fast einhelliger Überzeugung der Forschung von mindestens acht Briefen. Darüber hinaus wissen wir von manchen spätjüdischen Apokalypsen sicher, daß sie, die nach ihrer Selbstaussage von bedeutenden Männern der Vergangenheit geschrieben sein wollen (Jesaja, Henoch, Esra usw.), erst sehr viel später von ihren Verfassern in Umlauf gebracht worden sind. So etwas *ist* damals geschehen. Darum *konnte* es geschehen – und dann auch in Thessalonich. Man darf sich die Dinge doch auch nicht so vorstellen, daß (ich übertreibe einmal) Sonntag für Sonntag im Gottesdienst in Thessalonich aus dem 1. Thess. vorgelesen wurde, der Brief aber während der Woche in einer kirchlichen Bibliothek oder in einem Archiv zur Benutzung auslag. Wie schnell geraten selbst bei uns wichtige Briefe schon aus dem vergangenen Jahrzehnt aus dem Blickfeld und (was den präzisen Inhalt betrifft) aus der Erinnerung! Der 1. Thess. (und andere Briefe) waren ja noch nicht Bestandteil des Kanons, darum auch noch nicht «heilige Schrift».

(ein Brief oder Briefe) signalisiert dann lediglich, daß Paulus für den Verfasser als Schreiber von Briefen Bedeutung hat, weil seine heutige Autorität in seiner brieflichen Hinterlassenschaft konkret wird. In der Situation der Leser ist nun aber die Orientierung gerade am 2. Thess. geboten. So soll in 2,15 bestimmt (auch) an dieses Schreiben gewiesen werden.

b) Vergleich vom 1. Thess. zum 2. Thess.

Bei dieser Reihenfolge des Vergleichs der Sachkomplexe beider Schreiben miteinander blicken wir dem Verfasser des 2. Thess. sozusagen wieder über die Schulter und beobachten ihn bei der Arbeit am Schreibtisch. Wir verschaffen uns einen Überblick darüber, welche Themen der Verfasser aus dem 1. Thess. übernimmt und in welcher Reihenfolge das geschieht, zugleich aber auch, welche Themen er ausläßt. Das so gewonnene vorläufig nur allgemeine Bild wird in der späteren Einzelauslegung zu präzisieren sein.

(a) Am Anfang orientiert sich der Verfasser weitgehend (formal *und* inhaltlich) am 1. Thess. Er übernimmt das Präskript (1. Thess. 1,1), das er erweitert (2. Thess. 1,1–2), und die Danksagung (1. Thess. 1,2–10), die er modifiziert (2. Thess. 1,3f.11f.) und in die er einen Einschub einfügt (2. Thess. 1,5–10). Diese Orientierung am 1. Thess. bedarf keiner besonderen Erklärung. Sie liegt nahe, weil der Verfasser sich damit einfach an die traditionelle Form des Briefes anschließt.

(b) Unmittelbar danach begegnet dann die tiefgreifende Differenz zwischen beiden Briefen. Der gesamte im 1. Thess. folgende Komplex 2,1–3,10 wird im 2. Thess. ausgelassen, soweit er die Vorgeschichte des 1. Thess. enthält. Statt dessen behandelt der Verfasser des 2. Thess. an dieser Stelle thematisch sein zentrales Anliegen: Der Termin der Parusie ist keineswegs nahe (2,1–12).

Vordergründig könnte man urteilen, daß das Auslassen dieser Vorgeschichte des 1. Thess. im 2. Thess. naheliegend ist. Das gilt vor allem dann, wenn man Paulus für den Verfasser des 2. Thess. hält. Bei der Aufnahme dieser Vorgeschichte kämen doch nur Wiederholungen heraus: die detaillierte Darstellung der Wirksamkeit des Apostels in Thessalonich, die Verfolgung der Gemeinde durch eigene Landsleute (mit der sich daran anschließenden sogenannten Judenpolemik), die Entsendung des Timotheus von Athen aus und dessen Rückkehr mit den so erfreulichen Nachrichten. Und in der Tat: Wenn Paulus den 2. Thess. geschrieben haben sollte, wäre kaum zu erwarten, daß er das alles noch einmal schreibt. Liegt hier dann also doch ein Hinweis dafür vor, daß man Paulus für den Verfasser des 2. Thess. zu halten hat? Nun, das scheint nur bei vordergründiger Betrachtung so zu sein.

Sieht man nämlich nur ein wenig genauer hin, entdeckt man unter dem Weggelassenen ein Motiv, dessen ersatzlose Streichung in hohem Maße verwundern muß – wenn es sich um einen Paulus-Brief handelt: der Wunsch des Apostels, die Thessalonicher erneut zu besuchen. Ausdrücklich klingt der Wunsch 1. Thess. 2,17f. zum erstenmal an, hier freilich als ein damals vom Satan verhinderter Versuch. Damit werden dann Ausführungen eingeleitet, die von der Sehnsucht des Paulus bestimmt sind, bald wieder zur Gemeinde zu kommen (2,19f.; 3,1–10). Die Darlegungen führen schließlich hin zu dem Gebet des Apostels: «Er aber, unser Gott und Vater und unser Herr Jesus Christus richte (= bahne) unseren Weg zu euch» (3,11). Die Thessalonicher dürfen nach Empfang des 1. Thess. also erwarten, daß Paulus nicht nur den dringenden Wunsch hat, sie so bald wie möglich zu besuchen, sondern daß er vor allem auch alles daran setzt, diesen Wunsch in Erfüllung gehen zu lassen. Warum fehlt dieses Motiv im 2. Thess?

Man kann darauf zwar antworten, daß Paulus (etwa durch seine Missionstätigkeit in Korinth) bisher daran gehindert wurde, seinen in Aussicht gestellten Besuch zu verwirklichen, und daß er (aus welchen Gründen immer) in naher Zukunft keine Möglichkeit für ein Kommen sieht. Er konnte daher gar keinen Besuch in Aussicht stellen; und deswegen tut er es auch nicht. Aber nicht das ist das eigentliche Problem, daß er keinen baldigen Besuch erwähnt, sondern das Problem besteht darin, daß er keinen Grund dafür angibt, warum der nicht möglich ist. Paulus kann doch nicht einfach vergessen haben, daß er sein Kommen in Aussicht gestellt hatte (und er kann es vor allem dann nicht, wenn er sich im 2.Thess. so intensiv am 1.Thess. orientiert). Paulus mußte doch wissen, daß die Thessalonicher in näherer Zukunft mit seinem Kommen rechnen. Dann aber mußte er doch begründen, warum er daran einstweilen gehindert ist. Wenn der 2.Thess. von Paulus geschrieben worden ist, muß man es als unverständlich bezeichnen, daß das Thema Besuch in Thessalonich mit keiner Silbe erwähnt wird.

Anders ist es dagegen, wenn ein anderer den 2.Thess. schrieb. Er selbst hatte nicht das persönlich-herzliche Verhältnis zur Gemeinde, das Paulus mit den Thessalonichern verband, und darum konnte er mit diesen persönlichen Dingen aus der Vorgeschichte des 1.Thess. nicht viel anfangen. Darüber hinaus konnte er für sein eigenes Anliegen daraus kaum etwas verwerten. (Über die Ausnahme 1.Thess. 2,9 siehe unten, S. 40). Ihm ging es um eine sachliche und darum sehr nüchterne Belehrung angesichts eines strittigen Problems. So fehlt dann auch dem 2.Thess. fast völlig die Wärme, die eine so bezeichnende Eigenart des 1.Thess. ist. Da diese aber besonders im Komplex 1.Thess. 2,1–3,10 begegnet, ließ der Verfasser diesen aus.

(c) Nun hat aber der Verfasser des 2.Thess. das Thema Besuch in Thessalonich nicht etwa nur ausgelassen, sondern man kann darüber hinaus zeigen, daß er es sogar bewußt beseitigt hat (was die paulinische Verfasserschaft des 2.Thess. nun wirklich ausschließt). Man erkennt das, wenn man sieht, *wie* sich der Verfasser nach der Behandlung seines eigenen Themas in 2,1–12 von 2,13 an bis 3,5 weiter am 1.Thess. orientiert. Die Skizze auf S. 38 mag das verdeutlichen:

Zwar hat der Verfasser des 2.Thess. den Komplex 1.Thess. 2,1–3,10 *als ganzen* ausgelassen, holt sich aber (gleich nach Behandlung seines eigenen Themas in 2,1–12) *aus* diesem Komplex die (zweite) Danksagung, mit deren Hilfe er die Überleitung und den Auftakt für seine nachfolgenden Ausführungen gestaltet (vgl. die durchgezogene Linie von 1.Thess. 2,13 zu 2.Thess. 2,13). Sodann entnimmt er aus 1.Thess. 3,11 (dem Vers also, der dem ausgelassenen Komplex unmittelbar folgt) das Gerippe, das jetzt seinen eigenen Abschnitt trägt (vgl. die beiden von 1.Thess. 3,11 ausgehenden durchgezogenen Linien). Paulus hatte hier das Gebet formuliert, daß «Er, unser Gott und Vater und unser Herr Jesus», den Weg des Paulus zu den Thessalonichern «richten» (= bahnen) möge. Daraus gestaltet der Verfasser in 2,16(f.) und 3,5 zwei selbständige Fürbitten für die Leser. In der zweiten Fürbitte wird dann ganz deutlich, daß der Verfasser das Motiv des Besuchs in Thessalonich in seiner Vorlage gelesen haben muß und dieses nun bewußt beseitigt. Er übernimmt nämlich aus 1.Thess. 3,11 das Verbum «richten» zwar in derselben (im Neuen Testament außerordentlich seltenen) grammatischen Form (griechisch im Optativ), benutzt es 3,5 aber nicht in räumlichem Sinne (Gott möge *den Weg* des Paulus nach Thessalonich «richten»), sondern in übertragener Bedeutung (der Herr möge *die Herzen* der Leser auf die Gottes-Liebe und Christus-Geduld «richten»). 2.Thess. 3,5 läßt sich nur als bewußte Aufnahme und Veränderung von 1.Thess. 3,11 erklären (vgl. auch oben, S. 25).

1. Thess.   2. Thess.

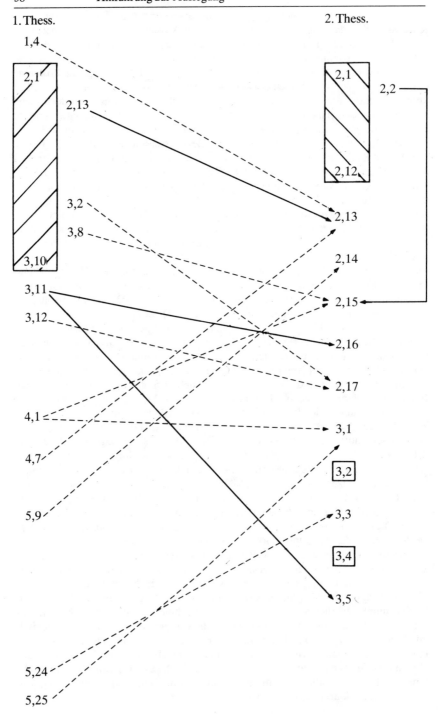

Ist der Verfasser also bei der Erstellung des Gerippes seines Abschnittes in den Versen 2,13; 2,16; 3,5 deutlich vom 1. Thess. abhängig (und das unter durchgehaltener Orientierung am Aufbau dieses Briefes), so geschieht die Auffüllung dieses Gerippes nun so, daß er in selektiver Auswahl Züge, Motive, Worte und Wortverbindungen aus verschiedenen Stellen des 1. Thess. heranzieht (vgl. die gestrichelten Linien in der Skizze und den Vergleich der Texte oben, S. 23–28). Wie er dabei genau vorging, läßt sich natürlich nicht sagen. In dem einen oder anderen Fall mag ihm eine Wendung aus dem 1. Thess. im Gedächtnis gewesen sein. Sonst aber gewinnt man den Eindruck, daß seine Augen über den Text des 1. Thess. glitten und hier und dort einzelne Begriffe erfaßten (aber kaum deren Bedeutung im Kontext). Die benutzte er dann für seine eigenen Formulierungen. Der Vergleich der Texte zeigt, daß der Abschnitt 2. Thess. 2,13–3,5 nur auf (etwa) diese Weise entstanden sein kann.

Drei Verse verdienen jetzt noch besondere Aufmerksamkeit, weil der Verfasser bei ihrer Gestaltung erkennbar selbständig vorgeht (wenn auch jeweils in etwas unterschiedlicher Weise): 2,15; 3,2; 3,4 (vgl. die Skizze). – 2. Thess. 2,15 ist zwar mit Anleihen aus 1. Thess. 3,8; 4,1 gestaltet worden, doch bringt der Verfasser hier eine eigene Formulierung aus 2,2 ein (Wort, Brief). Er will damit, wie oben gezeigt wurde (vgl. S. 35f.), seinen eigenen Ausführungen in diesem Brief Nachdruck verleihen. – Die beiden anderen Verse sind, wie die Skizze erkennen läßt, ohne Anleihen aus dem 1. Thess. gestaltet worden. Dabei dürfte 3,4 eine ähnliche Funktion wie 2,15 haben: Der Verfasser hat das Vertrauen, daß sich die Leser wirklich an das von Paulus Überlieferte halten. Wenn er dieses Überlieferte hier ausdrücklich als «angeordnet» bezeichnet, will er damit vermutlich zugleich den nachfolgenden ethischen Abschnitt vorbereiten. – Schließlich läßt 3,2 so etwas wie ein Paulusbild erkennen. Der Verfasser bittet (als «Paulus») um Fürbitte, damit er errettet werde von (den) unredlichen und bösen Menschen. Auch diese Angabe müßte, sollte Paulus den 2. Thess. verfaßt haben, in hohem Maße verwundern. Während seines ersten Aufenthalts in Korinth (vgl. Kommentar zum 1. Thess., S. 14) kann Paulus das auf keinen Fall geschrieben haben, denn damals befand er sich nicht unter Menschen, die so zu charakterisieren wären. Paulus müßte es aber dort geschrieben haben, wenn der 2. Thess. von ihm stammt. – Durchaus verständlich ist die Aussage jedoch wieder aus späterer Zeit, in der sich ein Wissen davon erhalten hat, daß der Apostel während seines Wirkens inmitten vielfältiger Auseinandersetzungen und Anfeindungen, also inmitten von «unredlichen und bösen Menschen» gelebt hat und dann auch erfahren mußte, daß «der (christliche) Glaube nicht jedermanns Ding» ist, die paulinische Mission also nicht überall erfolgreich war.

Man kann die Frage stellen, ob der Verfasser mit diesem Abschnitt seinen Brief beenden wollte. 2. Thess. 2,16 könnte als Einleitung des Briefschlusses verstanden werden; und auf 2,17 hätte ein Schlußgruß folgen können. Auffällig ist auch, daß der Verfasser offenbar Elemente des Briefschlusses des 1. Thess. vor Augen hat (5,24.25), die er allerdings erst für 2. Thess. 3,1 und 3,3 verwendet. 2. Thess. 3,1 kann sowohl als (nochmaliger) Ansatz zum Briefschluß verstanden werden (dem nach 3,5 der Gruß hätte folgen können) als auch als Auftakt für eine Fortsetzung des Briefes (wegen der Benutzung von 1. Thess. 4,1 in 2. Thess. 3,1). Sicher läßt sich also die Frage nicht beantworten, ob der Verfasser von Anfang an auch den nächsten Abschnitt seines Briefes geplant hatte oder nicht. Wir müssen davon ausgehen, daß er den Brief tatsächlich fortgesetzt hat und diese Fortsetzung spätestens mit 3,4 (vielleicht schon mit 3,1) vorbereitet.

(d) Im 1. Thess. folgen nun ein ethischer Komplex (4,1–12), der eschatologische Abschnitt (4,13–5,11) und Einzelermahnungen (5,12–22).

Daß der Verfasser des 2. Thess. den eschatologischen Abschnitt *an dieser Stelle* ausläßt, bedarf keiner besonderen Erklärung. Dieses «Thema» hatte er bereits 2,1–12 behandelt.

So bleibt dem Verfasser, wenn er sich weiterhin am 1. Thess. orientieren will, nur noch das Thema Ethik zu behandeln. Daß er sich dafür nicht (zumindest nicht thematisch) an 1. Thess. 4,1–12 hält, liegt wieder nahe. Die dort erörterten Probleme waren konkret veranlaßt, sind aber nicht die Probleme des Verfassers. Daß dieser gleichwohl einige Wendungen daraus verwendet (vgl. etwa 1. Thess. 4,1 mit 2. Thess. 3,1 und 3,6), entspricht seiner Arbeitstechnik.

Der Verfasser hält sich also an die Einzelermahnungen des 1. Thess. und nimmt aus 5,14 das Stichwort von den Unordentlichen auf. Daraus gestaltet er ein selbständiges Thema (3,6–15). Wie er das tut und wie er es im einzelnen abhandelt, kann später in der Auslegung erörtert werden. Hier sei lediglich (auch zur Charakterisierung seiner Arbeitsweise) notiert, daß er in 3,8 mehr als 10 Worte aus 1. Thess. 2,9 heranzieht, wieder ohne Berücksichtigung des dortigen Kontextes (vgl. oben, S. 26f.). Dadurch entsteht (nach 3,2; vgl. oben, S. 39) ein weiterer Aspekt eines Paulusbildes: Der unermüdlich tätige Apostel wird den Lesern als nachzuahmendes Beispiel vor Augen gestellt.

In unserer Hinführung zur Auslegung muß nun aber noch auf ein Problem hingewiesen werden. Das Stichwort «unordentlich» begegnet im Abschnitt 2. Thess. 3,6–15 dreimal: 3.6.7.11 (vgl. die Textgegenüberstellung oben, S. 26). Nach allen bisherigen Beobachtungen liegt die Annahme am nächsten (von der wir eben auch ausgegangen sind), daß die Aufnahme des Stichworts im 2. Thess. unter Benutzung von 1. Thess. 5,14 *literarisch* vermittelt wurde. Ist das aber wirklich sicher? Wir hatten früher schon einmal im Zusammenhang mit 3,11 etwas anderes erwogen (vgl. oben, S. 39). Nach diesem Vers will der Verfasser «*gehört*» haben, daß einige Glieder der Gemeinde «unordentlich wandeln, nicht arbeiten, sondern unnütze Dinge treiben». Wenn diese Angabe stimmt, hätten wir es (wie schon 2,2) mit einem aktuellen Problem in der Gemeinde der Leser zu tun. Dann aber würde sich (für diesen Punkt) die Annahme einer literarischen Abhängigkeit vom 1. Thess. erübrigen.

Die Entscheidung zwischen literarischer Abhängigkeit und aktuellem Anlaß ist nicht ganz einfach. Für beide Möglichkeiten lassen sich Gründe anführen. Die literarische Abhängigkeit ist ein durchgehendes Kennzeichen für die Arbeit des Verfassers des 2. Thess. Sie endet nicht mit 3,5; und so liegt in dieser Hinsicht zwischen 3,5 und 3,6 keine Zäsur vor. Schon aus diesem Grunde kann man unterstellen, daß der Verfasser weiter am 1. Thess. orientiert blieb. Er nimmt dann in 3,6 das übernommene Stichwort (zusammen mit einem Motiv aus 1. Thess. 4,1; vgl. oben, S. 26) auf, behandelt sodann das Thema nach verschiedenen Richtungen und gibt ihm erst sehr viel später mit 3,11 einen aktuellen (oder nur aktuell wirkenden?) Akzent: Er hat vom unordentlichen Wandel gehört. Wäre aber das, was er gehört hat, der Anlaß für die Ausführungen in diesem Abschnitt gewesen, hätte es doch eigentlich nahegelegen, mit der Bemerkung in 3,11 zu beginnen. Nimmt man weiter an, daß der Verfasser den Brief schon früher abschließen wollte (vgl. oben, S. 39), scheint nun der Schluß nahezuliegen: 3,11 enthält nicht die Angabe einer tatsächlichen Situation in der Gemeinde der Leser, sondern ist lediglich eine Fiktion.

Man kann dagegen freilich einwenden, daß in 3,6 das Problem der Leser bereits in den Blick kommt, wenn auch indirekt. Der Text an dieser Stelle ist nicht einheitlich überliefert. In den meisten deutschen Übersetzungen lautet er: Die Leser sollen sich zurückziehen von einem jeglichen Bruder, der unordentlich wandelt «und nicht nach den Überlieferungen, die *ihr* von uns empfangen habt». Nach besseren Lesarten muß der Text aber ursprünglich gelautet haben: «... und nicht nach den Überlieferungen, die *sie* von uns empfangen haben». Trifft das zu (und die neuere Textkritik ist dieser Meinung), dann nimmt der Verfasser von Anfang an konkrete Menschen in den Blick, von denen er weiß, daß sie unordentlich wandeln, obwohl (wie man jetzt umschreiben muß) auch *sie* die Überlieferung kennen, die von Paulus zu ihnen gekommen ist. Mit der Bemerkung «wir hören» in 3,11 wird dann nicht eine fiktive Situationsangabe nachträglich hinzugefügt, sondern lediglich noch deutlicher gesagt, was in 3,6 schon anklingt. So ist es dann durchaus möglich, daß die Alternative gar nicht vorliegt: literarische Abhängigkeit oder konkrete Veranlassung. Beides liegt vor.

Ich halte das für am wahrscheinlichsten. Doch ist nun zu prüfen, ob eine (und, wenn ja, welche) Beziehung besteht zwischen der Parole, die der Verfasser als bei seinen Lesern umlaufend kennt (2,2), und dem unordentlichen Wandel, von dem er gehört hat (3,11) – wenngleich er diesen so einführt, daß er hier literarisch vom 1. Thess. abhängig bleibt. Das heißt aber: Es ist nach der Situation zu fragen, in der der Verfasser seine Leser sieht und in die hinein er seinen Brief richtet.

B. Die Situation der Leser

An drei Stellen läßt der Verfasser die Situation erkennen, in der er seine Leser sieht: Nach 1,4 lebt die Gemeinde inmitten von Verfolgungen und Bedrängnissen, nach 2,2 ist sie durch eine Parole verwirrt, nach 3,11 gibt es in der Gemeinde Leute, die unordentlich wandeln.

Von diesen drei Angaben ist die erste außerordentlich blaß. Man erfährt nicht, von wem die Verfolgungen ausgehen (vgl. dagegen 1. Thess. 2,14), welcher Art sie sind und wie sie veranlaßt wurden (vgl. dagegen 1. Thess. 4,12 und den Kommentar zur Stelle). Zur Erhellung der Situation der Leser trägt also 1,4 kaum etwas ein – außer der Tatsache der Verfolgungen und Bedrängnisse als solcher. In der Auslegung wird zu erörtern sein, welche Funktion dieses Motiv im Zusammenhang der Ausführungen des Verfassers hat.

Das größte Gewicht kommt ohne Zweifel der zweiten Angabe zu. Diese muß daher ausführlich behandelt werden. Das Ergebnis entscheidet dann möglicherweise auch darüber, ob und wie die zweite und die dritte Angabe miteinander zusammenhängen.

1. Unsicherheit in der Frage des Termins der Parusie (2,2)

Unter den Auslegern ist unbestritten, *daß* der Verfasser des 2. Thess. (wer immer als Verfasser angenommen wird) in 2,2 den konkreten Anlaß nennt, warum er diesen Brief schreibt. Wir haben die Situation, in der der Verfasser seine Leser sieht, bisher nur sehr allgemein charakterisiert als: gespannte Naherwartung der Parusie mit einem übersteigerten Enthusiasmus. Das muß jetzt präzisiert werden, denn unter den Auslegern ist durchaus umstritten, *wie* man sich diese Situation genauer vorzustellen hat und wie sie bei den Lesern entstanden ist.

Die Unsicherheit der Ausleger hängt zu einem erheblichen Teil damit zusammen, daß der griechische Text nicht wirklich durchsichtig ist und sich daher nur schwer mit der notwendigen Genauigkeit ins Deutsche übersetzen läßt. Er muß etwa so wiedergegeben (bzw. umschrieben) werden: (V. 1: Wir bitten euch ...), «daß ihr nicht schnell erschüttert werdet (= euch erschüttern laßt) weg vom Verstand, auch nicht erschreckt werdet (= euch nicht erschrecken laßt) weder durch Geist, noch durch Wort, noch durch Brief wie wenn von uns (= angeblich von uns) wie wenn (= wie wenn man sagen könnte; oder = mit dem Inhalt): Der Tag des Herrn ist da». Am Ende dieses Verses steht der Satz, den wir bisher als «Parole» bezeichnet haben. Nun wird nicht gesagt, wie diese Parole zu den Lesern gekommen ist. Nicht völlig deutlich wird, mit Hilfe welcher «Kommunikationsmittel» die Parole bei den Lesern vorgetragen wird. Will man die Situation präzise erkennen, muß man aber beides wissen.

Aus der Kenntnis anderer Paulus-Briefe neigen wir leicht zu der Ansicht, daß solche Parolen als «Irrlehre» von außen in Gemeinden hineingebracht werden.[10] Das ist auch in unserem Fall nicht völlig auszuschließen. Das Wort «schnell» muß aber nicht unbedingt ausdrücken, daß die von außen gekommene Parole die Leser schnell durcheinandergebracht hat, sondern es sagt wahrscheinlich eher, daß durch das Hören dieser Parole bei den Lesern schnell (nach Meinung des Verfassers: zu schnell) Wirkung entstanden ist: Erschütterung, die als unbesonnen gekennzeichnet wird, und Erschrecken. Es ist daher durchaus auch mit der Möglichkeit zu rechnen, daß die Parole am Ort der Leser entstanden ist. Die Vertreter dieser Parole (ob sie nun von außen gekommen sind oder aus der Gemeinde der Leser stammen) berufen sich offenbar auf den Geist. Man wird sie also etwa als «Propheten» charakterisieren können. Dann aber ist ihr Reden unableitbar, weil es mit der Behauptung geschieht, unmittelbar von oben (eben: durch den Geist) eingegeben zu sein. Damit wäre ausgeschlossen, daß andere den Inhalt des Gesagten auf seine Richtigkeit hin überprüfen können. Wahrscheinlich bieten diese Propheten (gleichsam nachträglich) dennoch so etwas wie eine Kontrolle an. Sie verweisen dafür auf «Wort» und «Brief». Das heißt aber, wie gezeigt wurde: Sie verweisen auf die Verkündigung und einen Brief des Paulus. Für diesen Fall erklärt der Verfasser aber, daß eine *solche* Berufung zu unrecht geschieht.

Wegen des nicht völlig durchsichtigen griechischen Textes kann man also nicht zu wirklich sicheren Angaben kommen. Das wirft nun aber eine Frage auf: Weswegen formuliert der Verfasser so unpräzise? Mehrere Antworten sind möglich. Es kann ein Mangel an sprachlichem Gestaltungsvermögen vorliegen. Will man das nicht unterstellen, kann man an sachliche Gründe denken: Der Verfasser kennt die Situation der Leser nicht genau, oder er formuliert bewußt unpräzise, weil er einiges in der Schwebe lassen möchte. Wenn die Frage also nicht sicher zu beantworten ist, signalisiert sie dennoch ein methodisches Problem: Man muß unterscheiden zwischen der Situation, die bei den Lesern *tatsächlich* vorliegt, und dem *Bild* von der Situation, das sich der Verfasser macht. Diese Unterscheidung ist für die Auslegung wichtig. Das aber wird in Kommentaren und anderen Untersuchungen nicht immer genau genug bedacht.

Wenn dort nämlich die Situation der Leser gezeichnet wird, dann ist man durchweg bemüht, die tatsächliche Situation zu erheben, und in die hinein läßt man jetzt den Verfasser reden. Aber wie, wenn sich nun das Bild, das der Verfasser von der Situa-

---

[10]   Vgl. vor allem Gal. 1,6: In die Gemeinden eingedrungene Gegner des Paulus haben die Galater «schnell» zu einem anderen Evangelium verführt.

tion der Leser hat, nicht mit der tatsächlichen Situation deckt? Dann hat das zwar zur Folge, daß die Leser die Ausführungen des Verfassers nicht wirklich verstehen können. Sie sagen dann vielleicht: Das Gesagte trifft und betrifft uns gar nicht. Dennoch behalten die Ausführungen des Verfassers ihren guten Sinn – aber eben als Aussagen an Menschen, die in der Situation leben, wie sie der Verfasser vor Augen hat oder vor Augen stellt. Daraus folgt: Für die *Exegese des Schreibens* ist die tatsächliche Situation des Leserkreises nahezu unerheblich, denn sie muß streng bezogen bleiben auf die Situation, die sich der Verfasser vorstellt und die er zeichnet.

Diese methodischen Erwägungen über die beiden zu unterscheidenden Situationen gelten grundsätzlich für jeden Brief. Ob sie praktisch Bedeutung haben und wie weit diese Bedeutung geht, muß man von Fall zu Fall entscheiden. 2. Thess. 2,2 signalisiert aber, daß man beim 2. Thess. ohne diese Unterscheidung nicht auskommt.

Wie immer man die beiden (griechischen) Worte verstehen (und ergänzen) will, mit denen der Verfasser die Parole einleitet («wie wenn»), einigermaßen sicher dürfte sein, was hier ausgedrückt werden soll: Der Verfasser zitiert anschließend nicht wörtlich eine von *anderen* formulierte Parole, sondern er gibt Gedanken dieser anderen mit *eigenen Worten* wieder. Es ist darum gar nicht möglich, aus dem jetzt vorliegenden Wortlaut *unmittelbar* auf das zu schließen, was die Unruhestifter vertreten, die der Verfasser widerlegen möchte.

Genau an dieser Stelle liegen nun (abgesehen vom nicht völlig durchsichtigen griechischen Wortlaut) die eigentlichen Schwierigkeiten, die Situation der Leser zu erheben. Es dürfte einleuchten, daß man hier sehr behutsam vorgehen muß. Man darf nicht zu schnell die an sich naheliegende Frage stellen, welche Meinung die Leute tatsächlich vertreten haben, gegen die sich der Verfasser wendet. Die Ausgangsfrage muß vielmehr lauten: Wie verstand der Verfasser die Meinung jener Leute? Erst wenn wir darauf eine Antwort gefunden haben, können wir versuchen, die erste Frage zu beantworten.

Was also meint der Verfasser, wenn *er* formuliert: Es gibt Leute, die behaupten: «Der Tag des Herrn ist da»? – Die Exegese auch dieses Satzes ist unter den Auslegern umstritten, die freilich durchweg auf die Hilfe verzichten, die die eben genannte methodische Differenzierung leisten kann.

Die Differenz unter den Auslegern hängt mit dem Verständnis des Tempus zusammen, das für das Verbum in der Parole benutzt wird. Im Griechischen steht es im Perfekt, das präsentische Bedeutung hat: Der (erwartete) Tag *ist* gekommen – und nun eben *da*. Diese sprachlich ohne Zweifel richtige Übersetzung wirft indes die Frage auf, ob die damit gemachte Aussage überhaupt Sinn gibt. Das scheint nicht der Fall zu sein. Darum wird oft gegen den griechischen Wortlaut übersetzt: Der Tag des Herrn steht unmittelbar bevor. Aber das ist ja nun keineswegs dasselbe.

Um das hier vorliegende Sachproblem zu erkennen und, wenn möglich, einer Lösung zuzuführen, muß man den religionsgeschichtlichen Hintergrund kennen. Er soll daher in einem Exkurs in den Hauptzügen skizziert werden.

Exkurs: Der religionsgeschichtliche Hintergrund
(Von der jüdischen Apokalyptik zu einer «christlichen» Apokalyptik)

Der Begriff «Tag Jahwes» begegnet literarisch nachweisbar erstmalig beim Propheten Amos (5,18). Der neutestamentliche Gebrauch des Begriffes «Tag des Herrn» (oder auch verkürzt einfach: «der Tag») stammt jedoch aus der sogenannten *Apo-*

kalyptik. Es handelt sich da um eine religiöse Bewegung, die sich seit etwa Ende des 3. Jahrhunderts v. Chr. im Judentum, vor allem in Palästina, herausgebildet hat.[11] Ihren Namen hat sie von der in ihrer Mitte entstandenen Literatur bekommen, den Apokalypsen (Offenbarungen). In ihnen geht es um Enthüllungen von Geheimnissen, die den bisherigen und insbesondere den kommenden Weltlauf zum Inhalt haben. Die Eingeweihten werden also über das informiert, was in Kürze geschehen wird.

Die Geschichtskonzeption der Apokalyptik ist dualistisch: Dem gegenwärtigen Äon folgt ein kommender, den allein Gott herauführen kann und wird, und zwar «an seinem Tage». Diese «Wende der Äonen» wird in den Apokalypsen häufig als nahe bevorstehend angesagt. In einer Art Fahrplan werden die Ereignisse geschildert, die nach Gottes Plan vorher noch geschehen müssen. Der Leser weiß nun also (oder er kann durch Beobachtung der «Zeichen der Zeit» erkennen), an welcher Stelle des Ablaufs der Weltgeschichte er steht. Der Äonenwende gehen oft Katastrophen von weltweitem Ausmaß voraus, die teilweise aber auch schon Gegenwart sind oder in die Gegenwart hereinragen und dann als die «Wehen» der Endzeit verstanden werden. Auf jeden Fall ist der gegenwärtige Äon (auch und gerade in seiner auslaufenden Phase) ein «böser» Äon; und diese Erde ist ein Jammertal. Insofern ist die Apokalyptik von einem pessimistischen Zug bestimmt: Von diesem Äon ist gar nichts mehr zu erwarten – alles aber vom kommenden. Da der jedoch nicht mehr lange auf sich warten läßt und da man durch die Apokalypsen informiert ist über die herrliche Zukunft, die er bringen wird, eröffnet sich zugleich ein Hoffnungsaspekt: Man kann (etwa durch genaues Halten des Gesetzes) selbst die Vorbedingungen dafür schaffen, daß man dereinst durch Auferstehung und Gericht hindurch in den neuen Äon gelangen wird. Die Hoffnung darauf ist ein starkes Motiv für die Bewährung in der gegenwärtigen Drangsal. Man kann sich nun aber auch in Geduld fassen, weil man, dem Augenschein in der Gegenwart zum Trotz, für die Zukunft mit der Gerechtigkeit Gottes rechnen darf. Der «Tag des Herrn» wird die große Wende bringen und alle die belohnen, die ausgeharrt und sich im Ausharren bewährt haben.

Wenn man auf dem Hintergrund dieser Skizze die Parole in 2,2 zu verstehen versucht, muß man urteilen: Die präsentische Bedeutung kann keinen Sinn geben. Daß der Tag des Herrn schon gekommen und darum da ist, kann nur gesagt werden, wenn der alte Äon sein Ende wirklich erreicht hat, wenn er Vergangenheit ist, weil Gott mit seinem Tag den neuen Äon bereits gebracht hat. Dann ist es aber völlig überflüssig, diesen Satz überhaupt noch auszusprechen, denn das Einbrechen und das Da-Sein dieses Tages ist eine aller Welt sichtbare Angelegenheit. Zweifel am Gekommen-Sein dieses Tages kann es dann gar nicht geben. Eben darum hätte das Da-Sein dieses Tages als Behauptung gar nicht aufgestellt werden können, um dadurch andere Menschen zu verwirren oder zu verführen. Eine solche Behauptung ließe sich einfach dadurch widerlegen, daß man auf die sichtbar immer noch weiterlaufende Zeit in diesem alten, bösen Äon verweist. Dessen reale Anwesenheit läßt sich ja nicht bestreiten. – Das alles gilt jedenfalls dann, wenn man die Parole aus 2,2 auf dem Hintergrund *jüdisch*-apokalyptischer Vorstellungen verstehen will.

Damit haben wir es in der Parole jedoch nicht zu tun, auch nicht nach Meinung des Verfassers des 2. Thess. Der Herr, der an jenem Tage erwartet wird, ist auch nicht

---

[11]   Eine allgemeinverständliche Darstellung bietet W. Schmithals, Die Apokalyptik. Einführung und Deutung (Sammlung Vandenhoeck), Göttingen 1973.

(wenigstens nicht in erster Linie und unmittelbar) Gott, sondern es ist der Kyrios Jesus Christus. Könnte der Verfasser dann hier so etwas wie eine «christliche Apokalyptik» im Blick haben? Und könnte er darauf zurückgreifen, wenn er die Meinung jener anderen Leute mit eigenen Worten formuliert? Und könnte er dann eben sagen, daß der Tag des Herrn (schon) da sei?

Will man diese Frage beantworten, muß man freilich zunächst klären, ob es überhaupt eine christliche Apokalyptik gibt, was das ist oder sein könnte, insbesondere worin das Christliche dieser Apokalyptik besteht. Wenn man einfach und nur die an jenem Tage zu erwartenden «Personen» austauscht, wenn man also «Gott» durch «Jesus Christus» ersetzt, dann bleibt man (zumindest grundsätzlich) immer noch im Rahmen jüdisch-apokalyptischen Denkens. In diesem Fall darf man darum noch nicht von einer «christlichen Apokalyptik» reden.

Nun haben wir es bei der Übernahme des Apokalyptischen ins Christliche, bei der Anknüpfung, Verarbeitung, Neufassung und Umgestaltung mit einem außerordentlich vielschichtigen Problem zu tun. Eine ausführliche Behandlung ist in diesem Kommentar nicht möglich. Dennoch muß kurz darauf eingegangen werden. Geschehen soll das so, daß Beispiele aus dem 1. Thess. herangezogen werden. In diesem Brief sind einige wichtige Akzente sehr deutlich zu erkennen. Und wir können davon ausgehen, daß Paulus apokalyptische Vorstellungen nicht nur vertraut sind, sondern daß er auch in ihnen lebt, weil sie zu seiner Weltanschauung gehören.

Eine ziemlich unmittelbare Anknüpfung an apokalyptische Vorstellungen liegt 1. Thess. 2,16 vor. Paulus sagt hier von *den* Juden, die ihn in seiner Missionsarbeit hindern, daß sie dadurch unentwegt das Maß ihrer Sünden voll machen und daß auf sie bereits der Endzorn gekommen ist (vgl. Kommentar zum 1. Thess., S. 49f.). Die Vorstellungen, die sich in diesen beiden Bildern ausdrücken, laufen in jeweils entgegengesetzter Richtung. Die Sünden werden in einem Meßbecher gesammelt. Wenn dieser voll ist, wird Gott das Ende bringen. Die Hinderung der Mission des Paulus und die Verfolgung, die er erleidet (1. Thess. 2,15), sind also «Sünden» der Juden, die im Meßbecher gesammelt werden. Sie sind daher ein Geschehen, das zum Ende hinführt. Zugleich handelt es sich aber um ein Geschehen, das vom Ende her bestimmt ist. Dem Ende unmittelbar voraus geht eine Zeit der Drangsal, der Not, des Schreckens, in der der Widersacher herrscht, Gott sich aber zurückhält. So kann diese Zeit als Zeit des Zornes bezeichnet werden (vgl. auch 1. Thess. 1,10). Eben dieser Zorn bestimmt bereits die Gegenwart. Für die Juden wird das daran sichtbar, daß «alle Menschen gegen sie sind» (1. Thess. 2,15). Die Gemeinden in Judäa und Paulus erfahren das in der Verfolgung, die sie erleiden.

Paulus knüpft hier also an das in Apokalypsen begegnende Motiv der Zeichen der Zeit an, mit deren Hilfe eine Geschichtsdeutung durchgeführt wird. Solche Zeichen der Zeit können politische Gestalten und Ereignisse sein, sind am Ende der Zeit Tyrannen oder Katastrophen (Kriege, Hungersnot). Sieht der Leser, daß sich die jetzt ereignen, weiß er, an welcher Stelle im Ablauf der Weltgeschichte er steht. Die ganz entsprechende Geschichtsdeutung nimmt Paulus auch vor, nur sagt er nicht an, daß solcher Zorn kommen wird, sondern er deutet gegenwärtiges Geschehen als diesen Zorn. Die Thessalonicher können nun also wissen: Die Endzeit ist schon angebrochen. Endzeit ist hier jedoch verstanden als letzte Zeit *vor* dem Ende dieses alten Äons.

In den gleichen Zusammenhang gehört 1. Thess. 2,18, wenngleich das apokalyptische Motiv dort nicht ganz so deutlich ist: Paulus wollte zur Gemeinde kommen. Er wurde daran gehindert. Daß er aber daran gehindert wurde, war ein Werk des Sa-

tans, der in dieser Endzeit seine Macht ausübt. (Wahrscheinlich, aber nicht völlig
sicher ist, daß ein politisches Ereignis, das Claudius-Edikt, für Paulus eine Hin-
derungs-«Macht» war, die ihn nicht nach Thessalonich zurückkommen ließ. Vgl.
Kommentar zum 1. Thess., S. 53).

Über das Ende hinweg blickt Paulus 1. Thess. 4,15–17. Was der Apostel hier darstellt, wirkt zunächst wie eine Schilderung der Ereignisse, die den Tag des Herrn
einleiten: In einem dramatischen Geschehen wird der Herr sichtbar und hörbar
(Befehlsruf, Stimme des Erzengels, Posaune Gottes) vom Himmel herabkommen,
die Toten werden auferweckt, Lebende und (auferweckte) Tote werden in die Luft
entrückt werden und den zur Erde kommenden Herrn einholen. Das alles sind Bilder aus der Apokalyptik. Da Paulus sie aufnimmt und den Thessalonichern vor Augen stellt, muß man sagen: So (etwa) erwartete er die Ereignisse bei der Äonenwende. *Insofern* könnte man ihn dann durchaus als Apokalyptiker bezeichnen. Er
lebte in den *Vorstellungen* der Apokalyptik und teilte sie.

Nun hat allerdings schon die Exegese von 1. Thess. 4,15–17 gezeigt, daß sich an dieser Stelle eine gewisse Diskrepanz zu den apokalyptischen Bildern zumindest an-
bahnt (vgl. Kommentar zum 1. Thess., S. 67f.). Paulus schiebt in diesen Versen nämlich zwei ursprünglich selbständige Bilder ineinander (Kommen des Herrn und Ent-
rückung). Dadurch verwischt er nun aber gerade ein wenig die Konturen. Ein wirklich genaues Bild von den Endereignissen kann man sich nun gar nicht mehr machen, woran die Apokalypsen aber durchweg interessiert waren. Das Interesse des
Paulus ist jedoch: Er will zeigen, daß die entschlafenen Christen gegenüber den
noch lebenden nicht im Nachteil sind. Für *diese* Aussage aber, um die es ihm in erster Linie geht, sind die apokalyptischen Bilder jetzt nur noch Material. Selbstverständlich heißt das nicht, daß Paulus die apokalyptische *Vorstellung* als solche aufgegeben hätte. Dennoch liegt eine Akzentverschiebung vor, auf die man genau achten muß, weil sie von entscheidender Bedeutung ist. Paulus erzählt diese Endereignisse nicht (wie ein Apokalyptiker das tun würde), damit die Thessalonicher darüber informiert sind, was in (naher) Zukunft geschehen wird, sondern er will die
Gemeinde in ihrer gegenwärtigen Sorge um die Entschlafenen trösten. Es gilt also
zu erkennen, daß das, was wie Information über Zukünftiges aussieht, auf Gegenwart bezogen ist.

Nun war freilich, wie eben gezeigt wurde, auch in der jüdischen Apokalyptik bereits
ein Gegenwartsbezug angelegt: Weil man um die herrliche Zukunft weiß, kann man
in der jetzt noch herrschenden Drangsal geduldig sein. Und wenn man durch «Zeichen» die Gegenwart als Zeit des «Zorns» identifizieren kann, weiß man ohnehin,
daß dieser Äon nicht mehr lange dauern wird. Man kann dann auch Mühen auf sich
nehmen, um durch das Gericht hindurch zu gelangen, denn die Mühen werden ja
mit kommender Herrlichkeit belohnt werden. Der einfache Hinweis auf den Gegenwartsbezug apokalyptischer Aussagen bei Paulus heißt also noch nicht unbedingt, daß damit der Rahmen des jüdisch-apokalyptischen Denkens bereits verlas-
sen wäre.

Wie das dennoch geschieht, wird an 1. Thess. 5,1–11 deutlich. Paulus setzt auch
hier mit der Aufnahme von apokalyptischen Vorstellungen ein. Er erwartet das
Kommen des Tages des Herrn von der Zukunft. Vorher hatte er bereits gesagt, daß
der Tag in allernächster Zeit zu erwarten sei, denn Todesfälle wird es bis dahin
nicht mehr geben (4,15.17). Jetzt betont er, daß der Tag des Herrn unversehens
und unausweichlich kommen wird (5,2f.). Über die Terminfrage aber möchte er
nicht diskutieren (5,1). Nun war aber das Ausbleiben dieses als nah in Aussicht ge-

stellten Tages für die Thessalonicher zum Problem geworden. Wegen der Todesfälle waren sie gerade am Termin interessiert. Genau das entspricht apokalyptischem Denken, und wenn Paulus in dessen Rahmen gedacht und argumentiert hätte, hätte er die Frage nach dem Termin zum Thema machen müssen. Paulus zeigt aber jetzt, daß die Frage nach dem Termin (die im Rahmen der Vorstellung selbstverständlich auch für ihn *möglich* bleibt) für das, worauf es ihm als Christen ankommt, *unnötig* ist. Im Grunde ist sie sogar gefährlich, denn sie lenkt von dem ab, worauf es jetzt entscheidend ankommt: Die Thessalonicher können jetzt schon als «Söhne des Lichts» und als «Söhne des Tages» leben (5,5–8).

Wieder wird also die Zukunft auf die Gegenwart bezogen, doch geschieht das anders als in der jüdischen Apokalyptik. Ihr würde es entsprechen, wenn Paulus die Thessalonicher ermahnt hätte, ihren jetzigen Wandel so zu führen, daß sie damit im Gericht bestehen können und *danach* teilhaben werden an der Herrlichkeit, die der kommende Tag bringen wird. Genau das aber tut Paulus nicht. Er sagt vielmehr, daß sie den kommenden Tag jetzt schon vorwegnehmen können, und zwar als «Söhne des Tages» in einem dem «Tag» angemessenen Wandel. Um *Antizipation* von Heils-Zukunft geht es Paulus also in einer christlichen Ethik, *nicht* aber um ein Leben in dieser Welt, das auf ein *Erlangen* der Heils-Zukunft ausgerichtet ist.

Werden die Thessalonicher nun als «Söhne des Tages» angeredet, wird damit allerdings kein Dauerzustand postuliert. Sie können (und darum sollen sie auch) diese Antizipation *immer wieder* geschehen lassen. Das drückt Paulus aus, wenn er das Bild von der Waffenrüstung aufnimmt (vgl. Kommentar zum 1. Thess., S. 69f.).

Daraus folgt aber, daß von nun an (und im christlichen Raum grundsätzlich) in zweifacher Weise von *Naherwartung* geredet werden muß. Beide Weisen muß man sehr genau auseinanderhalten (auch heute!), weil sonst permanent Mißverständnisse entstehen. Die *eine Weise* ist die apokalyptische. Paulus erwartet das Kommen des Herrn vom Himmel in allernächster Zeit (4,15.17). Dieser Tag bleibt immer Zukunft, ob man ihn nun ganz nah erwartet (wie Paulus) oder ob man noch mit einem längeren Zeitraum rechnet. Immer herrscht hier die apokalyptische Vorstellung und Anschauung von Welt (zusammen mit dem damaligen Weltbild). Die *andere Weise* nimmt die ursprünglich auf Zukunft ausgerichtete Vorstellung in die Gegenwart hinein und ist dort auf den Wandel bezogen. Dieser wird zwar inmitten des alten Äons geführt und kann deswegen, solange dieser währt, kein Dauerzustand werden. Doch inmitten dieses bösen Äons will und kann im Wandel der «Söhne des Tages» jeden einzelnen Augenblick neu (Naherwartung!) das Leben des kommenden Tages antizipiert werden.

An dieser Stelle kommt zum ersten Mal eine Möglichkeit in den Blick, wie sinnvoll davon geredet werden könnte: Der Tag des Herrn ist da. Nach dem Verständnis des Paulus kann dieser Satz natürlich nicht bedeuten, daß die 1. Thess. 4,15–17 erzählten Ereignisse bereits geschehen seien. Die bleiben Zukunft, und darum ist *dieser* Tag des Herrn noch nicht da. Dennoch bricht der «Tag» jetzt schon immer wieder ein, eben im Wandel der Thessalonicher. «Söhne des Tages» *leben* den «Tag». Und von *diesem* «Tag (des Herrn)» könnte man dann in der Tat sagen, daß er schon da ist: Immer wieder will er einbrechen, kann er einbrechen – und bricht er auch *wirklich* ein, doch niemals ohne den Vorbehalt, der mit «immer wieder» ausgedrückt ist. Dauer hat *dieser* Tag niemals.

Wenn dann also auch die Aussage von der jetzigen Gegenwart des Tages des Herrn im jüdisch-apokalyptischen Denken unmöglich ist, so *könnte* sie im Rahmen paulinischen Denkens durchaus Sinn geben. Sie kann es aber nur, wenn man den Vorbehalt mitbedenkt. Läßt man den weg, ist der isolierte Satz «Der Tag des Herrn ist da» mißverständlich. Wie nahe wir hier aber bei einer auch dem Paulus möglichen Formulierung sind, zeigt ein Vergleich mit 2. Kor. 6,2, wo der Apostel feststellt: *Jetzt* ist der willkommene Kairos, *jetzt* ist der Tag des Heils. Doch auch hier verhindert nur der Kontext ein Mißverstehen dieser paulinischen Aussage.

So stellt sich uns die Frage, ob wir damit den Schwierigkeiten auf der Spur sind, die das Verstehen von 2. Thess. 2,2 bietet. Doch lassen wir diese Frage vorläufig stehen und ziehen zur Vorbereitung der Antwort einige weitere Überlegungen heran.

Eine entsprechende Aussage wie die eben erläuterte liegt 1. Thess. 2,12 vor, wenn auch in anderer Terminologie. Paulus ermuntert die Thessalonicher, dem Gott angemessen zu wandeln, der sie in seine Königsherrschaft und Herrlichkeit ruft (vgl. Kommentar zum 1. Thess., S. 46f.). Hinter dem Vers steht die apokalyptische Vorstellung, daß der alte Äon vom neuen Äon (hier ausgedrückt mit den Begriffen Königsherrschaft und Herrlichkeit Gottes) abgelöst werden wird. Diesem neuen Äon gehen auch die Thessalonicher entgegen, und insofern sind auch für sie Gottes Königsherrschaft und Herrlichkeit noch Zukunft. Dennoch ist diese Zukunft eine auf die Thessalonicher zu-kommende. Denn in diese seine Zukunft ruft (Präsens!) Gott jetzt schon. Der Ruf aber ist das Angebot Gottes, sich auf diese Zukunft einzulassen. So haben die Thessalonicher die Möglichkeit, Gottes Zukunft wirklich ankommen zu lassen. Königsherrschaft und Herrlichkeit Gottes kommen inmitten dieses alten Äons an, wenn und wo Menschen jetzt diesem Gott angemessen wandeln. Insofern kann dann auch hier gesagt werden, daß die Königsherrschaft Gottes (freilich: immer wieder) Gegenwart wird, oder (in anderen Begriffen ausgedrückt) daß der Tag (immer wieder) da ist.

Wenn nun auch die Aussage 1. Thess. 2,12 genau der Aussage in 1. Thess. 5,5–8 entspricht, so ist doch neben der unterschiedlichen Terminologie auf eine weitere Differenz hinzuweisen. 1. Thess. 2,12 geht es um *Gottes* Königsherrschaft und Herrlichkeit. Der «Tag» in 1. Thess. 5,5.8 bezieht sich auf den «Tag des Herrn» (5,2), also auf den Tag *Jesu Christi.* Das bedeutet zunächst, daß Paulus offenbar wechselweise einmal von Gott, ein anderes Mal von Jesus Christus reden kann, ohne daß sich dadurch der Inhalt der Aussage als solcher ändert. Das ist nun zu erklären.

Bei einer solchen Erklärung muß man sich davor hüten, die uns geläufigen und vertrauten Gedanken heranzuziehen, die erst in der späteren Entfaltung der Christologie entstanden sind, wo man das Verhältnis der «Personen» (Gott, Jesus Christus – und später auch Geist) ausdrücklich reflektierte. Davon läßt sich bei Paulus noch nichts erkennen, oder doch höchstens in sehr andeutenden Ansätzen. Ein Beispiel dafür ist etwa 1. Thess. 3,11: «Er selbst aber, unser Gott und Vater und unser Herr Jesus, bahne unseren Weg zu euch.» Der Satz beginnt mit einem Singular, und das Verbum am Ende steht ebenfalls im Singular, obwohl die Aussage sowohl von Gott dem Vater als auch dem Herrn Jesus gemacht wird. Beide können also (wie in 1. Thess. 3,11) zusammen genannt werden. Sie können aber eben auch einzeln genannt werden (wie in 1. Thess. 2,12 neben 1. Thess. 5,1), ohne daß sich die jeweilige Aussage dadurch ändert oder gemindert (d. h. ohne Ergänzung durch eine andere Aussage defektiv) wird. In der späteren Entwicklung ist es dann vorwiegend so, daß in christlichen Aussagen, die von der Parusie handeln, ohne weiteres nur noch an das Kommen Jesu Christi gedacht wird.

Wie und wo dieser «Austausch der Personen» eingesetzt hat, wird heute unterschiedlich beantwortet. Sehr oft verweist man hier auf die sogenannten Osterereignisse. Es ist aber keineswegs sicher, daß der Ausgangspunkt der Entwicklung hier

liegt, wenngleich ohne Zweifel bestimmte spätere Formulierungen darauf zurück-
gehen. Dieses Problem kann jetzt nicht ausführlich behandelt werden. Hingewiesen
sei aber wenigstens darauf, daß sich bereits in der Jesus-Tradition das Motiv der
Antizipation der Zukunft findet.

Nach Mk. 1,14f. kommt Jesus nach Galiläa und verkündigt dort das Evangelium
Gottes. Der Inhalt dieses Evangeliums lautet: «Das Maß der Zeit ist vollgeworden
und nahe herbeigekommen die Königsherrschaft Gottes». Man hat dieses «nahe
herbeigekommen» oft apokalyptisch interpretiert. Daran dürfte richtig sein: Ohne
Zweifel hat Jesus (im Rahmen des damaligen Weltbildes) apokalyptische Vorstellungen geteilt und mit der (wahrscheinlich sehr bald) kommenden Äonenwende gerechnet. Dennoch gilt es zu sehen, daß hier nicht die apokalyptische *Vorstellung*
verkündigt wird. (Hätte Jesus daran gelegen, hätte er sich übrigens auch gar nicht
von anderen zeitgenössischen Apokalyptikern unterschieden.) Jesus knüpft zwar an
die vorgegebene Vorstellung an, aber er verwandelt diese Vorstellung in eine Ein-
stellung. Schon die Zeitansage am Anfang signalisiert das. Der griechische Text
spricht davon, daß der «Kairos»[12] vollgeworden ist. Kairos ist aber (im Gegensatz
zu «ablaufender Zeit») *der* entscheidende, *der* gefüllte Augenblick. Ausgedrückt
wird damit: Der «Meßbecher» dieses Äons (vgl. 1.Thess.2,16) ist jetzt voll (im Bilde: Er läuft jetzt über). Die Ansage der Nähe der Königsherrschaft Gottes ist also
nicht mehr Ausdruck eines zeitlichen Abstands, der ja, auch wenn er sehr nahe gedacht ist, dem Menschen immer noch Zeit läßt. Gesagt wird vielmehr: Es ist keine
Zeit mehr. Jetzt will die Königsherrschaft Gottes einbrechen. Jetzt will Gott kommen. Die erste (die apokalyptische) Weise der Naherwartung wird also übergeführt
in die zweite Weise der Naherwartung (vgl. oben, S. 47). Der Inhalt des Evangeliums
ist das Angebot Gottes, jetzt mit seiner Herrschaft zu kommen. Die Konsequenz
aus diesem Angebot bei den Menschen kann dann nur sein: sofortige Umkehr.[13]
Wenn Menschen umkehren, kommt in ihrer Umkehr die Königsherrschaft Gottes
an. Sie kommt aber wieder nicht als Dauerzustand an, sondern es gilt, immer wieder
diesem Evangelium zu glauben. Es dürfte deutlich sein, daß sich Mk. 1,14f. und
1.Thess.2,12 gegenseitig auslegen.

Wenn der Evangelist Markus diese Verse zu Beginn des öffentlichen Auftretens
Jesu bringt, faßt er damit vorausnehmend das gesamte Wirken und Verkündigen
Jesu zusammen. Aber er tut noch mehr. Er zeigt, daß *Jesus selbst* dieses Evangelium in seinem eigenen Wirken, in seinem Verhalten und Reden, immer wieder *gelebt* hat. In Jesu Wirken ist Gottes Königsherrschaft zu den Menschen gekommen.
Daß das nicht kontinuierlich der Fall war, sondern immer wieder geschah, wird daran deutlich, daß aus der Vergangenheit Jesu durchweg (nur) Einzelepisoden erzählt

---

[12]   In deutschen Übersetzungen wird das Wort «kairos» oft einfach mit «Zeit» wiedergegeben. Das ist un-
genau, weil dadurch der Unterschied zum griechischen Wort «chronos» (das man auch mit «Zeit»
übersetzt) nicht mehr zu erkennen ist. Während «chronos» die ablaufende Zeit meint (die Zeitstrecke),
hat «kairos» stärker die Bedeutung des Zeitpunktes. Dabei handelt es sich um einen (meist positiv, gelegentlich aber auch negativ) *gefüllten*, und insofern um den entscheidenden Augenblick.

[13]   Hier zeigt sich ein entscheidender Unterschied zur Verkündigung Johannes des Täufers. Dieser ruft zur
Umkehr auf, damit die Menschen im kommenden Gericht bestehen (vgl.Mk. 1,4ff.; Lk. 3,3ff.) und
dann in das Gottesreich eingehen. Jesus dagegen sagt die jetzt einbrechende Gottesherrschaft an, die
der Mensch sich schenken lassen kann. Die Annahme dieses Geschenks ist die Umkehr. Sie ist also
Konsequenz aus dem Angebot des Evangeliums. Daß man diese Eigentümlichkeit später nicht mehr
gesehen hat, zeigt ein Vergleich zwischen Mt. 3,2 und Mt. 4,17. Der Evangelist Matthäus identifiziert
die Verkündigung Jesu mit der des Täufers: Die Buße ist die Voraussetzung für den Eingang in das
Reich der Himmel. – Wir werden später sehen, daß der Verfasser des 2.Thess. in einer ganz ähnlichen
Weise hinter das «Anliegen Jesu» (und das des Paulus) wieder zurückfällt.

werden. Diese Einzelgeschichten werden später verkündigt. Dabei geschieht dieses: Menschen, die auf die Äonenwende und den Einbruch der Königsherrschaft Gottes warten, wird gesagt: In der Begegnung mit Jesus ist früher schon erfahren worden, daß das Erwartete einbrechen konnte und immer wieder einmal einbrach. Mit der Verkündigung dieser Vergangenheit ergeht dann das Angebot für die Gegenwart. Wer sich heute darauf einläßt (und das heißt, wer dieser Verkündigung glaubt), wird dadurch in die eigene Umkehr hineingeführt. In dieser Umkehr aber (also: im Wandel, im Leben des Neuen) kommt Gottes Königsherrschaft immer wieder an.

Nun wird auch verständlich, wie es zu dem kommen konnte, was eben mehrfach als «Austausch der Personen» bezeichnet wurde. Man darf den Begriff «Person» hier nicht zu eng fassen. Schon in der Apokalyptik wurde ja auch nicht Gott einfach als «Person» erwartet. Gott ist vielmehr immer der *handelnde* Gott, und er ist darum überhaupt nur im Zusammenhang mit seinem Handeln zu verstehen. Wo von Gott geredet wird, muß also immer *zugleich* von seinem Handeln geredet werden: Er ist der Gott, der die Toten auferweckt, der zum Gericht kommt, der in seine Königsherrschaft führt und dort Gemeinschaft mit sich schenkt. Niemals haben wir es also einfach und nur mit «Gott» zu tun, sondern immer mit Gott *und* dem von ihm ausgelösten Geschehen. Es mag unserem Denken ungewohnt erscheinen, wenn man sagt: Gott «ist» nicht, sondern Gott «geschieht». Doch trifft diese Formulierung viel besser das damals Gemeinte. – Dann aber wird deutlich: Das von Gott in der Zukunft erwartete auszulösende Geschehen ist bereits im Wirken Jesu als ein von ihm ausgelöstes Geschehen erfahren worden. So ist dann also Jesus in seinem Tun und Verhalten der, von dem man sagen kann: Er hat *Gottes* Geschehen immer wieder ereignet. An Jesu Wirken wurde ablesbar, wie Gott handelt.

Wo das verkündigt wird und wo Menschen sich auf diese Verkündigung einlassen, findet eine bemerkenswerte Umkehrung der beiden Weisen statt, die man beim Reden von der Naherwartung unterscheiden muß (vgl. oben, S. 47). Jetzt steht (zeitlich) die zweite Weise am Anfang, die sich auf den Wandel bezieht: In jeder Gegenwart wird *Jesu* frühere Antizipation von Zukunft neu erwartet. Das kann verkürzt formuliert werden: Jesus wird erwartet. In der «Person» Jesu fällt beides zusammen: die Antizipation von Gottes Zukunft und die Antizipation dieser Zukunft als ein Geschehen. In der Umkehr von Menschen, die sich auf «Jesus» einlassen, wird daher die Gegenwart der Königsherrschaft Gottes immer wieder gelebt und erfahren. Sie ist also immer wieder da. – Nimmt man dann aber ernst, daß trotz des Immer-wieder-da-Seins der Königsherrschaft Gottes gegenwärtig noch der alte Äon herrscht, und will man zum Ausdruck bringen, daß das Einbrechen des neuen Äons nie anders als unter dem Vorbehalt dieses «immer wieder» geschieht, dann kann im Rahmen apokalyptischen Denkens von der zweiten Weise der Naherwartung aus auch die erste Weise der (Nah-) Erwartung neu formuliert werden. Dann kann man sagen, daß der Herr, der jeden Augenblick erwartet wird (und kommt), derselbe ist, der an «jenem Tage» erwartet wird: Jesus.

Diese Übertragung der Erwartung von Gott auf Jesus wurde erleichtert (aber auch modifiziert), wo die Ostererfahrungen in die Aussagen einbezogen wurden. Hier setzt dann die eigentliche Christologisierung Jesu ein.[14] Dadurch wird jedoch auch

---

[14]   Es sei hier wenigstens darauf hingewiesen, daß das nicht für die Menschensohn-Christologie gilt, die nur in den Evangelien und den vor den Evangelien liegenden Traditionen begegnet. Der Menschensohn ist eine Gestalt, die aus apokalyptischen Vorstellungen stammt. Sein Kommen wird bei der Äonenwende erwartet. Er ist dort am Gericht beteiligt, was auf unterschiedliche Weise dargestellt werden

nicht plötzlich auf die «Person» des Auferstandenen abgehoben. Das wird bei Paulus ganz deutlich; und im Kommentar zum 1.Thess. wurde mehrfach auf die Eigentümlichkeit der Christologie des Apostels hingewiesen (vgl. u. a. S. 22.39.41.67.76). Will man die Christologie des Paulus auf eine kurze Formel bringen, kann man sagen: In einem Geschehen in der Vergangenheit, eben in und durch Jesus, hat Gott das eigentlich erst von der Zukunft erwartete Heil bereits einbrechen lassen. Um das zu verdeutlichen, zieht Paulus aber nicht, wie die Evangelien es tun, anschauliche Episoden aus dem Leben Jesu heran, sondern er charakterisiert diese Vergangenheit als Heils-Vergangenheit, indem er (durchweg durch Aufnahme formulierter Traditionen) auf einzelne «Punkte» im Leben Jesu verweist. Diese kann er wechselweise benutzen; sie sind also austauschbar (vgl. Kommentar zum 1.Thess., S. 76). Beispiele aus dem 1.Thess.: Gott hat Jesus von den Toten auferweckt (1,10); Jesus ist gestorben und auferstanden (4,14); Jesus Christus ist für uns gestorben (5,9f.). Beachten muß man jedoch, daß Paulus mit jeder dieser christologischen Aussagen sofort ein «Geschehen» verbindet: Der auferweckte Sohn Gottes erlöst von dem kommenden Zorn (1,10); das Glauben an «Jesus ist gestorben und auferstanden» wird interpretiert als durch Jesus geschenktes Heil, das das Handeln Gottes an den entschlafenen Christen einschließt (4,14); weil Jesus Christus für uns gestorben ist, sind wir von Gott gesetzt zur Erlangung des Heils, zur endgültigen Gemeinschaft mit ihm (5,9f.). In theologischer Fachsprache ausgedrückt: Jede christologische Aussage ist immer zugleich eine soteriologische Aussage (das griechische Wort ‹soteria› bedeutet Rettung, Erlösung, Heil). Darum darf man auf keinen Fall die christologische Aussage von der soteriologischen isolieren und sie als eine Sache für sich betrachten. Die Christologie würde dann zu einer Spekulation werden, – was freilich oft genug geschehen ist. Auf Paulus darf man sich dabei jedoch nicht berufen.

Dieser soteriologische Aspekt der paulinischen Christologie läßt aber nun wieder das in den Blick kommen, was die Verwandlung der jüdischen Apokalyptik ins Christliche ausmacht. Bei Paulus begründet die Gewißheit, daß Gott in der Vergangenheit das Heil bereitet hat, zugleich die Hoffnung für die Zukunft. Der Herr, der an seinem Tage erwartet wird, ist kein anderer als der, der da war. Das muß nun jedoch genauer formuliert werden: Der «Tag des Herrn» bringt zusammen mit dem Herrn dessen Heil als Geschehen. Das ist kein anderes Heil als das, das sich in, durch und an Jesus ereignet hat; und es kommt auch nicht anders als so, wie es sich in, durch und an Jesus ereignet hat. Dieser Herr und dieses Heil sind daher auch nicht einfach (in einem apokalyptischen Sinne) der später einmal kommende Herr mit seinem später einmal kommenden Heil, sondern es ist der jetzt schon auf die Christen zu-kommende Herr mit seinem jetzt schon auf die Christen zu-kommenden Heil. Das Ankommen dieses Heils wurde immer wieder erfahren. Für die

---

kann. Er steht also am Eingang zur Königsherrschaft Gottes. Wird nun Jesus mit dem Menschensohn identifiziert, kommt darin wieder zum Ausdruck, daß Jesus mit seinem Wirken ein Geschehen antizipiert hat, das erst von der Zukunft erwartet wurde. Eben das verdichtet sich in der Übertragung des Namens Menschensohn auf Jesus. Ein eigentlicher Titel ist das nicht, weil es in erster Linie um die Funktion, nicht um die Person des Menschensohnes geht. – Wenn man gelegentlich annimmt, Jesus selbst habe für sich die Bezeichnung Menschensohn in Anspruch genommen, ändert das nichts an dem Gesagten. Jesus hätte sich dann nicht nur implizit als einen verstanden, der Zukunft antizipiert und diese Antizipation anderen anbietet (was wohl nicht zu bestreiten ist), sondern er hätte das zugleich durch die Selbstbezeichnung als Menschensohn explizit gemacht. Gegen die letzte Annahme sprechen zwar gewichtige historische Gründe, dennoch ist deutlich, daß diese historische Streitfrage sachlich nichts einbringt.

«Söhne des Tages» war der «Tag» immer wieder da. Damit war die jüdische Apokalyptik überwunden.

Warum wurde sie dennoch nicht vollständig aufgegeben? Darauf ist zunächst (und eigentlich mehr vordergründig) zu antworten: Wahrscheinlich war das gar nicht möglich. Die Apokalyptik entsprach nun einmal dem damaligen Weltbild. In ihm lebte und dachte man. Das gilt auch für Paulus. Daher benutzte er ganz selbstverständlich apokalyptische Begriffe und bewegte sich in apokalyptischen Vorstellungen. – Sodann aber (und in unserem Zusammenhang ist das ohne Zweifel wichtiger) konnte Paulus gerade mit Hilfe apokalyptischer Vorstellungen zum Ausdruck bringen, daß das wirklich eingebrochene Heil dennoch immer zukünftiges Heil bleibt. Auch als eingebrochenes will es immer wieder einbrechen. Auch «Söhne des Tages», die in ihrem Wandel immer wieder den Tag gestalten und dabei seine Gegenwart erfahren, warten auf den «Tag des Herrn», gehen ihm entgegen.

Wenn wir das Ganze auf kurze Formeln bringen, können wir etwa formulieren: Die Apokalyptik vertrat mit ihren auf die Zukunft gerichteten Erwartungen ein «Noch nicht». Bei der Überwindung der Apokalyptik war an die Stelle des Noch nicht ein «Schon» getreten: Die Zukunft ist jetzt schon eine jeden Tag neu auf die Christen wirklich zu-kommende. Da dieses Schon jedoch, so lange der alte Äon noch andauert, kein Zustand werden kann, wird trotz der Betonung des Schon die *Eigenart* dieses «Schon» mit Hilfe des «Noch nicht» zum Ausdruck gebracht.

Auf diese Weise wird scheinbar (aber wirklich nur: scheinbar) die überwundene Apokalyptik wieder eingeführt. Auf ihre Begrifflichkeit wird nicht verzichtet. Das Problem, das jetzt entsteht, besteht darin: Erkennt man, daß diese Begrifflichkeit nicht für sich (also apokalyptisch) Bedeutung hat, sondern lediglich die Eigenart dieses Schon zum Ausdruck bringen will, was grundsätzlich auch mit anderer Begrifflichkeit möglich wäre? – Und es entsteht das weitere Problem: Läßt sich die Spannung als unauflösbare Spannung eines «Schon und zugleich Noch nicht» durchhalten? Einfach war das ganz offensichtlich nicht, denn immer wieder bestand die Gefahr, entweder einseitig das Schon oder einseitig das Noch nicht zu betonen. Dadurch aber wurde die Spannung zerstört, die für das Denken des Paulus charakteristisch ist. Genau das war in der Zeit der Fall, in der der 2. Thess. geschrieben wurde.

Wir nehmen jetzt die Frage nach der Situation der Leser wieder auf, die sich aus 2,2 erheben läßt: Die Leser sind beunruhigt und verwirrt. Das formuliert der Verfasser mit *eigenen* Worten als Parole. Wir bekommen damit also nicht unmittelbar die tatsächliche Situation in den Blick, sondern zunächst nur die, in der der Verfasser seine Leser sieht. Daß er ihre Bedrohung in apokalyptischer Sprache formuliert, sagt darum noch nicht unbedingt etwas über die Konzeption der Gegner aus. Für den Verfasser liegt die Benutzung dieser Sprache einfach deswegen nahe, weil er selbst im Rahmen apokalyptischer Vorstellungen denkt und argumentiert. Das zeigt sich vor allem 1,5–10 und 2,1–12, also in den Abschnitten, die er ohne Benutzung des 1. Thess. selbst gestaltet.

Nun haben wir gesehen, daß die Behauptung, wie der Verfasser sie formuliert, im Rahmen apokalyptischen Denkens eigentlich gar nicht möglich ist (vgl. S. 44). Wir müssen daher zunächst versuchen, hinter der apokalyptischen Formulierung ein Sachanliegen zu erkennen, das vielleicht damit ausgedrückt werden soll. Dann führt der präsentische Sinn des griechischen Verbums (Der Tag *ist* da) zu der naheliegenden Vermutung: Die Unruhestifter betonen einseitig ein «Schon». Darum nehmen sie die Wirklichkeit des gegenwärtigen alten Äons, der doch ein böser Äon ist, nicht mehr ernst. Demgegenüber will der Verfasser betonen: Dieser alte Äon dauert noch an; und bis zur noch ausstehenden Wende der Äonen muß man mit diesem alten Äon rechnen. Denn: Der Tag ist eben noch nicht da. Die Umkehrung der Parole zeigt die tatsächliche Position des Verfassers, macht aber zugleich deutlich, warum er (im Rahmen seines eigenen apokalyptischen Denkens) die Parole gerade so formulieren konnte.

Nehmen wir jetzt Gedanken aus dem Exkurs auf, können wir sagen: In der Kritik des Verfassers an der Sach-Position der Gegner stimmt er überein mit der Kritik, die auch Paulus an einer solchen Position üben würde. Wo einseitig und nur das Schon gesehen wird, wo nicht unmißverständlich deutlich bleibt, daß der «eigentliche» Tag in der Zukunft liegt, da wird nicht mehr gesehen, daß auch Christen immer noch unterwegs sind. Genau das aber soll, wie der Verfasser erkennt, den Lesern ausgeredet werden. Fallen sie darauf herein, machen sie sich über die Gegenwart Illusionen, beurteilen sie sie falsch und sehen nicht mehr ihre wirkliche Bedeutung. Sie sehen dann auch nicht mehr die Aufgaben, die es in der Gegenwart noch zu erfüllen gilt. Wenn der Verfasser demgegenüber die Zukünftigkeit des Heils betont, hat er damit Paulus auf seiner Seite, zumindest hat er das grundsätzlich.

Die Frage, die sich jetzt stellt, ist allerdings, ob es dem Verfasser gelingt, in diese Situation hinein «paulinisch» zu argumentieren. Die jetzt nötige Betonung der Zukünftigkeit des Heils hebt nach Paulus keineswegs auf, daß seit Christus das zukünftige Heil auf die Christen zu-kommt, und zwar jetzt schon. Das aber ist nach Paulus das, was es gegenüber der apokalyptischen Konzeption *zuerst* zu betonen gilt. *Dann* erst spielt die Zukünftigkeit eine (wenn auch unaufgebbare) Rolle. Es wird daher bei der Auslegung zu fragen sein, ob der Verfasser bei seiner Argumentation das zentrale Anliegen des Apostels zur Geltung bringt.

Die Situation, in der der Verfasser seine Leser sieht, läßt sich also so zusammenfassen: Sie sind in der Gefahr, sich über die Gegenwart, in der sie leben, Illusionen zu machen. Sie sehen sie nicht mehr als eine eigenständige Zeit, die Aufgaben stellt, die sie zu bewältigen haben, bis der Tag einmal wirklich da sein wird. Sie sind aber in diese Gefahr geraten (bzw. sie können in diese Gefahr geraten), wenn sie den Zukunftsaspekt ihres Glaubens verlieren, weil sie das, was erst von der Zukunft zu erwarten ist, als schon gegenwärtig ansehen. In der Sprache der Apokalyptik ausgedrückt: Der Tag des Herrn ist schon gekommen.

Jetzt kann die weitergehende Frage gestellt werden: Was für Leute waren diese Unruhestifter *tatsächlich*, und welche Konzeption haben sie vertreten? Hier bieten sich zwei Antworten an, die beide in der Literatur vertreten worden sind und über die sich die Forschung bisher nicht einigen konnte: Es kann sich um «Gnostiker» oder um Apokalyptiker gehandelt haben.

Wenn jene Leute «*Gnostiker*» waren, dann bietet die Parole, die der Verfasser in apokalyptischer Terminologie formuliert, an einem Punkt gar keine Schwierigkeiten: in der präzisen präsentischen Bedeutung. In der Gnosis[15] wird eine dualistische

---

[15]   Das griechische Wort «gnosis» hat etwa die Bedeutung von «Erkenntnis». Diese Übersetzung hilft aber kaum zum Verstehen dessen, was man heute mit dem Begriff «Gnosis» ausdrückt. Man bezeichnet damit eine religiöse Bewegung jener Zeit, die sich in ihrer Grundstruktur gleicht, sich in einzelnen Ausprägungen aber unterscheidet. In der Anthropologie (in der Lehre bzw. im Bild vom Menschen) liegt eine Weiterbildung griechischen Denkens vor. – In der Forschung ist heute umstritten, ob es sich um eine vorchristliche Bewegung handelt, die dann ihrerseits das christliche Denken beeinflußt hat, oder aber ob sie umgekehrt erst durch den Einfluß des christlichen auf das griechisch-hellenistische Denken entstanden ist.

Anthropologie vertreten: Im Körper lebt die Seele; und beide stehen sich gegenüber.[16] Die Seele (und nur sie) ist erlösungsbedürftig, aber auch erlösungsfähig. Hat sie Erlösung empfangen, dann ist diese Erlösung ein-für-allemal geschehen.[17] Nach der erfolgten Erlösung der Seele lebt diese zwar noch einige Zeit im Körper; und zwar bis dieser stirbt. Der Körper wird jetzt aber als Gefängnis der (erlösten) Seele verstanden. Er ist darum ihr Feind. Er kann jetzt entweder sich selbst überlassen bleiben. In der Konsequenz führt das zum Libertinismus: Der Körper kann tun, was er will. Der Körper kann aber auch in strenge Zucht genommen werden. Ihm wird nichts mehr erlaubt; und das führt in der Konsequenz zur Askese. In beiden Fällen ist es so: Was immer der *Körper* in der Gegenwart tut, hat für die *Seele* keinerlei Bedeutung. *Ihre* Erlösung ist bereits geschehen. Da also das Heil bereits da ist, braucht es nicht mehr erwartet zu werden und wird auch nicht mehr erwartet.

Nun wird in der Gnosis zwar niemals vom «Tag» gesprochen. Das ist ein apokalyptischer Begriff. Und dennoch gibt es gerade hier einen Vergleichspunkt in beiden Systemen. Es geht jeweils um den Augenblick des Ankommens des Heils. In der Apokalyptik geschieht das am «Tag». In der Gnosis geschieht das bei der Erlösung der Seele im Körper. Die aber ist für die Gnostiker schon geschehen.

So können die tatsächlichen Unruhestifter durchaus Gnostiker gewesen sein. Was den Verfasser zum Widerspruch reizt, war ihre Behauptung: Die endgültige Erlösung ist schon geschehen. Da für ihn, der apokalyptisch denkt, die endgültige Erlösung erst am «Tag» geschehen wird, der «Tag» doch aber noch nicht gekommen ist, konstruiert er (diese offenkundige Feststellung umkehrend) als Parole der Widersacher ihre Behauptung: Der Tag des Herrn ist schon da. Die grammatische Form des Verbums (Perfekt mit präsentischer Bedeutung) gibt nun genau das wieder, worum es dem Verfasser geht.[18]

Sieht man dagegen in den Unruhestiftern *Apokalyptiker*, dann bereitet diese grammatische Form des Verbums einige Schwierigkeiten, die aber auch nicht unüberwindlich sind. Wo die für die Zukunft erwartete Äonenwende als ganz nah erwartet wird, kann solche Erwartung die Gegenwart so überdecken, daß eine enthusiastische Hochstimmung entsteht. Ganz präzise kann man dann zwar nicht sagen, daß der Tag schon da sei. Seine unmittelbare Nähe bestimmt jedoch bereits die Gegenwart und läßt sie als eine Zeit verstehen, die dem alten Äon eigentlich bereits entnommen ist. Insofern wäre dann der Tag des Herrn auch bereits da.[19]

---

[16]   Die Begriffe, in denen sich dieser Dualismus ausdrückt, variieren. Auf der einen Seite kann die Rede sein vom Körper oder vom Leib, auf der anderen Seite von der Seele, vom Geist, vom Ich oder vom Selbst.

[17]   Auch die Art, wie Erlösung geschieht, hat verschiedene Gestalten. Erlösung kann z.B. sakramental geschehen, also etwa durch eine Taufe; sie kann aber auch dadurch geschehen, daß die Seele bzw. das Ich Erkenntnis (Gnosis) bekommt und dadurch weiß, daß der Körper ihr Feind ist.

[18]   Für diese Eigentümlichkeit (Formulierung eines gnostischen Gedankens in apokalyptischer Terminologie) gibt es 2.Tim.2,18 eine Parallele. Dort wird die Behauptung bekämpft, daß die Auferstehung schon geschehen sei. Im Rahmen apokalyptischen Denkens ist eine solche Behauptung unsinnig: Die Auferstehung wird immer erst von der Zukunft erwartet. Im Rahmen gnostischen Denkens kann von der erlösten Seele gesagt werden, daß sie bereits «vollendet» sei. Formuliert man das apokalyptisch, kann durchaus die Aussage entstehen, daß die Auferstehung bereits geschehen ist, wobei der Gnostiker natürlich nur an die «Auferstehung» der Seele denkt.

[19]   Wie man sich das etwa vorstellen kann, zeigt eine Geschichte, die der römische Presbyter und Gegenbischof Hippolyt Ende des 2.Jh. in seinem Kommentar zum Buche Daniel erzählt: Ein frommer und demütiger Bischof aus Pontus orientierte sich nicht an der Schrift, sondern verließ sich auf Traumgesichte. Er hatte (wie ein Apokalyptiker) Visionen über die Zukunft, die er verkündigte. Binnen Jahresfrist

Eine wirklich sichere Entscheidung darüber, ob die Unruhestifter tatsächlich Gnostiker oder Apokalyptiker waren, läßt sich also nicht fällen. Es ist dementsprechend in der Forschung auch umstritten. Nur ist das, wie wir gesehen haben, für die Exegese von ganz untergeordneter Bedeutung (vgl. oben, S. 42f.). Sie muß sich an dem Bild orientieren, das der Verfasser von den Unruhestiftern hat und zeichnet. Aus seiner Sicht ist das Eigentümliche der entstandenen Verwirrung hinreichend deutlich: Es gibt Leute, die meinen, die Heils-Zukunft so konsequent antizipieren zu können, daß Entscheidendes für das Heil nicht mehr zu erwarten ist. Genau damit verliert die Gegenwart in der immer noch weiterlaufenden Zeit ihre Bedeutung. Es wird nicht mehr gesehen, daß auch sie eine Beziehung zum Heil hat. Für Gnostiker ist dann die Konsequenz, daß die Ethik überhaupt ausfallen kann, für enthusiastische Apokalyptiker die, daß durch ihre Weltvergessenheit der Realitätssinn für die Aufgaben eines jeden Tages zerstört wird. Dagegen will der Verfasser protestieren; und er gibt seinem Protest dadurch Ausdruck, daß er nachdrücklich betont: Noch ist es nicht so weit.

2. Der unordentliche Wandel (3,11)

Der Verfasser schreibt, er habe gehört, daß es inmitten der Leser einige gibt, die unordentlich wandeln, nicht arbeiten, sondern unnütze Dinge treiben (3,11). So klar und eindeutig diese Angabe zu sein scheint, wirft sie doch einige Fragen auf. Zunächst einmal wäre zu prüfen, ob es sich bei diesem unordentlichen Wandel um ein Phänomen handelt, das einfach auf menschliches Versagen zurückzuführen ist, oder aber ob wir es hier mit einer Konsequenz aus der Position zu tun haben, die die Unruhestifter in die Gemeinde zu bringen versuchen und womit sie dann schon einigen Erfolg gehabt haben müssen. Wäre Letzteres der Fall, könnte das dafür sprechen, daß die Unruhestifter enthusiastische Apokalyptiker waren (vgl. oben, S. 54 A. 19). Hätte es sich nämlich um Gnostiker gehandelt, würde man eher erwarten, daß der Verfasser ihr ethisches Fehlverhalten angeprangert hätte. Doch unbedingt zwingend ist auch das nicht.

Nun ist es aber einigermaßen schwierig, den Zusammenhang genau zu erkennen, den der Verfasser zwischen der von ihm bekämpften Parole (2,2) und dem unordentlichen Wandel sieht. Wie der aussieht, erfährt man konkret ja erst 3,11. Dort wird er so charakterisiert, daß die Unordentlichen arbeitsscheu sind und unnütze Dinge treiben. Dieses Wissen trägt man dann leicht in 3,6 ein, wo der Verfasser nur ganz allgemein vom unordentlichen Wandel redet. Hat er, als er 3,6 niederschrieb, schon den Inhalt von 3,11 vor Augen? Zweifel entstehen deswegen, weil die konkreten Ausführungen in 3,11 wie ein Gegenbild zu dem unmittelbar vorher Gesagten wirken: Der Verfasser zeichnet das arbeitsame Wirken des Paulus in Thessalonich (3,7–8) und wiederholt eine vom Apostel bei seiner Anwesenheit erteilte Wei-

---

sollte das Gericht kommen. Als die Brüder ihn prophezeien hörten «wie daß der Tag des Herrn gekommen sei» (bei Hippolyt in derselben Formulierung wie 2. Thess. 2,2), flehten sie unter Weinen und Klagen zum Herrn, denn sie hatten Nacht und Tag den herankommenden Tag des Gerichts vor Augen. Der Bischof brachte die Brüder in solche Furcht und Verzagtheit, daß sie ihre Ländereien und Äcker brach liegen ließen. Die meisten verkauften ihren Besitz. Als das Jahr herum war, mußte der Bischof beschämt seinen Irrtum eingestehen. Über die Brüder aber war Ärgernis gekommen, und die, die ihre Habe verkauft hatten, mußten betteln gehen. – Das Beispiel zeigt, daß auch im Rahmen apokalyptischen Denkens eine solche die Gegenwart vergessende schwärmerische Stimmung entstehen konnte und daß Hippolyt offenbar 2. Thess. 2,2 in diesem Sinne verstanden hat.

sung, nach der, wer nicht arbeiten wolle, auch nicht essen solle (3,10). So ist es sehr fraglich, ob es sich 3,11 um ein tatsächliches Wissen des Verfassers um die Situation bei seinen Lesern handelt.

Das wirft dann aber noch einmal die Frage auf, die früher bereits (vgl. oben, S. 39) gestellt wurde: Hatte der Verfasser ursprünglich die Absicht, den Brief, nachdem er 3,1 zum Schluß angesetzt hatte, mit 3,5 zu beenden? Wenn das der Fall war, kann der unordentliche Wandel kaum ein Problem gewesen sein, das ihn (auch) zur Abfassung dieses Schreibens veranlaßte. Daß es überhaupt zur Sprache kommt (nun gerade mit dem Stichwort unordentlich), hängt dann mit der Abhängigkeit des Verfassers vom 1. Thess. zusammen (vgl. oben, S. 26.40f.), ist jedoch nicht konkret veranlaßt. So läßt sich über die Situation der Leser zumindest Sicheres nicht sagen.

Wenn man aber von der Situation ausgeht, die der Verfasser vor Augen hat und in die hinein er redet, läßt sich vielleicht doch ein Zusammenhang zwischen den beiden im Brief behandelten Komplexen erkennen. Den konkreten Anlaß für das Schreiben bildet das, was der Verfasser in und mit 2,2 ausführt. Dann muß ihm aber daran liegen, seinen Lesern, die er in der Gefahr sieht, die Gegenwart zu verlieren, möglichst deutlich vor Augen zu führen, wie sie diese Gegenwart denn zu gestalten haben. Eben dazu nimmt er aus 1. Thess. 5,14 den Begriff «unordentlich» auf und entwirft dazu in 3,7–9 als Gegenbild das Wirken des Paulus unter den Thessalonichern. An dieses Vorbild sollen sich die Leser bei der Gestaltung der Gegenwart halten. Haben diese Ausführungen über den unordentlichen Wandel dann also nur den Charakter eines Beispiels, ohne daß sie konkret veranlaßt sind, so machen sie doch zugleich deutlich, woran dem Verfasser entscheidend liegt: Inmitten aller Unsicherheit sollen die Leser an Paulus orientiert bleiben.

Eben deswegen schreibt er ihnen nun einen «Paulus»-Brief.

II. Auslegung

Aufgabe und Fragestellungen

Bei der Auslegung gehen wir nun davon aus, daß der 2. Thess. nicht aus der Feder des Paulus stammt. Unsere Aufgabe ist dann so zu formulieren: Wir wollen uns be-mühen, zu verstehen, was der Verfasser mit diesem Schreiben seinen Lesern in die Situation hinein sagen wollte, in der er sie sah. Wenn das auch prinzipiell von jeder Auslegung gilt, dann muß hier nun aber das eingebracht werden, was in der Hinfüh-rung zur Auslegung erarbeitet wurde. Das führt zu einigen Fragestellungen, die durch die Eigenart gerade dieses Briefes bedingt sind.

Zunächst einmal kann das Konstatieren der nichtpaulinischen Verfasserschaft auf keinen Fall bedeuten, daß wir einfach und nur in 1,1 den *Namen* des Absenders auswechseln, Paulus durch ein X ersetzen, danach aber den Text des ganzen Schrei-bens (die einzelnen Abschnitte, die Sätze bis hin zu den einzelnen Begriffen) eben-so auslegen, wie man sonst Paulus-Briefe auszulegen pflegt. Wer so vorgeht, ließe lediglich einen anderen Mann reden, ließe ihn aber dennoch genau dasselbe sagen, was bei Annahme paulinischer Verfasserschaft Paulus gesagt hätte. Der entschei-dende Unterschied zwischen der Abfassung eines Briefes durch Paulus und der Ab-fassung gerade dieses Schreibens durch seinen Verfasser bliebe dann völlig unbe-rücksichtigt. Während Paulus seinen Text weitgehend selbständig gestaltet, ist das beim Verfasser des 2. Thess. gerade nicht der Fall. Wir müssen also für die Ausle-gung auf die «Schreibtischarbeit» des Verfassers zurückgreifen. Bei ihr hat sich ge-zeigt, daß der Verfasser bei der Gestaltung seines Textes (nicht so sehr der Gedan-ken, sondern seines Textes) in einem in diesem Umfang sonst ganz ungewöhnlichen Maße vom Text des 1. Thess. abhängig ist. Diesen Brief hat er bei seiner Nieder-schrift vor Augen.

Da die literarische Abhängigkeit vom Text des 1. Thess. aber bei den einzelnen Ab-schnitten des 2. Thess. ungleich ist, muß die Auslegung entsprechend differenzieren. Wie das zu geschehen hat, wird vielleicht am einfachsten deutlich, wenn man (vor-läufig ganz allgemein) diese Frage stellt: *Was* wollte der Verfasser seinen Lesern sa-gen? Darauf muß eine doppelte Antwort gegeben werden.

Um das hier vorliegende Problem zu erkennen, formuliert man am besten ziemlich pedantisch. Der Verfasser sagt seinen Lesern: (a) Paulus schreibt: (b) das und das. Der Verfasser macht also mit seinem Schreiben zwei Aussagen. Die eine (b) macht er mit den *Inhalten*, die er seinen Lesern unmittelbar mitteilen will. Die andere (a) besteht darin, daß er seinen Lesern gegenüber die Behauptung aufstellt: Diese In-halte stammen von *Paulus*.

Dabei ist nun aber zu beachten, daß es sich bei der Aussage (a) um eine durchaus selbständige Aussage neben der Aussage (b) handelt. Das wäre zwar prinzipiell auch schon dann der Fall, wenn der Verfasser die Aussage (a) nur so machte, daß er lediglich im Präskript als Absenderangabe den Namen des Paulus benutzt hätte. Unser Verfasser geht ja aber sehr viel weiter; und gerade hier liegt das besondere Problem bei der Auslegung des 2. Thess. Der Verfasser macht seine Aussage (a) *auch* dadurch, daß er den *Text* des 1. Thess. benutzt. Damit sagt er dann aber nicht nur, daß die Aussagen (b) von Paulus stammen, sondern er präzisiert das. Er gibt

auf diese Weise zu erkennen: Die Aussagen stammen von *dem* Paulus, der den
1. Thess. schrieb.

Nun gehen die beiden Aussagen, die der Verfasser macht, in seinem Schreiben fast
immer ineinander über. Sie erscheinen also als miteinander verflochten. Dennoch
muß die Auslegung versuchen, sie so weit wie möglich zu unterscheiden. Das gelingt am besten, wenn sie fragt, wo jeweils das leitende Interesse des Verfassers liegt
und wo das dem leitenden untergeordnete Interesse. Genau das ist in den einzelnen
Abschnitten des 2. Thess. durchaus uneinheitlich. Da dadurch aber bei der Auslegung ein jeweils unterschiedlicher Zugang zu den einzelnen Abschnitten erforder-
lich ist, soll hier.in einem kurzen Überblick im voraus darauf hingewiesen werden.
Dabei ist das aufzunehmen, was wir bei der Hinführung zur Auslegung erkannt haben.

Wir beginnen mit den Abschnitten, wo unmittelbare Inhalte in den Blick kommen,
die der Verfasser seinen Lesern mitteilen will, also mit der Aussage (b). Den sicher-
sten Ausgangspunkt bilden die Verse 2,1–12. Da sie unabhängig vom Text des
1. Thess. gestaltet worden sind, darf man davon ausgehen, daß wir hier auf das eigentliche Sachanliegen des Verfassers stoßen. Auffällig ist ja auch, daß sich dieser
Abschnitt relativ leicht aus dem Kontext des Briefes herausheben läßt. Das leitende
Interesse des Verfassers liegt daher bei der Mitteilung von Inhalten. Dementsprechend kann sich die Auslegung unmittelbar am Text des Verfassers orientieren.
Daß er mit dem Hinweis auf die Anfangsverkündigung des Paulus (2,5) diese Inhalte auf den Apostel zurückführt, ist ihm zwar ein wichtiges Anliegen. Es bleibt aber
der eigentlichen Sachaussage untergeordnet, weil es nur ihrer Stützung dient.

Ein wenig anders liegt es 1,3–12. Zwar sind die Verse 1,5–10 auch ziemlich unabhängig vom Text des 1. Thess. gestaltet worden. Insofern dürfte es dem Verfasser
hier wesentlich um Mitteilung von Inhalten gehen. Doch liegt hier eine feste Einfügung in den Rahmen 1,3–4.11–12 vor, der nun seinerseits gerade in Abhängigkeit
vom 1. Thess. formuliert wurde (vgl. oben, S. 19f.). Den Ausgangspunkt für die Gestaltung von 1,3–12 bildet also die literarische Vorlage des Verfassers. Sein leiten-
des Interesse ist daher zunächst, daß «Paulus» diesen Brief schreibt. Innerhalb des
Vorgegebenen setzt er dann mit 1,5–10 einen neuen Akzent, auf den es ihm auch
inhaltlich besonders angekommen sein muß.

Noch einmal anders stellt sich das Problem beim ethischen Abschnitt 3,6–15. Zwar
will der Verfasser auch hier seinen Lesern Inhalte mitteilen, doch haben die wahrscheinlich keine selbständige Bedeutung, sondern müssen als Konsequenz aus dem
Inhalt der Verse 2,1–12 verstanden werden (vgl. oben, S. 56). Zugleich sind sie aber,
und zwar durchgehend, in Abhängigkeit vom Text des 1. Thess. gestaltet worden
(vgl. oben, S. 26). Bei diesem Abschnitt kann die Auslegung daher nicht von der
Priorität einer der beiden Interessen ausgehen, sondern beide durchdringen sich gegenseitig.

Zusammenfassend kann im Blick auf die Auslegung der unmittelbaren *Inhalte*, also
auf die Aussage (b), gesagt werden: Das Herzstück des Schreibens bildet der Abschnitt 2,1–12. Seinen Inhalt will der Verfasser seinen Lesern mitteilen. Überall,
wo er sonst zu erkennen gibt, daß es ihm auf unmittelbare Inhalte ankommt, müssen diese entweder auf diesen zentralen Inhalt bezogen (so 1,5–10) oder von diesem zentralen Inhalt her (so 3,6–15) ausgelegt werden.

Die andere Aussage (a) ist über den ganzen Brief verteilt: *Paulus*, der Verfasser des
1. Thess., sagt euch diese Inhalte. Dabei geht der Verfasser des 2. Thess. uneinheitlich vor. In 2,1–12 ordnet er, wie eben gezeigt, diesen Gedanken mit V. 5 eindeutig

der Mitteilung der Inhalte unter. In 1,3–12 setzt er dagegen in V. 3–4 mit der Aussage (a) ein, kommt V. 11–12 auch auf sie zurück, modifiziert und ergänzt sie aber durch V. 5–10.

In drei weiteren Abschnitten des 2. Thess. ist es dann aber so, daß die Aussage (a) das leitende Interesse des Verfassers bildet, dem alle Einzelausführungen untergeordnet sind. Das gilt ganz deutlich vom Briefeingang 1,1–2 und vom Briefschluß 3,16–18. Das dürfte aber auch vom Abschnitt 2,13–3,5 gelten. Die Auslegung hat dementsprechend hier einzusetzen.

Zur Verdeutlichung sei eine überspitzte Formulierung gewagt. Man könnte sagen, daß der Skopus dieser drei Briefteile lediglich diesen leitenden Gedanken enthält: Ihr habt einen Paulus-Brief vor euch, und zwar den Paulus-Brief, den der Apostel an die Thessalonicher geschrieben hat. Demgegenüber sind die Einzelausführungen, die hier begegnen, von durchaus untergeordneter Bedeutung. Wenn man das nicht beachtet, erliegt man an diesen Stellen gar zu leicht der Gefahr einer Überinterpretation. Man liest dann in Formulierungen, Wendungen, Begriffe etwas ein, was als paulinische Aussage verständlich wäre, was im 2. Thess. als Aussage des Verfassers aber kaum Gewicht hat, da es sich in erster Linie um übernommene Sprache handelt, die hier fast zufällig begegnet, weil sie eben durch den Text des 1. Thess. vorgegeben war.

Was kaum Gewicht hat, ist dennoch nicht völlig ohne jedes Gewicht. Manche bestimmten Formulierungen, besonders wenn sie häufiger im Brief begegnen oder wenn sie einer gewissen Gesetzmäßigkeit unterliegen, können Rückschlüsse auf das Denken des Verfassers ergeben und lassen dann erkennen, was gerade ihm eigentümlich ist. Nur dürfte einleuchten, daß die Auslegung hier sehr behutsam vorgehen muß.

1,1–2   Briefeingang (Präskript)

**1 Paulus, Silvanus und Timotheus der Gemeinde der Thessalonicher in Gott unserem Vater und dem Herrn Jesus Christus.
2 Gnade** [sei mit] **euch und Friede von Gott dem Vater und dem Herrn Jesus Christus.**

Nicht nur mit der Absenderangabe (hier könnte die Nennung von Silvanus und Timotheus sogar stören), sondern viel mehr noch mit der Gestaltung des Präskriptes gibt der Verfasser zu erkennen, daß er einen Paulus-Brief schreiben will. Die Art, wie er das zum Ausdruck bringt, ist jedoch sehr eigentümlich und ist, gemessen an anderen pseudonymen Paulus-Briefen, ganz und gar ungewöhnlich. Sie dürfte jedoch für die Arbeits- und Argumentationsweise unseres Verfassers gleich einige Aufschlüsse liefern.

Zunächst übernimmt er nahezu wörtlich das ganze Präskript des 1. Thess. einschließlich des Segenswunsches. (Lediglich zu «Vater» fügt er das Possessivpronomen «unser» hinzu.) Hier kann nur literarische Abhängigkeit vorliegen (vgl. oben, S. 19). Danach erweitert er den Segenswunsch durch die Angabe, woher «Gnade und Friede» kommen. Auf diese Weise entsteht eine überladene Formulierung, denn jetzt begegnet die Wendung «Gott (unser) Vater und der Herr Jesus Christus» zweimal nebeneinander. Dennoch hat sie wegen des jeweils unterschiedlichen Kontextes an beiden Stellen nicht dieselbe Bedeutung.

Überprüft man das Vorkommen dieser Wendung in paulinischen Briefpräskripten, fällt etwas Bezeichnendes auf. Im Zusammenhang mit der Angabe der Empfänger begegnet diese Wendung niemals. Die einzige Ausnahme ist 1. Thess. 1,1. An dieser Stelle *folgt* der Verfasser also seiner Vorlage. – Im Zusammenhang mit dem Segenswunsch begegnet diese Wendung in allen Paulus-Briefen. Die einzige Ausnahme ist wieder 1. Thess. 1,1. An dieser Stelle *ergänzt* der Verfasser also seine Vorlage. Auf diese Weise entsteht formal die Verdopplung der Wendungen.

Das hat dem Verfasser gelegentlich den Vorwurf eingetragen, er gehe ziemlich gedankenlos vor. Dieses Urteil dürfte aber zu pauschal sein, denn es sagt nicht präzise genug, worauf sich die behauptete Gedankenlosigkeit bezieht. Darauf kommt es aber gerade an.

Man kann doch nicht übersehen, daß der Verfasser sehr reflektiert arbeitet. Durch die so ungewöhnlich weitgehende Anlehnung an 1. Thess. 1,1 signalisiert er, daß er einen Paulus-Brief *nach Thessalonich* schreiben will, und das in einer beabsichtigten Nähe zum 1. Thess. Durch die Erweiterung des Segenswunsches gleicht er nun aber diesen seinen Thessalonicherbrief den anderen Paulus-Briefen an. Dadurch unterstreicht er bereits im Präskript, daß es sich wirklich um einen *Paulus*-Brief handelt. Schon durch diese Gestaltung des Präskriptes soll sein eigener Brief an die Thessalonicher unter den anderen Paulus-Briefen als «echt» gelten (vgl. 3,17). Hier liegt die *eigentliche* Aussage des Verfassers, die er mit 1,1–2 machen will. Um *sie* zu erreichen, geht er also keineswegs gedankenlos vor.

Durch sein einseitiges Interesse an den Übereinstimmungen im Formalen handelt er sich nun allerdings inhaltliche Ungenauigkeiten ein. Ob der Verfasser es nicht sieht oder ob er nur hinnimmt, daß er die in V. 1 benutzte Wendung in V. 2 in einem anderen Sinn wiederholt, muß offen bleiben. Man mag das dann gedankenlos nennen, sollte aber gleichwohl sehen, daß das eine Feststellung ist, die das Interesse des Verfassers gar nicht tangiert.

Diese Beobachtung zwingt dann aber zu großer Zurückhaltung bei einer weiterführenden Auslegung. Auf keinen Fall läßt sich sicher, wahrscheinlich aber überhaupt nicht feststellen, wie weit er die übrigen Begriffe des Präskripts wirklich reflektiert hat und welche Inhalte er selbst mit ihnen verbindet. Darum ist eine Auslegung, wie sie zu 1. Thess. 1,1 erfolgte (vgl. Kommentar zum 1. Thess., S. 31–33), bei diesem Präskript nicht möglich.

Dennoch bleibt auffällig, daß der Verfasser hier nicht zu eigenen Formulierungen gelangt. Da er in V. 2 das Präskript nach anderen Paulus-Briefen ergänzt, wird man unterstellen dürfen, daß er einige von ihnen gekannt hat (vgl. unten zu 2,15). Dann muß er aber doch gemerkt haben, daß der Apostel bei der Gestaltung seiner Präskripte variiert. Wollte der Verfasser nun mit seinem Schreiben die Korrespondenz mit der Gemeinde in Thessalonich fortsetzen, hätte es doch nahe gelegen, daß er nun selbst ein variiertes Präskript formulierte. Daß er dazu durchaus in der Lage ist, zeigt er sofort in der anschließenden Danksagung. Wenn er das aber 1,1–2 nicht tut, statt dessen das Präskript des 1. Thess. mit allen seinen Eigentümlichkeiten wiederholt, ist das mindestens ein Indiz für die früher schon ausgesprochene Vermutung, der Verfasser wollte mit seinem Schreiben den 1. Thess. ersetzen (vgl. oben, S. 35). Mit dieser Absicht verbindet er dann durch die Erweiterung des Segenswunsches die andere, seinen eigenen Thessalonicherbrief als wirklich von Paulus stammend auszuweisen.

Auch für die Nennung der Namen der «Mitabsender» Silvanus und Timotheus sollte man beim Verfasser keine besonderen Absichten unterstellen. Es ist zwar richtig,

daß diese beiden Begleiter des Paulus in der Erinnerung der späteren Urgemeinde in Ansehen standen, insbesondere als Vermittler von Tradition. Silvanus wird 1. Petr. 5,12 erwähnt, Timotheus Kol. 1,1; Hebr. 13,23; und dieser gilt auch als Empfänger zweier Pastoralbriefe. Aber ob der Verfasser das gewußt hat oder nicht, 2. Thess. 1,1 erscheinen diese beiden aus keinem anderen Grund als dem, daß sie 1. Thess. 1,1 genannt sind.
Mit dem Präskript nimmt der Verfasser also die Autorität in Anspruch, als «Paulus» an «die Thessalonicher» zu schreiben. Ob er diese formale Autorität auch inhaltlich decken kann, muß später erörtert werden.

1,3–12   Danksagung, Belehrung über das gerechte Gericht bei der Parusie und Fürbitte

3 Wir sind es schuldig, Gott allezeit für euch zu danken, Brüder, wie es sich gehört, [dafür nämlich] daß euer Glaube über alle Maßen wächst und die Liebe eines jeden einzelnen von euch zueinander zunimmt, 4 so daß wir selbst uns eurer rühmen in der Gemeinde Gottes wegen eurer Geduld und Treue in all euren Verfolgungen und Bedrängnissen, die ihr ertragt 5 [als] ein Anzeichen des gerechten Gerichtes Gottes, damit ihr des Reiches Gottes gewürdigt werdet, für das ihr auch leidet, 6 da es gerecht ist bei Gott, denen, die euch bedrängen, Bedrängnis (als Vergeltung) **zurückzugeben 7 und euch, den Bedrängten, Ruhe,** (zusammen) **mit uns, bei der Offenbarung des Herrn Jesus vom Himmel mit den Engeln seiner Macht 8 im Feuer der Flamme, wenn er Bestrafung vollzieht an denen, die Gott nicht kennen und die dem Evangelium unseres Herrn Jesus nicht gehorchen, 9 welche als Strafe ewiges Verderben erleiden werden vom Angesicht des Herrn und von der Herrlichkeit seiner Macht, 10 wenn er kommt, um verherrlicht zu werden unter seinen Heiligen und bewundert zu werden unter allen Glaubenden – denn geglaubt worden ist unser Zeugnis von euch – an jenem Tage, 11 wofür wir auch allezeit für euch beten, damit unser Gott euch würdig mache der Berufung und jeden Entschluß zum Guten und das Werk des Glaubens zur Vollendung bringe in Kraft, 12 damit der Name unseres Herrn Jesus unter euch verherrlicht werde, und ihr in ihm, gemäß der Gnade unseres Gottes und** (des) **Herrn Jesus Christus.**

Die Verse 3–12 bilden einen einzigen Satz, dessen einzelne Teile in komplizierten und grammatisch oft gekünstelten Konstruktionen miteinander verbunden sind. Beim Lesen gewinnt man daher leicht den Eindruck, daß es dem Verfasser an ausreichendem Vermögen fehlt, seine Gedanken durchsichtig zu machen und in klare Sprache umzusetzen. Häufig hat man ihm das vorgehalten, dann von einem «Ungetüm von Satzbildung», ja, von einem «Satzungeheuer» gesprochen.
Bevor man solche Urteile fällt, sollte man jedoch die Schwierigkeiten bedenken, vor denen der Verfasser bei seiner Arbeit am Schreibtisch stand. Ihm liegt an einer eigenen Aussage, und zwar an einer solchen, die sich von wichtigen Aussagen des 1. Thess. abhebt. Da er aber das, was er zu sagen hat, offenbar nicht kraft eigener Autorität sagen kann, sondern dafür die Autorität des Paulus in Anspruch nimmt, und zwar *des* Paulus, der den 1. Thess. geschrieben hat (vgl. oben, S. 59), ist er dem Text des 1. Thess. verpflichtet. Dieses «Formalproblem» stellt sich ihm aber in den Weg, wenn er zur Formulierung von Inhalten kommen will.

Nun sind diese Verse aber, solange man nur auf das Formale sieht, durchaus durchsichtig. Beim Textvergleich in der Hinführung zur Auslegung wurde bereits darauf hingewiesen, daß der Anfang des Abschnittes (V. 3−4) und der Schluß (V. 11−12) in Abhängigkeit vom Text des 1. Thess. gestaltet wurden (vgl. oben, S. 19). Im mittleren Teil dagegen formuliert der Verfasser weitgehend selbst. Von dort aus ergibt sich innerhalb dieser Verse eine Dreiteilung (die in der Übersetzung oben durch den Druck kenntlich gemacht worden ist).

Jetzt läßt sich aber auch so etwas wie ein Fortschritt in der Arbeit des Verfassers erkennen. War er im Präskript bis in den Wortlaut hinein von seinen Vorlagen abhängig (von 1. Thess. 1,1 und, bei der Erweiterung des Segenswunsches, von anderen Paulus-Briefen), dann geht er nun von der sklavischen Wiederholung vorgegebener Textzusammenhänge ab und beginnt, selbst zu formulieren, wenn auch zunächst noch (V. 3−4) an 1. Thess. 1 orientiert. Damit steuert er auf die jetzt folgende eigene Aussage in V. 5−10 los, um zum Schluß (V. 11−12) erneut an 1. Thess. 1 orientiert zu formulieren. So gewinnt der Verfasser trotz der weiterbestehenden Abhängigkeit von seiner Vorlage mehr und mehr Freiheit zu eigener Gestaltung, die er erreichen muß, um in 2,1−12 sein Hauptanliegen ausdrücken zu können.

Die in V. 3−12 deutlich erkennbare formale Gliederung wird nun mit Inhalten gefüllt. Wie der mittlere Teil zeigt, ist der Verfasser an der Mitteilung eines Themas interessiert (mit dem er zugleich das Thema von 2,1−12 vorbereitet). Dieses Interesse an der Erörterung von Themen mit dem unverkennbaren Anliegen, belehren zu wollen, beeinflußt dann aber auch in den Rahmenversen 3−4 und 11−12 die Darstellung selbst. In der Vorlage des Verfassers (1. Thess. 1,2−10) begegnen zwei Motive, die von Anfang an miteinander verbunden sind: Dank und fürbittendes Gedenken. Von 1. Thess. 1,2 an (Wir *danken* Gott allezeit für euch alle, wenn wir *eurer* in unseren *Gebeten* gedenken) durchziehen sie das ganze Kapitel. Der Verfasser trennt diese Motive nun aber und gestaltet daraus zwei eigenständige Themen: Er beginnt mit dem Dank und schließt mit der Fürbitte.

Bestimmt von dem Anliegen zu belehren, erreicht der Verfasser nun aber nicht nur formal, sondern auch inhaltlich eine klare Gliederung: Danksagung (V. 3−4), Belehrung über das gerechte Gericht bei der Parusie (V. 5−10), Fürbitte (V. 11−12). Da ihm jedoch daran liegen muß, V. 3−12 als Einheit zu gestalten (wie 1. Thess. 1,2−10 eine Einheit bildet), kommt dieses unglückliche «Satzungeheuer» heraus. Das sollte man jetzt aber nicht mehr auf mangelndes Gestaltungsvermögen zurückführen, denn der Verfasser geht doch zunächst planmäßig und durchaus reflektiert vor. Da er, der traditionellen Briefsitte entsprechend, mit einem Proömium beginnen muß und darin nun mehrere sich widerstreitende Gesichtspunkte miteinander verbinden will, nimmt er die jetzt entstehenden sprachlichen Holperigkeiten in Kauf. Wahrscheinlich waren die gar nicht zu vermeiden, wenn der Verfasser konsequent bei seinen Voraussetzungen bleiben wollte. Insofern kann man sagen, daß ihm dieser Abschnitt durchaus «gelungen» ist.

Er beginnt in **V. 3−4** mit einer **Danksagung**. Charakteristisch für sie ist, daß ihr die sonst bei Paulus übliche Unmittelbarkeit fehlt. An die Stelle eines engagierten «wir danken» setzt er distanzierend mit einem «wir sind es schuldig, ... zu danken» ein und fügt zudem noch die Bemerkung hinzu «wie es sich gehört». Auf diese Weise wird von Anfang an aus einem geschehenden Danken, das die Niederschrift bei Paulus bestimmt, eine Erörterung über das «Thema» Danksagung, das der Verfasser in drei Schritten vorträgt: Die Danksagung ist Christenpflicht (V. 3a); sie hat einen Grund (V. 3b); sie hat Konsequenzen (V. 4).

Immer wieder hat man konstatiert, daß diesen Versen die persönliche Wärme fehlt; und man hat kritisch vermerkt, daß das, was der Verfasser hier ausführt, letztlich so allgemein sei, daß es jeder Gemeinde gesagt werden könnte. Diese Beobachtungen sind wohl richtig. Man sollte aber genauer darauf achten, wie der Verfasser zu Formulierungen gekommen ist, die gerade diesen Eindruck erwecken.

Einerseits hängt das damit zusammen, daß das ausdrücklich belehrende Element der Verse 5–10 hier schon anklingt. Eine Belehrung tendiert leicht zu einer Allgemeingültigkeit hin. Andererseits hängt das mit der Frage zusammen, wen man sich hier als den eigentlich Redenden zu denken hat. Vom Präskript (V. 1–2) her besteht zunächst kein Zweifel: Der Verfasser will *Paulus* reden lassen. Durch die Umgestaltung seiner Vorlage in diesen Versen gibt er jedoch gleichzeitig zu erkennen, daß *er selbst* mit seinen eigenen Worten Paulus reden lassen will. *Welchen* Paulus will der Verfasser aber reden lassen: den, der den Brief an die Thessalonicher geschrieben hat (also: den «historischen» Paulus), oder den, den er in seiner eigenen Zeit selbst vor Augen hat (also sozusagen ein «Paulusbild»)? Hier muß man offenbar differenzieren. Und da sich die Frage von V. 4 aus am einfachsten beantworten läßt, blicken wir zunächst kurz auf diesen Vers.

In **V. 4** nimmt der Verfasser ein Motiv aus 1. Thess. 1,8 auf: Paulus hat es gar nicht nötig, den Christen, unter denen er sich zur Zeit aufhält, etwas über den guten Christenstand der Thessalonicher zu sagen, denn andere erzählen davon (vgl. Kommentar zum 1. Thess., S. 37–38). Der Verfasser des 2. Thess. kehrt diesen Gedanken um. Jetzt ist es Paulus *selbst* (im griechischen Wortlaut betont), der erzählt; und der Verfasser qualifiziert dieses Erzählen: Paulus *rühmt* sich der Briefempfänger gegenüber den Gemeinden Gottes. – Gerät Paulus, so hat man gefragt, auf diese Weise nicht in ein sehr eigentümliches Licht? Stellt der Verfasser ihn jetzt nicht geradezu als «Prahler» hin?

Das darf man jedoch nur dann sagen, wenn man beim Verfasser voraussetzen kann, er habe sich bemüht, sich psychologisch in die Situation des «historischen» Paulus hineinzuversetzen, um von dort aus sein Schreiben zu formulieren. Dieser Gedanke kommt uns leicht, wenn wir dem Phänomen der Pseudonymität begegnen, denn heute würde man, wenn man eine «falsche» Absenderangabe benutzt, bei der Abfassung eines Briefes so vorgehen. Doch das ist modern gedacht.

Es versteht sich von selbst, daß unser Verfasser nicht daran interessiert sein kann, Paulus in einem problematischen Licht erscheinen zu lassen. Er kommt aber auch gar nicht auf den Gedanken, daß er das mit seiner Formulierung des V. 4 erreichen könnte. Er geht nämlich von dem «Bild» aus, das er und seine Zeit von dem Apostel haben; und dieses Bild läßt er «reden». Paulus ist der große Heidenmissionar, auf dessen *abgeschlossenes* Werk man zurückblickt. Er war – und *bleibt* der Lehrer der Kirche. Beides durchdringt sich nun in der Darstellung: Was Paulus jetzt für die Kirche ist, das war er auch früher schon. In seinen Gemeinden lebt sein Werk weiter, nicht nur, wie es 1. Thess. 1,7 anklingt, in Makedonien und Achaja, sondern (wie der Verfasser konsequent erweitert) in allen Gemeinden Gottes. Wenn sich nun aber paulinische Gemeinden inmitten von Verfolgungen und Bedrängnissen bewähren, dann ist das immer auch ein Ruhm des Apostels, der das erreicht hat. Er selbst hat sich ja oft genug unter «unredlichen und bösen Menschen» aufgehalten (vgl. 3,2). Gerade unter Hinweis auf solche standhaltenden Gemeinden kann und muß man *Paulus* in anderen Gemeinden rühmen.

So ist es wirklich der *Verfasser,* der von seinem Paulusbild aus Paulus (sich) rühmen läßt. Diese Aussage steht im Zusammenhang mit dem Vorbild-Motiv, das der Verfasser später ausdrücklich entfaltet. Leben und Verhalten des Paulus sind Orientierungspunkt für Leben und Verhalten der Christen, bzw. wieder umgekehrt: Die in der Gegenwart nötige Ermahnung zu rechtem Leben und Verhalten der Christen wird mit dem Hinweis auf Paulus begründet (vgl. 3,7–9).

So wird dann auch der kühl-distanzierte Ton in **V.3** besser verständlich. Weil Paulus nach 1. Thess. 1,2 Gott allezeit und für alle gedankt hat, hat er damit ein Vorbild gegeben. Jetzt kann also formuliert werden, daß Christen es «schuldig» sind, Gott allezeit zu danken. Am Vorbild Paulus orientiert, muß gesagt werden: Das «gehört sich» so. Den Christen aber wird das vor allem dann neu bewußt, wenn sie den guten Christenstand anderer paulinischer Gemeinden sehen. Der Grund zum Danken ist durchweg dann gegeben, wenn in einer Gemeinde der Glaube über alle Maßen wächst und die Liebe der Gemeindeglieder untereinander zunimmt.

Wer der Meinung ist, der Verfasser wollte mit dem 2. Thess. (in späterer Zeit) die mit dem 1. Thess. begonnene Korrespondenz *fortsetzen*, könnte so argumentieren: Das, wozu Paulus 1. Thess. 3,10.12; 4,1.10–12 ermuntert hatte, ist erreicht worden: Die «Fortschritte» sind inzwischen eingetreten. – Ist es aber auch nur wahrscheinlich, daß der Verfasser das hier zum Ausdruck bringen will?

Bei einer solchen Auslegung wäre übersehen, daß nicht vom Danken als einem jetzigen Geschehen die Rede ist, sondern von der Christenpflicht des Dankens. Vor allem aber muß man die Frage stellen, ob das, was als Grund des Dankens angegeben wird, wirklich für die Leser zutrifft, die der Verfasser des 2. Thess. vor Augen hat. Das Schreiben vermittelt doch viel eher den Eindruck, daß der Glaube der Leser gerade nicht gewachsen ist. Was Paulus ihnen bei seinem Aufenthalt gesagt hat (vgl. 2,5), scheinen sie vergessen zu haben. Ihr Glaube ist also gekennzeichnet durch ein Defizit, das der Verfasser beseitigen muß. Das Miteinander in der Gemeinde läßt sich ebenfalls nicht als ein Zunehmen in der Liebe charakterisieren, schon gar nicht, wenn der Verfasser ausdrücklich betont: eines jeden einzelnen von euch. Es gibt da doch inzwischen sehr bedenkliche Erscheinungen (vgl. 3,6.11.14). Das, was als Grund für die Christenpflicht des Dankens angegeben wird, wird also nicht so auf die konkreten Leser bezogen, daß der Verfasser Grund hätte, *für sie* zu danken. Es dient vielmehr der Belehrung.

Aufschlußreich ist dann aber schließlich auch wieder die erkennbare Modifizierung der Vorlage (1. Thess. 1,3) durch den Verfasser. Ob er gesehen hat, daß hier eine Doppeltrias vorliegt (vgl. Kommentar zum 1. Thess., S. 35–36), läßt sich nicht sicher sagen. Unterstellen darf man wohl aber, daß ihm die Trias Glaube/Liebe/ Hoffnung bekannt war. Er nimmt jedoch nur die beiden ersten Glieder auf. Die Hoffnung kann er hier nicht nennen, denn da hat er es ja mit dem Thema zu tun, auf das er zusteuert und dann V. 5–10 entfaltet.

Sodann greift er aus den sechs Begriffen zunächst noch (vgl. unten zu V. 11) den Begriff Geduld heraus. Mit ihm kann er dann in **V.4** einen weiteren Grund für das Danken entfalten. Es ist die Rede von Bedrängnissen und Verfolgungen. Wieder wird ganz allgemein formuliert. Man erfährt nicht, wie diese Widrigkeiten veranlaßt sind und worin sie bestehen. Das Motiv taucht auch im ganzen Brief nicht wieder auf. Der Verfasser braucht es aber als Hintergrund für seine gleich folgenden Ausführungen. Man wird also auch bei den Bedrängnissen und Verfolgungen nicht an eine konkrete Situation bei den Lesern denken dürfen. Wohl aber handelt es sich um eine Erfahrung, die manche Gemeinden in damaliger Zeit gemacht haben; und insofern sind die Angaben durchaus konkret. Denn es gilt grundsätzlich: Eine paulinische Gemeinde, die in einer solchen Situation Geduld und Treue[20] bewahrt, ist ein Ruhm des Paulus bei anderen Gemeinden Gottes.

In **V.3–4** nimmt der Verfasser also nicht die Leser in seine eigene Danksagung hinein. Er belehrt sie vielmehr darüber, daß es Christenpflicht ist, für Gemeinden zu danken, in denen Glaube und Liebe Fortschritte machen. Diese Belehrung wird dann aber zugleich für die Leser zu einer Ermahnung, solchen Gemeinden nachzueifern: Sie selbst sollen für andere Gemeinden ein Grund zum Danken *werden*. Hat nun die Erfahrung gelehrt, daß ein solches Festhalten an Glaube und Liebe (also ein Bleiben im Christenstand) immer wieder zu Verfolgungen und Bedrängnissen führen kann und führt, darf das die Leser dennoch nicht unsicher machen. Wenn es wirklich über sie kommen sollte, sollen sie es ertragen, denn eine Gemeinde, die sich in solchen Situationen in Geduld und Treue bewährt, vermehrt den Ruhm des Paulus.

Zugleich aber tut eine solche Gemeinde dadurch etwas für sich selbst. Das ist der überraschend neue Gedanke, den der Verfasser **V.5–10** entfaltet, den er aber trotz dieses ganz neuen Aspektes als eine nachdrückliche Begründung für die eben erfolgte Ermahnung verstehen will. Es «lohnt» sich nämlich, solche Verfolgungen und Bedrängnisse zu ertragen. Daß es sich aber lohnt, wird sich in der Zukunft herausstellen: beim Gericht Gottes und bei der Offenbarung des Herrn Jesus vom Himmel. Wenn man weiß, was dann geschehen wird, versteht man den positiven Sinn der negativen Gegenwart. Dieses Wissen will der Verfasser seinen Lesern durch Belehrung vermitteln.

Beim Niederschreiben dieser Gedanken löst er sich jetzt fast ganz von der Benutzung des Textes des 1. Thess. Schon damit gibt er zu erkennen, daß er zu einer eigenen, ihm wichtigen Aussage kommt. Er unterstreicht das noch durch die Breite seiner Ausführungen und durch seinen Stil, der mehrfach parallele Wendungen aufweist und dadurch betont gewichtig wirkt. – Nun hat man allerdings gelegentlich angenommen, daß auch hinter diesen Versen eine Vorlage steht, die der Schreiber benutzt hat. Das geschah vor allem dann, wenn man den 2. Thess. für paulinisch hielt und nun gezwungen war, das (mindestens für Paulus) Ungewöhnliche dieser Aussage zu erklären. Richtig an dieser Vermutung ist, daß in diesem Abschnitt eine Fülle von Motiven, Anklängen, wohl auch Zitaten aus dem Alten Testament und aus apokalyptischer Literatur begegnen. Aber weder läßt sich eine entsprechende Vorlage irgendwo nachweisen, noch gelingt es, eine solche auch nur einigermaßen sicher zu rekonstruieren und dadurch ihre Existenz mindestens wahrscheinlich zu machen. So liegt es am nächsten, V.5–10 als vom Verfasser selbst (zusammengestellt und) gestaltet zu verstehen.

Dann aber ist gleich der Aufbau dieses Abschnittes aufschlußreich, weil er einige Eigentümlichkeiten in den Blick kommen läßt, die erste Hinweise für das Denken und Argumentieren des Verfassers bieten. Deutlich erkennbar ist, daß er zwei Komplexe nebeneinander stellt, die einerseits relativ eigenständig wirken, andererseits aber auch eng miteinander verknüpft sind. Der erste Komplex umfaßt V.5–7a. Das Stichwort am Anfang gibt zugleich das Thema an: «das gerechte Gericht Gottes». Der zweite Komplex behandelt in V.7b–10 die Parusie (das Wort selbst kommt in diesem Zusammenhang noch nicht vor). Er ist eingerahmt durch die beiden Stichworte «Offenbarung des Herrn Jesus vom Himmel» (V.7b) und

---

[20]   Im Griechischen steht hier das Wort *pistis*, das meist (wie V.3) mit Glaube übersetzt werden muß, häufig aber auch die Bedeutung Treue hat. Im Kontext des V.4 liegt dieser Sinn näher.

«an jenem Tage» (V. 10). Bezeichnend für den zweiten Komplex ist nun, daß die Aussagen über die Parusie durchweg Gerichtsaussagen sind. So bildet das Motiv «Gericht» das Leitmotiv für den ganzen Abschnitt, das beide Komplexe miteinander verbindet. Es geht durchgängig um das, was am Ende geschehen wird. Die Parusie wird eindeutig unter dem Gesichtspunkt des Gerichts dargestellt. In dieser Verklammerung bleibt dann eine Differenz erkennbar: Im ersten Komplex ist *Gott* das Subjekt beim Gericht; im zweiten Komplex ist es *der Herr Jesus*. Es findet also trotz des durchgehenden einen Themas ein «Wechsel der Personen» statt. Zugleich aber muß man von einem «Austausch der Personen» reden, denn wie in der Einzelauslegung noch gezeigt werden wird, stammen die Vorstellungen, die im zweiten Komplex benutzt werden, aus Traditionen, in denen ursprünglich einmal Gott das Subjekt war.

Nun ist ein solcher «Austausch der Personen» ein im Urchristentum verbreitetes Phänomen. Aussagen, die früher einmal von Gott gemacht wurden, werden jetzt von Christus gemacht. Es reicht aber für die Auslegung nicht aus, wenn man das lediglich konstatiert. Das bliebe eine rein formale Feststellung. Die entscheidende Frage ist vielmehr, wie diese Übertragung von theologischen Aussagen zu christologischen Aussagen vor sich ging und wie sie jeweils begründet wird. Das geschah keineswegs immer auf gleiche Weise.

Um das für unseren Verfasser Charakteristische zu erkennen, muß man es vor dem Hintergrund betrachten, der früher skizziert wurde. In der Hinführung zur Auslegung wurde gezeigt, daß der gemeinsame Bezugspunkt für die *theo*logischen und *christo*logischen Aussagen ursprünglich die Soteriologie war, genauer: das *in der Gegenwart* erfahrene Heil (vgl. S. 48ff.). Die alte apokalyptische Vorstellung, daß Gottes Heil nur und erst nach der Wende der Äonen zu erwarten ist, wurde durchkreuzt: Auch wenn jetzt noch sichtbar der böse Äon herrscht, bietet Gott dennoch den Menschen, die in diesem Äon leben, seine Heils-Gegenwart an. Sie können sich jetzt auf diese Einladung einlassen; das heißt, sie können glauben. Sie tun es auch, wenn auch nicht kontinuierlich und auf Dauer, sondern immer wieder. Diese Antizipation des eschatologischen Heils ist eine Erfahrung, die Menschen in der Begegnung mit Jesus gemacht haben. Das Heil, das zu leben er jetzt anbietet, ist kein anderes Heil als das, das am Ende erwartet wird. Entsprechendes drückt Paulus auf mannigfache Weise aus. So kann er z. B. sagen: Wer sich jetzt von dem durch Gott in Christus (in der Vergangenheit) bereiteten Heil prägen läßt, der lebt dieses Heil in dieser Gegenwart als «Sohn des (kommenden) Tages» (1. Thess. 5,5). Eben deswegen wird dann am «Tage des Herrn» nicht einfach mehr Gott, sondern der Herr erwartet, dessen Heil die Christen jetzt schon leben.

Der alte und der neue Äon, Gegenwart und Zukunft, sind also nicht mehr, wie in der Apokalyptik, scharf voneinander getrennt. In dieser Gegenwart (präziser: in jedem Augenblick dieser Gegenwart) wird vielmehr immer wieder (in Naherwartung!) der Einbruch der Zukunft erwartet – und erfahren. Da es sich jedoch um Antizipation*en*, nicht aber um *eine* Antizipation als Dauerzustand handelt, bleibt die apokalyptische Gestalt der Erwartung bestehen. Es wird jetzt aber möglich, deren Inhalt neu auszusagen. Von der gegenwärtigen Erfahrung eschatologischen Heils (Soteriologie) aus kann jetzt der «Austausch der Personen» erfolgen. Jetzt erwartet man «an jenem Tage» den, den man in diesem alten Äon immer wieder erwartet und dessen Kommen man immer wieder erfahren hat. Darum kann die apokalyptische Erwartung der Parusie *Gottes* durch die Erwartung der Parusie *Christi* ersetzt werden. Beachten muß man hier jedoch, daß das neue «Bild» von der Zukunft konsequent *von der Gegenwart aus* entworfen worden ist, und zwar von *der* Gegenwart aus, in der Antizipationen der Zukunft erfahren worden sind. Genau das ist bei unserem Verfasser anders. Daß dieser «Austausch der Personen» seit langem durchgeführt wird, weiß er und setzt er voraus. Dabei bleibt er aber im rein Formalen. Er weiß offenbar nicht mehr, wie das früher einmal begründet wurde und dadurch überhaupt erst möglich geworden ist. Bei ihm bleiben, wie in der Apokalyptik, Gegenwart und Zukunft scharf voneinander getrennt. In der Gegenwart gibt es keine Antizipation von Zukunft. (Über die scheinbare Ausnahme in V. 5a siehe gleich.) Wohl sind Gegenwart und Zukunft aufeinander bezogen: Was in der Gegenwart geschieht (und zwar: negativ und positiv), wird in der Zukunft Konsequenzen haben (wieder: negativ und positiv). Aber die Zukunft bricht nicht in die Gegenwart ein. Denn der Tag des Herrn ist eben noch nicht da (vgl. 2,2).

So setzt der Verfasser im ersten Komplex (V. 5–7a) mit der apokalyptischen Vorstellung ein: *Gott* wird am Ende dieser Weltzeit ein gerechtes Gericht durchführen. Im zweiten Komplex (V. 7b–10) läßt der Verfasser nun einfach den *Herrn Jesus* dieses Gericht durchführen. Damit bleibt er aber völlig im Rahmen der apokalyptischen Vorstellung. Darum wird man jetzt urteilen müssen: Die bei Jesus und Paulus erkennbare «christliche» Durchkreuzung des Apokalyptischen ist preisgegeben. Es liegt also ein Rückfall in die Apokalyptik vor.

Nun sollte man *dafür* nicht ausschließlich unseren Verfasser verantwortlich machen. Er ist hier einfach ein Kind seiner Zeit, denn von der zweiten und dritten christlichen Generation an ist ein solcher Rückfall in die Apokalyptik häufiger zu beobachten (vgl. etwa 2. Petrus-Brief). Das hebt zwar die notwendige Sachkritik an der Aussage unseres Verfassers nicht auf, doch sollten wir zuerst auf das Anliegen achten, das er mit diesem Abschnitt verfolgt, und darauf, wie er es in den Rahmen seiner Gesamtaussage einordnet.

Der Verfasser will hier doch die zentrale Aussage seines Schreibens vorbereiten, die er nach einer Überleitung in 2,1 (wo er zusammenfassend V. 7b–10 aufnimmt) in 2,3–12 entfaltet: Der Tag des Herrn ist noch nicht da. Sein Interesse besteht darin, Raum für die Zeit vor der Parusie zu schaffen, und zwar möglichst viel Zeit. Die Frage des Termins der Parusie ist ihm deswegen am wichtigsten, weil hier auf Seiten der Leser der entscheidende Irrtum liegt. Wenn dann aber für diesen immer noch weiterlaufenden alten Äon mit längerer Dauer zu rechnen ist, muß der Verfasser zugleich auf die Bedeutung der Gegenwart und der noch zu erwartenden Zukunft hinweisen. Die Leser müssen ihre Gegenwart sehr viel ernster nehmen, als sie in der Gefahr sind, es zu tun. Sie müssen verstehen, was in ihr geschieht, und – sie müssen sie gestalten. Zur Unterstreichung der Bedeutung der Gegenwart und der bis zur Parusie noch zu gestaltenden Zeit benutzt der Verfasser die apokalyptische Vorstellung vom Gericht. Es geht ihm also nicht einfach und nur darum, über das kommende Gericht zu belehren, wenn er selbstverständlich auch das will. In erster Linie liegt ihm aber an der Gegenwart und an der noch zu erwartenden Zeit. Damit dürfte er dann aber zweifellos ein richtiges Anliegen verfolgen. Die Frage bleibt allerdings, ob er das (gemessen etwa an Paulus) richtig durchführt.

Mit **V. 5** knüpft der Verfasser an V. 3–4 an. Wir haben gesehen, daß wir es da (trotz der Form der Danksagung) eigentlich mit einer ermahnenden Anrede an die Leser zu tun haben. Man wird auch für sie danken, wenn sie sich um ein Wachsen von Glaube und Liebe bemühen und sich daraus ergebende Konsequenzen in Geduld und Treue ertragen. Sollte es dabei zu Verfolgungen und Bedrängnissen kommen, was nach den Erfahrungen mancher Gemeinden möglich, vielleicht sogar wahrscheinlich ist, sollen sie sich dadurch nicht irritieren lassen, denn das ist dann ein «Anzeichen» des gerechten Gerichtes Gottes.

In der Auslegung ist umstritten, wie das zu verstehen ist. Die Schwierigkeit entsteht meist dadurch, daß man den Begriff «Anzeichen» nur mit dem Gericht verbindet, nicht aber den weiteren Kontext und dann insbesondere die Art und den Inhalt des Gerichtes beachtet. Tut man das nicht, trägt man hier leicht den Gedanken der Antizipation ein. Das ist unterschiedlich versucht worden.

Man verweist etwa auf 1.Petr.4,17, wo die Aussage begegnet, daß jetzt schon das Gericht beim Hause Gottes beginnt. Oder man zieht Phil.1,28 heran, wo Paulus den Philippern schreibt, daß sie sich nicht von sie bedrängenden Widersachern einschüchtern lassen sollen, denn das sei für diese ein «Anzeichen» des Verderbens, für die Leser aber ein «Anzeichen» der Rettung. Doch diese Beispiele passen nicht in den Kontext, denn weder versteht der Verfasser die Verfolgungen und Bedrängnisse als Gericht Gottes an den Lesern (wie 1.Petr.4,17), noch will er sagen, daß im Ertragen dieser Bedrängnisse jetzt schon paradox Heil erfahren wird (wie Phil.1,28). – Auch eine modifizierte Art der Antizipation kann hier nicht gemeint sein: Der Wende der Äonen geht eine Zeit des «Zornes» Gottes, des Schreckens und der Verfolgungen voraus (vgl. 1.Thess.2,16 und Kommentar zum 1.Thess., S.49–50). Denn dann wären die Verfolgungen und Bedrängnisse doch gerade ein Zeichen dafür, daß das Ende sehr nahe ist. Das wäre nun aber eine Behauptung, die der Verfasser ganz gewiß nicht machen will. – Warum aber sind dann Verfolgungen und Bedrängnisse ein «Anzeichen» des Gerichtes?

Das ist deswegen der Fall, weil Gottes Gericht «gerecht» sein wird. Was das konkret für die Leser bedeutet, erläutert der Verfasser zwar erst später (V.6.7a); aber die Gedanken und Motive, die hinter diesen Ausführungen stehen, muß man zum Verständnis von V.5a mit heranziehen. Gott wird beim Gericht nach dem jus talionis verfahren. Für den Verfasser heißt das, daß Gott eine Umkehrung vornehmen wird. Dahinter steht ein verbreiteter zeitgenössischer Gedanke: Denen, denen es jetzt schlecht geht, wird es später einmal gut gehen; denen, denen es jetzt gut geht, wird es später einmal schlecht gehen. Eine solche Umkehrung wirkt vor allem wegen ihres Schematismus einigermaßen seltsam (und der Verfasser präzisiert ja auch durchaus in V.6.7a); doch sollte man bedenken, daß sich darin Reflexionen einer häufig gemachten Erfahrung ausdrücken: In diesem alten Äon geht es den Bösen sehr oft gut, den Guten dagegen sehr oft schlecht. Dann stellt sich aber die Frage, wie es mit der Gerechtigkeit Gottes steht. An ihr kann und darf doch kein Zweifel aufkommen. Wenn dann aber die Gerechtigkeit Gottes ganz offensichtlich jetzt nicht sichtbar ist, dann erweist Gott seine Gerechtigkeit darin, daß er sie im kommenden Äon sichtbar machen wird. Das Gericht wird diese Umkehrung bewirken. Darum ist Gottes Gericht gerecht.

Mit eben diesem Gedanken stellt der Verfasser den Übergang von V.3–4 zu V.5–7a her. Wenn man weiß, daß es den Guten in diesem Äon oft schlecht geht (was ja jetzt kein Gegenargument mehr gegen die Gerechtigkeit Gottes ist), und wenn man zugleich die Erfahrung machen kann, daß ein Festhalten am Christenstand mit einem Wachsen an Glaube und Liebe in Verfolgungen und Bedrängnisse führt, dann ist das Leben, das man jetzt in Geduld und Treue auf sich nimmt, ein «Anzeichen», eine Gewähr, ein Unterpfand dafür, daß man dermaleinst im gerechten Gericht Gottes bestehen wird.

Der Verfasser will seinen Lesern also Mut machen, diese Situation, wenn es nötig ist, zu riskieren; und er möchte sie, wenn sie eingetreten ist, mit diesem Ausblick auf die Zukunft trösten. Das Aushalten «lohnt» sich, denn man darf sicher sein: Man ist eben so auf dem Wege zum Ziel, nämlich dem Eingang in das Reich Gottes. Dieses Reich ist hier also ausschließlich (wie in der Apokalyptik) eine zukünftige Größe. Die Leiden, die die Christen auf sich nehmen, nehmen sie, wie der Verfasser ausdrücklich sagt, *für* dieses Reich auf sich. Dadurch bewirken sie selbst, daß sie am Ende beim Gericht des Reiches Gottes gewürdigt werden.

Hier liegt also ganz eindeutig der Verdienstgedanke vor. Das hat in der Geschichte der Auslegung gelegentlich zu kurzschlüssigen Diskussionen geführt. Katholische Exegeten benutzten den Vers, um damit eine Verdienstlehre zu begründen. Protestantische Ausleger bestritten, daß der Verdienstgedanke vorliegt. Dabei machten beide Seiten denselben Fehler: Sie meinten, den exegetischen Befund unmittelbar in Dogmatik umsetzen zu können (Katholiken) bzw. zu müssen (Protestanten). Auf diese Weise mißbrauchten die katholischen Exegeten ihre richtige Auslegung dogmatisch; und eine dogmatische Voreingenommenheit der protestantischen Exegeten hinderte sie an einer unbefangenen Exegese. Der Verfasser vertritt aber wirklich den Verdienstgedanken.

Wenn dieser dogmatisch der Kritik unterliegt, muß man die Kritik aber richtig durchführen. Den Ansatz dafür bietet in unserem Zusammenhang der Begriff des Reiches Gottes. Handelt es sich da ausschließlich um eine zukünftige Größe, wird das Leiden für das Reich zu einer Leistung, die der Mensch aus sich selbst heraus erbringt. Er erbringt sie aber, weil er dafür (später einmal) Lohn zu erwarten hat. Für Paulus ging es jedoch darum, daß das Reich Gottes als Geschenk jetzt schon in das Leben der Christen einbricht. Sie können daher jetzt schon diesem Reich angemessen leben (vgl. 1. Thess. 2,12 und Kommentar zum 1. Thess., S. 46–47). Das kann dann zwar auch zum Leiden führen. Das ist aber keine Leistung, die der Christ erbringt, um einmal ins Reich zu gelangen. Sondern das ist eine in diesem alten Äon oft unvermeidbare Konsequenz (vgl. 1. Thess. 3,3), die die auf sich nehmen, die jetzt schon «Söhne des Reiches Gottes» sind (vgl. 1. Thess. 5,5). – Auf eine kurze Formel gebracht: Bei unserem Verfasser fehlt dem Imperativ der Indikativ als *Vorgabe* (vgl. dazu unten S. 112ff.). Dadurch wird das Heil zu einer ausschließlich zukünftigen Angelegenheit. Gegenwart wird es erst durch das Gericht werden. Dann wird die Entscheidung fallen.

Wie sie gefällt werden wird, entfalten die **V. 6.7a.** Der Verfasser knüpft an die gegenwärtige Situation an: Bedränger und Bedrängte stehen nebeneinander. Von dort aus entwickelt er in strenger Parallelität, was beide Gruppen in der Zukunft vom Gericht zu erwarten haben, nämlich «Vergeltung». Dieser Begriff hat hier noch keinen negativen Unterton, den wir meist damit verbinden (anders V. 7b–10), sondern muß neutral verstanden werden. Denn ganz offensichtlich benutzt der Verfasser bewußt für das, was beiden Gruppen widerfahren wird, dasselbe Verbum und setzt es auch nur einmal. Den Bedrängern wird (als Vergeltung) Bedrängnis «zurückgegeben» werden. Den Bedrängten wird (als Vergeltung) Ruhe «zurückgegeben» werden; und das heißt, daß ihre Spannung in Entspannung umgekehrt werden wird, ihre Belastung in Entlastung; dann werden sie von ihrem gegenwärtigen Druck befreit werden. – An einer Stelle durchbricht der Verfasser allerdings diese Parallelität, indem er die Wendung «zusammen mit uns» einfügt. Auch Paulus wird also eine solche Vergeltung erfahren. Die Bedrängten sollen nämlich wissen, daß sie beim Gericht neben Paulus stehen und mit ihm zusammen zur «Ruhe» eingehen werden. Diese Aussage geht wieder vom Paulusbild des Verfassers aus: In der Zeit seines Wirkens hat der Apostel unter Anfeindungen und Nachstellungen von «ver-

kehrten und bösen Menschen» gelitten (vgl. 3,2). Dadurch, daß er diese Leiden ertragen hat und eben deswegen des zukünftigen Lohnes gewiß ist, wurde Paulus zum
Vorbild der Leser, das sie nachahmen sollen (vgl. 3,7.9).
Die Verse **7b–10** bieten sachlich eine Wiederholung der Aussage von V. 6.7a. Man
kann sie durchaus als einen Kommentar zu diesen Versen bezeichnen. Das zeigt
sich schon daran, daß ein ganz entsprechender Aufbau vorliegt, innerhalb dessen
dann allerdings einige Modifizierungen begegnen. So werden einmal die beiden
Gruppen, die dem Gericht entgegengehen, jetzt sehr viel allgemeiner bezeichnet.
Den Kreis der Bedränger erweitert der Verfasser und spricht jetzt von denen, die
Gott nicht kennen und die dem Evangelium unseres Herrn Jesus nicht gehorchen
(V. 8). Den Bedrängten entsprechen nun die Heiligen und alle Glaubenden (V. 10).
– Eine weitere Modifizierung besteht darin, daß der Verfasser zwar das Motiv der
Vergeltung durchhält, gegenüber V. 6.7a jedoch viel stärkere Akzente setzt und da-
bei ungleich verfährt. Mit großem Nachdruck und eigentlich überstarker Betonung
wird das Moment der Bestrafung herausgestellt (V. 8a) und auch die Strafe selbst
genannt (V. 9), während von einer «Belohnung» nur sehr indirekt die Rede ist
(V. 10a). Dadurch erweckt der Verfasser fast den Eindruck, als sei er so etwas wie
einer Schadenfreude verfallen, und man hat ihm auch vorgeworfen, daß er ausge-
rechnet damit die Bedrängten trösten wolle. Doch sollte man ihm das nicht unterstellen. Sein Anliegen dürfte viel eher sein, mit Hilfe dieses Gerichtsbildes seine
Leser zu warnen und sie mit eindringlichem Ernst zum Tun aufzurufen. Eine solche Motivierung für das Tun bleibt dann freilich problematisch genug. – Die dritte
und wichtigste Modifizierung in diesen kommentierenden Versen besteht aber
darin, daß der Verfasser vom Gericht Gottes zum Gericht des Herrn Jesus über-
wechselt.
Damit setzt er **V. 7b.8a** gleich ein, indem er ziemlich unvermittelt das Datum des
Gerichtes nennt. Doch die Frage des Datums ist ja für ihn das zentrale Problem.
Das Gericht wird stattfinden bei der Offenbarung des Herrn Jesus. Der Begriff
steht hier gleichbedeutend mit Parusie (vgl. 2,1.8). Der Verfasser kann ihn gewählt
haben, weil er in den benutzten Traditionen vorgegeben war (siehe gleich). Vielleicht setzt er ihn aber auch bewußt, weil er ein noch verborgenes Geschehen schil-
dern will, das sich «an jenem Tage» (V. 10b) ereignen, das dann enthüllt werden
wird. Zu beachten ist jedenfalls, daß es sich hier streng um eine Aussage über die
Zukunft handelt. (Wenn Paulus den Begriff Offenbarung benutzt, liegt dagegen
durchweg ein Bezug zur Gegenwart vor; vgl. Gal. 1,12.16; 3,23; 1. Kor. 2,10). In
drei traditionellen Bildern wird die Offenbarung des Herrn Jesus dargestellt: Sie
geschieht «vom Himmel her»; zur Begleitung des Herabkommenden gehören «die
Engel seiner Macht»; die Offenbarung vollzieht sich «im Feuer der Flamme».
Deutlich ist, daß der Verfasser die Vorstellung voraussetzt: Jesus befindet sich im
Himmel, und damit an einem lokalisierbaren Aufenthaltsort. Solche Vorstellungen
begegnen auch sonst (vgl. Kol. 4,1; Hebr. 8,1; 1. Petr. 3,22), aber doch kaum in dieser einseitigen Zuspitzung, daß Jesus (vorläufig wenigstens) an diesem Ort bleibt.
Von einem jetzigen Wirken des himmlischen Herrn auf die Christen oder inmitten
der Christen weiß der Verfasser nichts. Dieser Gedanke fehlt im ganzen Schreiben;
und darin zeigt sich ein wesentlicher Unterschied gegenüber paulinischen Aussagen
(vgl. nur das Motiv des Prägens 1. Thess. 1,6.7; dazu Kommentar zum 1. Thess.,
S. 38–39). Wegen dieser «Lokalisierung» kann der Verfasser so unmittelbar von
Gott («bei» dem Jesus ja ist) auf den Herrn Jesus übergehen, denn jetzt kann von
diesem bei seiner Offenbarung das erwartet werden, was in alttestamentlichen Tra-

ditionen von Gott erwartet wurde: sein Herabkommen vom Himmel (vgl. Jes. 64,1) in der Begleitung himmlischer Gestalten (vgl. Sach. 14,5) und mit der zerstörenden Wirkung eines fressenden Feuers (vgl. Ps. 50,3). Solche Züge sind in der Apokalyptik gern aufgenommen, zusammengestellt und dann als Bild von der Zukunft ausgestaltet worden. So heißt es zum Beispiel in der Henoch-Apokalypse: «Es zieht der Heilige von seinem Wohnsitz aus. Der ewige Gott betritt die Erde ... und er erscheint in seiner Stärke Macht vom höchsten Himmel her; und alles wird mit Furcht erfüllt ... Fürwahr, er kommt mit Tausenden von Heiligen, um über alle das Gericht zu halten und alle Übeltäter zu vernichten ...» (äthiopischer Henoch 1,3–5.9). Auch in der Apokalyptik überwiegt durchweg das Moment der Bestrafung der Bösen.

Ein solches Gericht wird nun (**V. 8b**) der Herr Jesus an denen vollziehen, die Gott nicht kennen und die dem Evangelium unseres Herrn Jesus nicht gehorchen. Man hat in der Auslegung erwogen, ob hier an zwei verschiedene Gruppen zu denken ist. Dann wären die, die Gott nicht kennen (vgl. 1. Thess. 4,5) die Heiden; und die, die dem Evangelium nicht gehorchen, wären die ungläubig gebliebenen Juden. Das ist aber denkbar unwahrscheinlich, denn im 2. Thess. kommt nirgendwo auch nur in Andeutungen das Problem Heiden/Juden in den Blick. Der Verfasser verwendet hier vielmehr, wie auch sonst häufig (vgl. nur V. 9.10), das Stilmittel des synonymen Parallelismus, bei dem dieselbe Aussage (häufig, um ihr Nachdruck zu verleihen) mit anderen Worten wiederholt wird. An unserer Stelle interpretieren sich die beiden Glieder der Aussage gegenseitig: Wer dem Evangelium unseres Herrn Jesus nicht gehorsam ist, ist einer, der Gott nicht kennt. Und umgekehrt: Wenn einer Gott nicht kennt, zeigt er das daran, daß er dem Evangelium unseres Herrn Jesus nicht gehorsam ist. Er steht damit im Gegensatz zu denen, die in V. 10 genannt werden und die dort die dem Zeugnis des Paulus Glaubenden heißen. In welchem Sinne benutzt nun aber der Verfasser die einzelnen Begriffe?

Die auffällige Wendung «Evangelium unseres Herrn Jesus» ist mit hoher Wahrscheinlichkeit eine Schöpfung unseres Verfassers. Sie begegnet im ganzen Neuen Testament nie wieder. Der Kontext zeigt nun, daß der Verfasser den Begriff Evangelium in dieser Wendung, darüber hinaus aber auch die übrigen Begriffe, anders versteht als Paulus. Für diesen ist das Evangelium eine wirkende Macht, so wie auch der Herr für ihn eine (vom Himmel her) wirkende Macht ist. Sie dringt auf die Menschen ein, belegt sie mit Beschlag, gestaltet und bestimmt sie. Wenn dann bei Paulus vom Gehorsam gegenüber dem Evangelium die Rede ist (vgl. Röm. 10,16) oder auch vom Glaubensgehorsam (vgl. Röm. 1,5), dann ist unter Gehorsam ein Sich-Ausliefern verstanden. Das aber ist bei unserem Verfasser anders. Gehorchen benutzt er im Sinn von befolgen. Jesus ist ja nicht deswegen der Herr, weil er selbst jetzt wirkt. Bis zu seiner Offenbarung bleibt er im Himmel (V. 7b). Dennoch kann Jesus als Herr bezeichnet werden, weil er – sein Evangelium gegeben hat, das die Menschen jetzt kennen können. Es ist in das Zeugnis des Paulus (V. 10) eingegangen und darum mit ihm identisch. Solange die Zeit dieses alten Äons noch andauert, ist es zu halten. So ist für unseren Verfasser der Begriff Evangelium zu einer formelhaften Zusammenfassung für die «Wahrheit» geworden (vgl. 2,10.12.13); und diese Wahrheit ist selbst eine tradierbare Lehre (vgl. 2,15; 3,6). Ein solches Evangelium fordert nun (ebenso wie das «Zeugnis» des Paulus, V. 10) «Glauben», doch ist hier glauben als eine zustimmende Anerkennung verstanden, als ein Fürwahr-Halten, das alle die leisten, die zur «Liebe» zur Wahrheit gekommen sind (vgl. 2,10). Zugleich fordert das Evangelium, soweit es Ethik und also ein Tun verlangt, daß man ihm gehorcht. Aber im Grunde sind glauben und gehorchen synony-me Begriffe. Das zeigt sich auch daran, daß in V. 8b dem Begriff Evangelium das Gehorchen, in V. 10b dem Zeugnis des Paulus das Glauben zugeordnet ist. Eher würden wir eine umgekehrte Zuordnung erwarten. Jetzt aber sind glauben und ge-horchen von Menschen zu erbringende Leistungen, die die Größen Evangelium und Zeugnis fordern können, weil sie in sich Autorität besitzen.

Jetzt erkennt man auch, weshalb der Verfasser eine solche Vorliebe für die Be-zeichnung Jesu als *Herrn* (*Kyrios*) hat und was er darunter versteht. Dieser Titel kommt in den 47 Versen des 2. Thess. 22 mal vor, bezeichnenderweise an allen Stel-len (außer 3,5), wo von Jesus oder Jesus Christus die Rede ist. Der Verfasser kann dann aber auch neunmal auf die Nennung des Namens ganz verzichten und den Ti-tel absolut gebrauchen. Man kann zwar gelegentlich schwanken, ob, wenn nur vom Herrn geredet wird, an Jesus oder an Gott gedacht ist (etwa 3,3; vielleicht auch 3,16). Doch genau das ist dann wieder kennzeichnend für den Verfasser: Gottes-Prädikate sind für ihn Prädikate für Jesus. Da Gott aber (ganz wie in der Apokalyp-tik) in erster Linie als der (später einmal) richtende und strafende und darum als der (in der Gegenwart) fordernde Gott gesehen wird, und da der Verfasser dieses Gottes-Bild auf Jesus überträgt, ist «der Herr» eben der fordernde Herr: Seinem Evangelium gilt es zu gehorchen.

Der Herr (nämlich: Jesus) ist es dann auch, der (**V. 9**) die Bestrafung der «Unge-horsamen» (= der Nicht-Glaubenden) durchführt. Damit wird der Gedanke aus V. 8 weitergeführt und inhaltlich gefüllt. Zunächst wird die zu erwartende Strafe ge-nannt: ewiges Verderben. Ob dabei daran gedacht ist, daß es sich um eine Qual handelt, die ewig (d. h. ohne zeitliche Begrenzung) erlitten werden wird, oder um ei-ne zu erleidende Vernichtung, die beim Gericht geschieht und die niemals wieder rückgängig gemacht werden wird, sollte man nicht diskutieren, denn schwerlich re-flektiert der Verfasser eine solche Alternative. Die Fortsetzung darf man jedoch nicht so verstehen, daß die Strafe in einer ewigen Trennung vom Herrn bestehen wird (also in Umkehrung des Allezeit-beim-Herrn-Sein, 1. Thess. 4,17; 5,10). Der Verfasser nimmt hier nämlich (vielleicht sogar als Zitat) Jes. 2,10 auf, wo in einer Theophanie (Gotteserscheinung) der zum schrecklichen Strafgericht kommende Herr dargestellt wird. Es geht also um eine Aussage über den Vollstrecker der Stra-fe, nicht jedoch über die Strafe selbst. Nur ist jetzt eben Jesus der Herr, der die Strafe vollstreckt. Sie geschieht, wie wieder in synonymem Parallelismus formuliert wird, «vom Angesicht des Herrn» und «von der Herrlichkeit seiner Macht».

Mit **V. 10** kommen nun endlich die Glaubenden in den Blick. Das geschieht aber sehr seltsam, und man merkt (nicht zuletzt an der auch sprachlich etwas unge-schickten Parenthese am Ende des Verses), daß der Verfasser einerseits versucht, den Gedanken zu Ende zu führen, andererseits aber zugleich eine Überleitung für das Folgende schaffen will. Am besten hält man daher bei der Auslegung die beiden Vershälften zunächst auseinander.

V. 10a knüpft an V. 9 an. Das Strafgericht wird erfolgen, wenn der Herr kommt. Er führt es durch, damit *er* verherrlicht wird unter seinen Heiligen und damit *er* be-wundert wird unter allen Glaubenden. Dieser Gedanke wirkt zunächst überra-schend, denn wenn vorher davon die Rede war, daß die «Ungehorsamen» Strafe erleiden, erwartet man nun doch, daß die Heiligen und Glaubenden Belohnung empfangen werden. Sie rücken aber nicht in den Mittelpunkt, sondern im Mittel-punkt bleibt (wie schon V. 9b) der strafende Herr stehen; und es wird erläutert, was durch ihn und an ihm geschieht.

Sein Strafgericht vollzieht sich unter (= inmitten) seiner Heiligen und aller Glaubenden. Das sind nicht, wie man gelegentlich gemeint hat, zwei zu unterscheidende Gruppen, denn der Verfasser benutzt hier wieder das Stilmittel des synonymen Parallelismus. Er knüpft also an die «Bedrängten» (V.7) an, weitet den Kreis aber aus auf alle Glaubenden. Wenn diese jetzt als Zeugen des Strafgerichts dargestellt werden, darf man das selbstverständlich nicht in dem Sinne verstehen, daß sie dadurch damit «belohnt» werden, Zuschauer bei diesem schrecklichen Gericht sein zu dürfen, bei dem die anderen leiden, sie selbst aber froh sein können, daß sie da nicht mit hineingezogen werden. Man versteht diese Aussage nur, wenn man sieht, daß sie vor dem Hintergrund des Motivs der Gerechtigkeit Gottes erfolgt (vgl. S. 68). Weil Gottes Gerechtigkeit in diesem alten Äon noch verborgen ist, ist auch die Herrlichkeit Gottes noch verborgen. Wenn Gott aber erscheinen wird, dann wird bei diesem Erscheinen sichtbar werden, was man jetzt angesichts der vielfältig sichtbaren Ungerechtigkeit bezweifeln möchte: die Gerechtigkeit Gottes und damit seine Herrlichkeit. Sie wird sich aber offenbaren.

Um das zu zeigen, nimmt der Verfasser wieder traditionelle Motive auf, ohne daß man genau sagen könnte, auf welche Stellen er zurückgreift. Zu vergleichen sind etwa: Ps. 89,8; 68,36; Jes. 49,3. Wieder werden dabei die alttestamentlichen Gottesaussagen auf den Herrn (Jesus) übertragen. Zur Anknüpfung bedient sich der Verfasser einer Begriffs-Assoziation. Da der Herr die Strafe in der «Herrlichkeit» seiner Macht vollstrecken wird (V. 9), «verherrlicht» er sich in eben diesem Geschehen unter seinen Heiligen. Diese Epiphanie verbindet der Verfasser mit einer Akklamation: Unter allen Glaubenden wird der Herr bewundert werden; und das heißt: Die Glaubenden werden den in Herrlichkeit erscheinenden Herrn jubelnd lobpreisen. Bei seinem Kommen wird für alle offenkundig werden: Seine Gerechtigkeit setzt sich durch.

Vorgetragen wird das zunächst als apokalyptische Belehrung über die Zukunft. Nur indirekt enthält das so vermittelte Wissen zugleich eine Ermunterung: Wer jetzt auf einem Wege durch Verfolgungen und Bedrängnisse ist, darf sicher sein, daß er damit, dem gegenwärtigen Augenschein zum Trotz, nicht auf einem Irrweg ist. Der Verfasser möchte nun aber wieder zu einer direkten Anrede kommen. Die leitet er mit V. 10b ein. Bei diesem Übergang gerät er aber sachlich und darum auch sprachlich in Schwierigkeiten. Erkennt man ihre Ursachen, versteht man besser, was der Verfasser sagen will, und gerät nicht so leicht in Gefahr, den Halbvers überzuinterpretieren.

Wenn der Verfasser die Leser anreden will, muß er ihnen zunächst zeigen, wo einmal innerhalb des apokalyptischen Gemäldes der Verse 7b–10a ihr «Ort» sein wird. Er muß also die Zukunft mit der Gegenwart verbinden. Bei diesem Sprung leidet die Konstruktion des Satzes. Gleichsam in Klammern fügt er die Bemerkung ein, daß das Zeugnis des Paulus von den Lesern geglaubt worden ist. So begründet er (vgl. das «denn» am Anfang der Parenthese), daß sie «an jenem Tage» inmitten aller Glaubenden ihren Platz finden werden.

Der Verfasser hat zwar auf diese Weise die Gegenwart erreicht, doch nun stellt sich die Frage, ob denn die Aussage, die er dabei gemacht hat, ihrem Wortlaut nach stimmt. Haben seine Leser denn wirklich dem Zeugnis des Paulus geglaubt? Wie steht es mit ihrem Glauben?

In der Danksagung war zwar die Rede davon, daß der Glaube über alle Maßen wachse (V. 3). Von dort aus könnte man die Aussage, die der Verfasser gleichsam in Klammern beifügt, für berechtigt halten. Wir haben indes gesehen, daß es sich

V. 3–4 nicht wirklich um eine Danksagung für die Leser handelt, sondern um eine Belehrung über die Christenpflicht zum Danken. Es liegt also viel eher eine Ermahnung an die Leser vor, im Glauben die Treue so zu bewähren, daß dann auch einmal für sie gedankt werden kann (vgl. oben, S. 64f.). Daß der Verfasser das wirklich meint, zeigt die Tatsache, daß immer noch eine eindringliche Fürbitte nötig ist (V. 11–12), und insbesondere die Art, wie er den V. 11 an V. 10a anschließt. Dem Wortlaut nach hatte der Verfasser bei den Lesern den Glauben als vorhanden festgestellt; dennoch fährt er fort: «wofür wir auch allezeit beten».[21]

So darf man das, was der Verfasser in der Parenthese sagt, nicht pressen. Die angeschriebenen Leser können noch keineswegs sicher sein, daß sie «an jenem Tage» ihren Platz inmitten aller Glaubenden haben werden. Mit diesem in der Konstruktion etwas verunglückten Halbvers will der Verfasser daher eher die ganz allgemeine Aussage machen: Alle die, die dem Zeugnis des Paulus glauben (und die damit dem Evangelium des Herrn Jesus gehorsam sind), werden beim Kommen des Herrn unter den Glaubenden stehen. Wir haben es hier also nach Absicht des Verfassers mit einer Ermahnung der Leser zu tun, sich an das Zeugnis des Paulus zu halten, und zwar in genau dem Sinne, wie er es später direkt formuliert (2,15). An unserer Stelle unterstreicht er dabei: Es wird beim Gericht Konsequenzen haben, wenn man jetzt diesem Zeugnis glaubt. Daß Letzteres für die Leser schon zutrifft, kann der Verfasser aber nicht behaupten (er würde sonst ja auch gar nicht diesen Brief schreiben); und darum kann er es mit V. 10b auch gar nicht sagen wollen. Wohl aber ist es sein Wunsch: Die Leser möchten erreichen, daß es bei ihnen zutrifft.

So schließt **V. 11–12** die Fürbitte auch sachlich folgerichtig an. Mit ihr wendet sich der Verfasser nun wirklich direkt an die Leser (und streng genommen tut er es hier zum erstenmal in seinem Schreiben). Das heißt aber noch nicht, daß er jetzt konkret würde und man daher präzise die Situation erkennen könnte, in der sich die Leser befinden. Dazu sind die volltönenden und überladenen Formulierungen viel zu allgemein. Sie könnten (wie auch die Fürbitten 2,16f.; 3,5) jeder Gemeinde gesagt sein, die durch diesen alten Äon hindurch noch unterwegs ist und dabei mit Schwierigkeiten zu kämpfen hat, deren Überwindung aber die Voraussetzung dafür ist, daß das Endheil erreicht wird. Doch ist es ja das Anliegen des ganzen Schreibens, den Lesern vor Augen zu halten, daß es für sie gerade darum geht.

Bei der Gestaltung der Fürbitte fällt auf, daß sich der Verfasser in V. 11 erneut enger am Text des 1. Thess. orientiert (vgl. oben, S. 19f.), in V. 12 aber nicht mehr. Statt dessen nimmt er hier das Motiv der «Verherrlichung» des Herrn Jesus auf, das er gerade im apokalyptischen Zukunftsbild benutzt hatte (V. 9b.10a). Der Einblick in diese «Arbeitstechnik» des Verfassers ist ein erster Hinweis für die Auslegung: In V. 11 liegt ein Interesse an der Gegenwart vor (auf die er mit V. 10b hinführen wollte), in V. 12 dagegen liegt der Schwerpunkt wieder in der Zukunft.

V. 11 lehnt sich zunächst mit dem Motiv des Betens an 1.Thess. 1,2b.3a an. Dabei erfolgt jedoch eine charakteristische Verschiebung der Akzente. Bei Paulus lag der Gedanke vor: Immer, wenn er betet, gedenkt er auch der Thessalonicher. Unser Verfasser dagegen läßt Paulus sagen, daß er allezeit für die Leser bete. Es geht ihm also nicht um das Einmalige in der konkreten Briefsituation, sondern um das Typische. Das hängt damit zusammen, daß dem Verfasser wieder ein Paulusbild vor Au-

---

[21]   Die meisten deutschen Übersetzungen erwecken den Eindruck, daß mit V. 11 ein neuer Satz beginnt und damit ein neuer Gedanke. Im griechischen Text wird aber relativisch angeknüpft. Die Auslegung muß gerade das beachten.

gen schwebt, dem er mit dem Motiv des «allezeit Betenden» einen weiteren Zug
hinzufügt.
Den Inhalt des Gebetes gibt der Verfasser in zwei Zielangaben an, die sich ergänzen und gegenseitig interpretieren (synonymer Parallelismus). In beiden Aussagen
vollzieht sich die gleiche Bewegung: von der Gegenwart zur Zukunft. Die erste
Zielangabe lautet: Gott möge die Leser würdig machen der Berufung. Das hätte
Paulus bestimmt nicht so formuliert, denn nach ihm trifft der Ruf Gottes (im Sinne
der Erwählung; vgl. 1. Thess. 1,4) die Menschen ohne jede eigene Voraussetzung.
Worauf es ankommt, ist, daß sie dann dieses ergangenen und jetzt immer noch er-
gehenden Rufes würdig (= angemessen) wandeln (vgl. 1. Thess. 2,12 und Kommentar zum 1. Thess., S. 46–47). Der Verfasser des 2. Thess. denkt beim Begriff «Berufung» aber nicht an bereits Geschehenes oder jetzt Geschehendes, sondern an das
zu erreichende Ziel. Seine Fürbitte hat also den Inhalt: Die Leser möchten mit Gottes Hilfe bei der Gestaltung ihres gegenwärtigen Lebens für sich selbst die «Würdigkeit» erreichen, die die Voraussetzung dafür ist, daß sie beim Gericht das erreichen werden, *wohin* sie berufen sind. Der Begriff «Berufung» hat für den Verfasser
also dieselbe Bedeutung wie «Reich Gottes» (vgl. V. 5!). – Die zweite Zielangabe
interpretiert die erste. Die Leser werden diese «Würdigkeit» dadurch erreichen,
daß sie sich immer zum Tun des Guten entschließen und das Werk des Glaubens
tun. Mit dieser letzten Wendung nimmt der Verfasser ein Begriffspaar aus der Doppeltrias 1. Thess. 1,3 auf (vgl. schon V. 3). Wahrscheinlich versteht er es in dem Sinne, daß der Glaube zum Werk werden muß. Wenn er dann sagt, daß dieses Tun «in
Kraft» zur Vollendung gebracht werden soll, dann signalisiert er damit, daß das gegenwärtige Tun beim Gericht Konsequenzen haben wird.
Die kommen dann ausdrücklich in **V. 12** in den Blick. Wenn die Inhalte der Fürbitte des Verfassers bei den Lesern Gestalt gewinnen werden, dann werden diese zu
den Glaubenden gehören, unter denen der Name des Herrn Jesus verherrlicht werden wird (vgl. V. 10a); und sie selbst werden dann teilhaben an dieser Herrlichkeit.
Man wird in diesem Vers wieder die einzelnen Begriffe nicht pressen dürfen. Der
Verfasser bewegt sich in einem für ihn schon traditionell gewordenen christlichen
Vokabular. Dazu gehört auch, daß alles durch «Gnade» geschieht. Von wem die
Gnade ausgeht, kann man nicht genau sagen, weil der griechische Wortlaut das
nicht erkennen läßt. Der Verfasser setzt den bestimmten Artikel nur vor «Gott»
(was sich im Deutschen so nicht wiedergeben läßt), wiederholt ihn aber nicht vor
«Herr Jesus Christus». Damit *kann* der Verfasser den Herrn Jesus Christus mit dem
Prädikat Gott bezeichnen wollen. Das ist in der Zeit, in der er schreibt, nicht mehr
ungewöhnlich; und außerdem würde das in dem Gefälle liegen, das beim Übergang
von V. 5–7a zu V. 7b–10a zu beobachten war: Aussagen über Gott werden zu Aussagen über den Herrn Jesus. Am Ende von V. 12 hätte der Verfasser das dann ausdrücklich titular formuliert. Ob der fehlende Artikel aber zu dieser Interpretation
ausreicht, ist mindestens unsicher. So muß man vielleicht damit rechnen, daß an unserer Stelle eine nicht wirklich durchreflektierte Formulierung vorliegt.
Man hat die Frage gestellt, ob **Kap. 1** nur eine Art «Vorspann» des Verfassers ist,
den er der Entfaltung seines zentralen Anliegens in 2,1–12 vorausschickt, oder
aber ob das Kapitel mit einem eigenen Thema eine eigenständige Bedeutung innerhalb des Schreibens hat. Wahrscheinlich ist das jedoch eine falsche Alternative.
Der Verfasser, der einen «Paulus»-Brief «nach Thessalonich» schreiben will, hat ja
kaum eine andere Möglichkeit als die, sich zunächst an die vorgegebene Form anzuschließen. Er muß daher mit einem Präskript und einem Proömium (Danksa-

gung) beginnen, bevor er zur Sache kommen kann, um die es ihm geht. In seinem besonderen Fall muß er darüber hinaus die Ähnlichkeit bzw. sogar die Entsprechung zum 1. Thess. zum Ausdruck bringen. So bilden mindestens V. 1–4 und V. 11–12 so etwas wie einen «Vorspann», der die zentrale Aussage der Verse 2,1–12 gleichsam «legitimiert», wenn auch auf eine seltsame Weise. Die Auslegung hat gezeigt, daß der Verfasser dabei sehr planmäßig vorgegangen ist.

Besondere Mühe hat er sich dann aber bei der Gestaltung der V. 5–10 gegeben. Sie wirken zwar, nimmt man sie für sich, wie ein eigenständiges Thema. Doch als «themenorientiert» erwiesen sich auch V. 1–2.3–4. 11–12, also der «Vorspann» im engeren Sinne. Das stärker eigenständige Thema der V. 5–10 ist nun aber seinerseits durch 2,1–12 zumindest vorgegeben. Bevor der Verfasser hier auf das Problem des Datums der Parusie zu sprechen kommt, entwirft er inhaltlich ein Bild von dem, was an dem ganz und gar nicht nahen Datum zu erwarten ist; und insofern führt der Abschnitt V. 5–10 auch wieder hin zum Abschnitt 2,1–12.

Der Verfasser bleibt dabei nun allerdings weitgehend im Rahmen des traditionell Apokalyptischen. Die Gegenwart hat Bedeutung für die Zukunft. Man erkennt das besonders dann sehr deutlich, wenn man weiß, was diese Zukunft bringen wird: das gerechte Gericht Gottes beim Kommen des Herrn Jesus. Dann weiß man aber auch, daß man immer noch unterwegs ist und daß es gilt, dieses Unterwegs-Sein konkret zu gestalten. Darum betont der Verfasser vor dem Hintergrund des Gerichtes, daß es (gegen eine verbreitete Meinung unter den Lesern) sehr wohl und immer noch und sogar noch längere Zeit in dieser Gegenwart auf das rechte Tun ankommt. Nur bleibt beim Verfasser (im Gegensatz zu Paulus) völlig offen, woher die Kraft kommt, die Gegenwart zu gestalten. Anzubieten hat er seinen Lesern hier nichts, denn was zu tun ist, müssen sie aus eigener Kraft schaffen. Daß solches Tun einmal herrlichen Lohn einbringen wird, wußten auch schon die Apokalyptiker.

In Schlagworten formuliert: Es geht dem Verfasser nicht um ein eschatologisches Existieren, sondern um ein Existieren für das Eschaton. Mit Worten des Paulus ausgedrückt, heißt das: Es geht dem Verfasser nicht darum, daß seine Leser als Söhne des (kommenden) Tages leben, sondern sie sollen, weil sie das Gericht fürchten müssen, so leben, daß sie den kommenden Tag erreichen. Eben das aber macht die Ausführungen des Verfassers doch sehr problematisch. Er hält es aber für nötig, seinen Lesern eben das mit Nachdruck einzuschärfen; und im folgenden begründet er, warum das sehr nötig ist.

2,1–12   Der Ort der Gegenwart im apokalyptischen Fahrplan

1 Wir bitten euch aber, Brüder, [im Blick auf das] **was die Parusie unseres Herrn Jesus Christus und unsere Zusammenführung mit ihm betrifft: 2 Laßt euch nicht schnell verwirren weg von** [eurem] **Verstand, auch nicht erschrecken, weder durch Geist**[esaussprüche], **noch durch Wort**(e), **noch durch** (einen) **Brief, angeblich von uns, die behaupten: Der Tag des Herrn ist da. 3a Laßt euch von niemandem auf irgendeine Weise täuschen.**
3b Denn [das Behauptete kann nicht geschehen sein] **wenn nicht vorher der Abfall gekommen ist und der Mensch der Ungesetzlichkeit offenbart worden ist, der Sohn des Verderbens, 4 der sich widersetzt und erhebt über alles, was Gott oder Heiligtum heißt, so daß er sich in den Tempel Gottes setzt und sich** [dadurch] **als Gott dartut.**

5 Erinnert ihr euch nicht, daß ich euch dieses gesagt habe, als ich noch bei euch war?
6 Und nun wißt ihr [doch auch], **was** [ihn, den Menschen der Ungesetzlichkeit, noch] **aufhält, damit er** [erst] **zu seiner Zeit offenbar werden wird. 7 Denn das Geheimnis der Ungesetzlichkeit ist** [zwar] **schon am Werk; nur** [dauert es] **noch** [solange]**, bis der, der aufhält, beseitigt ist.**
8 Und dann wird der Gesetzesfeind offenbart werden, den der Herr Jesus durch den Hauch seines Mundes töten und vernichten wird bei der Erscheinung seiner Parusie, 9 dessen (= des Gesetzesfeindes) **Parusie in der Kraft des Satans geschieht mit allerlei Machterweisen und mit trügerischen Zeichen und Wundern 10 und mit jeder Art Verführung zur Ungerechtigkeit für die, die verloren gehen,** [zur Strafe] **dafür, daß sie nicht die Liebe zur Wahrheit angenommen haben, damit sie gerettet würden. 11 Und deswegen schickt ihnen Gott die Kraft des Irrtums, so daß sie der Lüge glauben, 12 damit alle gerichtet werden, die nicht der Wahrheit geglaubt haben, sondern Wohlgefallen hatten an der Ungerechtigkeit.**

Die Übersetzung des griechischen Textes bereitet wegen einiger sprachlicher Härten, mehrfach verkürzter Ausdrucksweise und gelegentlich ungeschickter Anknüpfung bei Überleitungen einige Schwierigkeiten. Das hängt, wenigstens zum Teil, damit zusammen, daß der Verfasser in diesem Abschnitt zwar *einen Gedanken* durchziehen will, den er ohne Anlehnung an den Text des 1. Thess. selbständig gestaltet. Er verwendet dabei aber *mehrere Motive*; und nun gelingt ihm nicht immer eine sprachlich glatte Einfügung dieser Motive in den einen Gedankenfaden. Orientiert man sich jedoch zunächst an den Motiven, ergibt sich von dort aus eine durchsichtige Gliederung.

V. 1–3a formuliert der Verfasser zusammen mit dem **Thema** sein **Anliegen.** Unter Aufnahme früherer Aussagen (vgl. vor allem 1,7.10. 12) setzt er in V. 1 ganz allgemein ein: Es geht um die Parusie und die Zusammenführung der Christen mit dem Herrn. In V. 2b präzisiert er das Thema jedoch: Er will nicht allgemein über die Parusie reden, sondern nur über einen Aspekt aus diesem Komplex, nämlich über ihren Termin. Er zitiert eine falsche Auffassung darüber, die abgewehrt werden soll. Dieses präzisierte Thema rahmt er durch V. 2a.3a ein: Dem Verfasser liegt daran, daß die Leser durch die falsche Auffassung vom Termin der Parusie nicht verwirrt werden und sich nicht täuschen lassen. Damit hat er seine Gegenthese vorbereitet, die er anschließend entfaltet: Es ist noch nicht so weit.

V. 3b.4 trägt der Verfasser **das erste Argument** für seine Gegenthese vor: Die Parusie kann noch gar nicht eingetreten sein, weil vorher noch eine zum Abfall verführende Gestalt auftreten muß, die ihr Unwesen treiben wird. Das aber ist noch nicht geschehen. So kann die bekämpfte Behauptung nicht stimmen. – Die hier anklingenden Motive verfolgt der Verfasser erst später (von V. 8 an) weiter. Zunächst unterbricht er den Motiv-Zusammenhang und nimmt zwei Einschübe vor.

V. 5 (*erster Einschub*) bringt er den «erinnernden» Hinweis auf die Verkündigung des Paulus bei seiner Anwesenheit in Thessalonich.

V. 6.7 (*zweiter Einschub*) trägt der Verfasser **das zweite Argument** für seine Gegenthese vor, mit dem er das erste Argument bekräftigt und durch ein weiteres Motiv absichert: Die zum Abfall verführende Gestalt, die vor der Parusie kommen soll (aber noch nicht gekommen ist), kann auch noch gar nicht gekommen sein, weil sie selbst noch von einer Macht (V. 6) bzw. von einer anderen Gestalt (V. 7) aufgehalten wird. So kommt mit diesen Versen eine Art «Fahrplan» von Ereignissen in den

Blick. Dieser muß noch ablaufen, bevor die Parusie kommen kann. Er ist aber noch nicht abgelaufen. – Damit hat der Verfasser die Begründung seiner Gegenthese zu Ende geführt. Jetzt nimmt er den nach V. 4 liegengelassenen Faden wieder auf. **V. 8–12** bilden so etwas wie einen **Anhang**. Einerseits stellt der Verfasser erneut (vgl. schon V. 1) den Anschluß an 1,5–12 Gesagtes her; andererseits zeigt er (zumindest indirekt) Konsequenzen für seine Leser auf. Zunächst wird das endgültige Geschick der zum Abfall verführenden Gestalt konstatiert: Sie wird bei der Parusie vernichtet werden (V. 8). Dann erst zeigt der Verfasser, daß das nicht ohne Grund geschehen wird: Die Gestalt wird mit satanischen Machenschaften auftreten, wird viele zu verführen suchen und damit Erfolg haben (V. 9.10). So sind die Leser jetzt schon (vor dem Kommen dieser Gestalt) gewarnt, nicht auf ihr Blendwerk hereinzufallen (V. 11.12). – Durch diesen Anhang erreicht der Verfasser, daß seine Gegenthese («es ist noch nicht so weit») nicht einfach eine formale Behauptung bleibt. Er gestaltet sie vielmehr aus zu einer nachdrücklichen Ermahnung, in der bis zur Parusie noch weiterlaufenden Zeit wachsam zu sein. Sie ist eine Zeit, in der sich die Leser immer noch zu bewähren haben. Eben das aber verhindern die Unruhestifter mit ihrer These.

Damit schließt sich der Kreis, und es wird deutlich, daß 2,1–12 trotz sprachlicher Härten ein in sich geschlossenes Ganzes bilden. *Die Auseinandersetzung wird um die Frage geführt, ob und welche Bedeutung die Gegenwart hat.* Das sollte man im Auge behalten, wenn man näher auf die Einzelausführungen blickt, denn aus dem Zusammenhang gelöst und für sich genommen, sind diese nicht immer völlig eindeutig und haben daher zu manchen Kontroversen unter den Auslegern geführt.

Der Verfasser will also gegen eine falsche These mit seines Erachtens gefährlichen Konsequenzen seine Gegenthese durchsetzen: Noch ist es nicht so weit. Bevor er nun die falsche These selbst nennt, bemüht er sich **V. 1** um eine **Hinführung** zum Thema. Die einleitende Wendung «wir bitten euch, Brüder» will einen neuen Einsatz markieren. Das Bitten geschieht mit Nachdruck, so daß es sich eher um eine Ermahnung als um eine Bitte handelt. Den Inhalt dieser (bittenden) Ermahnung nennt der Verfasser jedoch erst in V. 2.3a. Mit V. 1b unterbricht er also den Zusammenhang. Mag das sprachlich nicht ganz geschickt geschehen, so erkennt man doch, daß der Verfasser im Interesse seiner eigenen Position ein klares Ziel verfolgt: Hier schon möchte er seine spätere Argumentation vorbereiten. Als Stichworte nennt er die Parusie und die Zusammenführung der Christen mit dem Herrn. Der Begriff Parusie begegnet hier zum erstenmal. Vorher hatte der Verfasser von der «Offenbarung» (1,7) und von «jenem Tage» (1,10) gesprochen. Später wird er vom «Tag des Herrn» (2,2) und von der «Erscheinung seiner Parusie» (2,8) reden. Mit den Begriffen kann er also wechseln. Doch scheint Parusie für ihn so etwas wie ein zusammenfassender Oberbegriff zu sein. (Das wird auch dadurch bestätigt, daß der Verfasser 2,9 denselben Begriff für das Hervortreten der zum Abfall verführenden Gestalt benutzen kann.) Wenn dann in V. 1b neben den Begriff Parusie der der Zusammenführung mit dem Herrn gesetzt wird, dann liegt hier kaum eine Verdoppelung im Sinne eines synonymen Parallelismus vor (wie etwa 1,8.9.10), sondern eher eine interpretierende Präzisierung. Bei der Parusie des Herrn Jesus Christus kommt es für die Christen in erster Linie auf ihre Zusammenführung mit ihm an. Dieser Gedanke klang 1,10 zumindest schon an. Jetzt wird er aber unter Aufnahme von Motiven aus der Tradition weitergeführt (vgl. 1. Thess. 4,17a und 1. Thess. 4,17b; 5,10). Der Verfasser nimmt dieses Motiv auf, weil er damit (wenn auch indirekt) seine spätere Argumentation gegen die Parole der Unruhestifter vorbereiten kann.

Wenn die Parusie für die Christen ihre Zusammenführung mit dem Herrn bringen wird, dann handelt es sich dabei um ein sichtbares Geschehen, das die Christen real erleben werden. Den Lesern muß dann aber jetzt schon klar sein: Für sie selbst steht das noch aus. Die Parusie kann daher nur Zukunft, nicht aber bereits eingetretene Gegenwart sein.

So kommt hier schon indirekt in den Blick, was der Verfasser **V. 2.3a** als sein **Anliegen** nennt: das Zurückweisen einer falschen Parole über das Datum der Parusie.

Der Verfasser geht dabei so vor, daß er die eigentlichen Aussagen zur Sache (V. 2b) in den Rahmen von drei Warnungen an die Leser stellt (V. 2a.3a). Zunächst ermahnt er sie, sich nicht verwirren zu lassen. Hier appelliert er an ihre Urteilsfähigkeit: Sie geben doch ihren Verstand auf, wenn sie etwas, was erkennbar (V. 1b!) noch nicht Gegenwart ist, dennoch für Gegenwart halten. Und sie tun das umso mehr, wenn sie das sogar schnell, das heißt, wenn sie das ohne Überlegung tun. – Die Folge kann dann doch nur sein, daß sie in (selbstverschuldete) Panik geraten, weil sie sich fragen müssen, ob sie etwa die Zeichen der Zeit nicht erkannt haben. Der Verfasser ermahnt die Leser daher, sich nicht erschrecken zu lassen, denn was man ihnen einreden will, ist eben ein offenkundiger Irrtum. – Nachdem der Verfasser diesen formuliert hat (V. 2b), schließt er seine Warnungen zusammenfassend mit der Ermahnung ab, daß sich die Leser von niemandem auf irgendeine Weise täuschen lassen sollen (V. 3a).

Hier stellt sich nun die Frage, an wen der Verfasser denkt, wenn er von «niemandem» redet, und was er konkret meint, wenn er davon spricht, daß die Täuschung «auf irgendeine Weise» geschehen könnte. Diese bewußt oder unbewußt unklaren Formulierungen in der Zusammenfassung sind ein Nachhall der unklaren Formulierungen in **V. 2b**. Sie haben den Auslegern daher auch immer erhebliche Schwierigkeiten bereitet.

In der Hinführung zur Auslegung ist sowohl das methodische als auch das Sachproblem ausführlich erörtert worden (vgl. S. 42ff.). Dabei wurde darauf hingewiesen, daß keine wirkliche Sicherheit darüber zu erreichen ist, ob es sich bei den Vertretern der bekämpften Parole tatsächlich um apokalyptische Schwärmer oder um Gnostiker gehandelt hat. Zugleich wurde gezeigt, daß die Beantwortung dieser Frage historisch zwar interessant, für die Exegese jedoch von lediglich sekundärer Bedeutung ist, denn für die Exegese kommt es nur darauf an, wie der Verfasser seine Opponenten sieht oder zeichnet. Eben das aber läßt sich im Rahmen der genannten Alternative nicht entscheiden.

Nun kann kein Zweifel darüber bestehen, daß der Verfasser selbst im Rahmen apokalyptischer Vorstellungen denkt und argumentiert. Das zeigt schon die Formulierung der Parole: Der Tag des Herrn ist da. Die Wendung, mit der im griechischen Text die Parole eingeführt wird, ist so zu verstehen, daß der Verfasser eine fremde Meinung wiedergibt, aber mit eigenen Worten. Es läßt sich darum nicht mehr ermitteln, wie die Leute, die der Verfasser bekämpft, ihre Meinung selbst formuliert haben. Trotz dieser Unsicherheit hinsichtlich der Rekonstruktion der historischen Situation bleibt (auch gerade unter Berücksichtigung des Kontextes 2,1–12 und des ganzen Schreibens) die vom Verfasser beabsichtigte Aussage hinreichend deutlich. Er wendet sich gegen die irrige Meinung, daß die immer noch zu erwartende Vollendung bereits in die Gegenwart eingetreten ist. Das ist für ihn aber nicht einfach ein sozusagen «dogmatisches» Problem. Er will sich nicht in einen Streit um den Termin als solchen einlassen. Sondern man muß hier eher von einem «ethischen» Problem reden: Wer eine falsche Vorstellung vom Termin hat, entleert damit die noch andauernde Gegenwart *vor* dem Termin der Parusie. Er nimmt der Gegenwart die Bedeutung als einer Zeit, die in Verantwortung gestaltet werden will. Wer das aber tut und die Berechtigung dazu mit der (wie auch immer gedachten) schon eingebrochenen Vollendung begründet, der stiftet eine gefährliche Verwirrung. So hat dann auch die spätere Argumentation über den Termin mit Hilfe des «Fahrplans» nicht den Sinn, eine Termin-Diskussion auszulösen, sondern den viel weitergehenden: Für die Gegenwart soll Raum gewonnen werden.

Für die Art und Weise, wie diese Parole, mit der die Leser getäuscht werden sollen, zu ihnen gekommen ist, macht der Verfasser drei Angaben: durch Geist, durch Wort, durch Brief. Er macht aber mit seinen Formulierungen nicht wirklich deutlich, wie diese drei Größen miteinander zusammenhängen. Zunächst fällt auf, daß im Anschluß an die dritte Größe (Brief) ein Zusatz genannt wird, der sehr wahrscheinlich zu übersetzen ist mit «angeblich von uns». Diese Wendung bezieht sich bestimmt auf «Brief» und drückt dann die Behauptung des Verfassers aus: Es handelt sich um einen gefälschten Paulus-Brief (vgl. oben, S. 11). Möglich (jedoch keineswegs sicher) ist, daß sich diese Wendung auch auf die zweite Größe (Wort) bezieht. Dann wäre darunter eine Verkündigung zu verstehen, die sich auf frühere paulinische Verkündigung beruft, das aber zu Unrecht tut. Die abschließende Wendung auch noch auf die erste Größe (Geist) zu beziehen, ist kaum möglich. Das läßt dann aber wieder die Frage stellen, ob die Wendung nicht überhaupt nur zu «Brief» gehört. Man kann daher auch so erklären, daß man die beiden ersten Größen (Geist und Wort) zusammenfaßt. Der Verfasser bringt dann zum Ausdruck: Die irrige Meinung ist dadurch entstanden, daß Menschen (oder auch nur ein Mensch) sich auf eine Eingabe durch den Geist berufen haben. Dabei wurden Geistesaussprüche formuliert, und diese sind alsbald durch «Wort(e)» (nämlich durch Verkündigung) verbreitet worden. Zur Unterstützung, aber auch zur Absicherung dieser Verkündigung hat man dann zusätzlich auf einen Paulus-Brief verwiesen. Zum Ausdruck soll damit gebracht werden: Was man behauptet, ist nicht eine neue, eigene Erfindung, sondern steht in Übereinstimmung mit dem, was Paulus bereits geschrieben hat. – Ich halte das für die wahrscheinlichste Erklärung.

Wenn sie richtig ist, liegt die Annahme am nächsten, daß der Verfasser auf den 1. Thess. anspielt. Man kann dagegen nicht einwenden, daß im 1. Thess. eine solche Behauptung, wie sie in der Parole formuliert wird, doch gar nicht vorkommt. Das ist nur nach unserem Urteil richtig. Damals hat man solche Aussage aber aus dem 1. Thess. herausgelesen. Ist dort davon die Rede, daß alle noch Lebenden die Parusie erleben werden (4,15.17), und weiß man, daß die Abfassung des 1. Thess. schon einige Zeit zurückliegt, dann ist diese Behauptung des Paulus offen für eine Interpretation in Richtung auf diese Parole. Sie steht im Zusammenhang mit der offenkundigen Ratlosigkeit der zweiten und dritten Generation, wie man mit den Paulus-Briefen umgehen soll. Man will und kann nicht auf sie verzichten; aber im Grunde «stören» sie. Nach 2. Petr. 3,15f. ist das, was der Apostel geschrieben hat, oft «schwer verständlich». Das machen sich «Unwissende und Ungefestigte» zunutze und «verdrehen» die Aussagen des Paulus. Mit genau dieser Schwierigkeit hat es unser Verfasser zu tun. Er hilft sich so, daß er den 1. Thess. für eine Fälschung erklärt. So fügt sich die hier vorgetragene Auslegung in andere Beobachtungen ein, die dafür sprechen, daß der Verfasser des 2. Thess. mit seinem Schreiben den 1. Thess. ersetzen will (vgl. S. 35 u. S. 60). Da er das aber selbstverständlich nicht ausdrücklich behaupten kann, wird umgekehrt leicht verständlich, warum er hier so unpräzise formuliert und die Exegeten in Schwierigkeiten bringt. Die Leser dage-

gen werden schon verstehen, was er meint, wenn er abschließend in einer Ermahnung ganz allgemein zusammenfaßt: Wie immer die falsche These zu ihnen gekommen ist (die Leser wissen das ja), sollen sie sich von niemandem und auf keine Weise täuschen lassen – auch nicht durch einen Brief, der angeblich von Paulus stammt.
Was «Paulus» in dieser Situation tatsächlich zu sagen hat, erfahren die Leser aus
dem vorliegenden Schreiben (vgl. wieder 3,17).

V. 3b.4 bringt der Verfasser **das erste Argument** für seine Gegenthese: Das mit der
Parole Behauptete kann schon deswegen noch nicht geschehen sein, weil vorher etwas anderes geschehen soll, das bisher aber noch gar nicht geschehen ist. Diese Argumentation ist zwingend. – Für das Verstehen dieser Verse ist es wichtig zu erkennen, daß der Verfasser argumentieren will. Bei nur flüchtigem Hinsehen kann nämlich sonst der Eindruck entstehen, als wollte der Verfasser hier (und dann auch
V. 6.7) seine Leser über Zukünftiges belehren. Das ist jedoch keineswegs der Fall.
Bei der Darstellung der Zukunft greift der Verfasser auf das reiche Arsenal von Bildern und Vorstellungen der Apokalyptik zurück. Deren Kenntnis setzt er aber bei
seinen Lesern, zumindest in wesentlichen Zügen, voraus (vgl. V. 5). So kommt für
das Verstehen nahezu alles darauf an, daß man die Richtung erkennt, in der der
Verfasser seine Aussage macht. Er blickt eben nicht von der Gegenwart aus in die
Zukunft, sondern er nimmt umgekehrt von der Zukunft her die Gegenwart in den
Blick. Indem er betont, daß das von der Zukunft zu Erwartende wirklich noch Zukunft ist, erreicht er, daß die Gegenwart als eine Zeit des Noch-nicht zu verstehen
ist. Nicht einmal das vor der Parusie noch Erwartete ist bisher Gegenwart geworden, wieviel weniger dann die Parusie selbst. So muß die Gegenwart einstweilen als
eine Zeit für sich verstanden werden, die nicht schon von der Vollendung her oder
durch die Vollendung gefüllt ist, sondern die die Leser selbst füllen müssen, indem
sie sie gestalten. Das ist die Aussage, auf die es dem Verfasser ankommt.

Wenn man dann also sieht, daß er in V. 3b.4 argumentiert, nicht aber über die Zukunft belehren will, dann ist die Frage, welche Vorstellung der Verfasser für die
Gestaltung seines Bildes von der Zukunft benutzt, an welche alttestamentlichen
und apokalyptischen Stellen er anknüpft, wie er sie vielleicht auch modifiziert, für
die Auslegung nahezu unerheblich. Die Exegeten haben indes zu oft zu viel Scharf-
sinn darauf verwandt, gerade das herauszubekommen. Was der Verfasser sagen
will, kommt so jedoch nicht in den Blick. Er setzt die traditionellen Motive nur für
den einzigen Zweck ein: Die Leser können sich durch einen Vergleich des von ihm
gezeichneten Bildes mit der sie umgebenden Wirklichkeit davon überzeugen, daß,
was zu erwarten ist, noch nicht eingetroffen ist.

Den «Abfall» hat es bisher noch nicht gegeben. In der apokalyptischen Tradition
wird mit diesem Begriff nicht nur der vor dem Ende erwartete Abfall vom Glauben
bezeichnet, sondern zugleich der chaotische Zustand, der im Zusammenhang damit
eintreten wird. (Dieses Motiv hat auch in spätere Schriften des Neuen Testaments
auf verschiedene Weise Eingang gefunden; vgl. Mt. 24,6–12; 1. Tim. 4,1; 2. Tim.
3,1–5; Jud. 18; 2. Petr. 3,3.) – Ebensowenig aber ist bisher ein bestimmter Mensch
aufgetreten, in dem sich der Abfall sozusagen in einer Person verdichtet und zugleich steigert. Dieser Mensch wird (wieder unter Aufnahme traditioneller Motive)
zum Teil charakterisiert, zum Teil in seinem Tun beschrieben. Er verkörpert und
lebt Ungesetzlichkeit, weswegen er zum Verderben bestimmt ist. Das Urteil, das
einmal über ihn ergehen und an ihm vollstreckt werden wird (vgl. V. 8), wird also bereits vorweggenommen. Es ist der Mensch, der autonom sein will, der sich deswegen
gegen Gott und gegen alles, was mit Gott zusammenhängt, auflehnen wird. Er wird

sich selbst in Gottes Tempel setzen, sich selbst als Gott gebärden und damit Verehrung und Anbetung, die allein Gott zustehen, für sich in Anspruch nehmen.

Zu beachten ist, daß von einem *Menschen* die Rede ist, der offenbar werden wird, nicht jedoch von einem Wesen, das aus dem Jenseits auf diese Erde kommt. In der Nachgeschichte des 2. Thess. hat das zu Konsequenzen geführt, die vom Verfasser nicht beabsichtigt waren. Irrtümlich unterstellte man, er wollte über Zukünftiges belehren: Ein Mensch wird auftreten und seine widergöttliche Gestalt enthüllen; das sollte dann das letzte Vorzeichen sein vor dem Kommen der Parusie. Da dieser Mensch nun, wie auch Spätere feststellen konnten, bisher noch nicht gekommen war, versuchte man immer wieder, Menschen der eigenen Gegenwart, bei denen man Züge dieses widergöttlichen Bildes zu erkennen meinte, mit dieser angeblich «geweissagten» Gestalt zu identifizieren. Wenn sich das dann nach einiger Zeit als Irrtum herausgestellt hatte, hielt man weiter Ausschau. Gelegentlich geschieht das bis heute. – Geschehen konnte (und kann) das aber nur, weil man schon bei der Exegese die Absicht des Verfassers total mißverstand. Er wollte den Blick seiner Leser nicht auf die Zukunft lenken, sondern er appelliert an ihre Urteilsfähigkeit (vgl. V. 2a): Sie können doch erkennen, daß diese Gestalt ganz offensichtlich noch nicht da ist. Damit aber ist «bewiesen», daß die Gegenwart noch gar nicht Endzeit sein kann: Noch nicht einmal die Zeit, die dem Ende unmittelbar vorausgeht, ist bis heute angebrochen.

Daß der Verfasser bei der Ausgestaltung seines Bildes dieser widergöttlichen Gestalt eine zusammenhängende Vorlage aufnimmt, zeigt sich auch daran, daß er jetzt den Faden der Darstellung liegenläßt und ihn erst mit V. 8 (dort aber in einem anderen Kontext) wieder aufnimmt. Mit **V. 5** unterbricht er den Gedankengang und knüpft noch einmal an ein Motiv aus V. 2 an. Haben sich die Unruhestifter mit ihrer Parole auf einen Paulus-Brief berufen, der gar nicht von Paulus stammt, dann will der Verfasser jetzt zeigen, daß *er* mit seiner Gegenthese Paulus wirklich auf seiner Seite hat: Die Leser sollen sich daran erinnern, daß der Apostel das alles schon gesagt hat, als er bei ihnen war.

Man kann jetzt natürlich sofort einwenden, daß das doch gar nicht stimmt. Die Verkündigung des Paulus bei seinem Gründungsaufenthalt sah sehr anders aus (vgl. Kommentar zum 1. Thess., S. 17–22); und aus anderen Paulus-Briefen läßt sich auch nicht entnehmen, daß der Apostel im Zusammenhang mit dem Abfall vom Auftreten dieser widergöttlichen Gestalt geredet oder damit argumentiert hat. So scheint es sich hier um eine reine Behauptung des Verfassers zu handeln, die sich nicht verifizieren läßt und daher jeder Grundlage entbehrt. Doch geht eine solche Argumentation mit der historischen Verkündigung des Paulus an der Sache vorbei. – Man muß V. 5 ganz aus der Zeit des Briefschreibers heraus verstehen. Nicht darauf kommt es an, daß sich einige Leser an die frühere Verkündigung erinnern, zumal eben das wahrscheinlich gar nicht mehr möglich ist. Der Verfasser ist aber davon überzeugt, daß der Apostel so oder ähnlich verkündigt haben muß. Im Griechischen steht das Verbum (sagen) im Imperfekt. Ausgedrückt wird dadurch, daß es sich nicht um eine einmalige Verkündigung in der Vergangenheit beim Gründungsaufenthalt handelt, sondern um wiederholtes Verkündigen. Der Verfasser weist also darauf hin, daß es sich hier um etwas handelt, was inzwischen sozusagen «Lehre» des Paulus geworden ist und als solche tradiert wird. Daran sollen sich die Leser erinnern. Und in der Tat: Wenn man, wie der Verfasser, betonen will, daß der christliche Glaube in der noch andauernden Zeit dieses Äons *gestaltet* werden muß, dann kann man sich zumindest dafür auf Paulus berufen. Insofern kann der Verfasser mit V.5 zu Recht behaupten, daß er (im Unterschied zu den Unruhestiftern) Paulus auf seiner Seite hat. Das ist eben aus späterer Zeit gesehen.[22]

V.6.7 bringt der Verfasser ein **zweites Argument** für seine Gegenthese, mit dem er sein erstes Argument stützt und absichert. Ganz deutlich liegt aber zugleich eine Steigerung vor. Hatte der Verfasser V.3b.4 den Ton darauf gelegt, daß die widergöttliche Gestalt bisher noch gar nicht sichtbar in Erscheinung getreten *ist* (wovon sich die Leser selbst *überzeugen* können, wenn sie sich in der Welt umsehen), dann spricht er die Leser jetzt auf ein Wissen an und *begründet* von dort aus, warum das auch noch gar nicht geschehen sein *kann*: Dieser Mensch kann erst «zu seiner Zeit» offenbar werden, weil er jetzt noch aufgehalten wird. Dieses Aufhalten stellt der Verfasser zwar sehr umständlich dar: Er umschreibt mehr, worum es geht, als daß er es beschreibt. Daher bleiben hier viele Einzelheiten unklar. Dennoch ist auch ohne genaue Erklärung jeder Einzelheit der Sinn der Aussage, die der Verfasser machen will, völlig eindeutig: Er rückt das Auftreten der Gestalt, mit der und durch die die Endereignisse eingeleitet werden sollen, noch ein Stück weiter in die Zukunft, um auf diese Weise für die Gegenwart noch mehr Raum zu gewinnen. Er will also keineswegs den Blick der Leser in die Zukunft lenken. Er will sie nicht anleiten, auf das Aufhaltende oder den Aufhaltenden zu blicken, diese Macht oder diese Person zu identifizieren, damit sie anschließend Ausschau halten können nach dem Menschen der Ungesetzlichkeit. Der Verfasser ergänzt also nicht etwa einen apokalyptischen Fahrplan durch die Einschaltung einer weiteren Station, damit die Leser besser über den Ablauf informiert sind. Es ist vielmehr wieder das zu beachten, was bereits oben zu V.3b.4 ausgeführt wurde: Das Interesse des Verfassers liegt in der umgekehrten Richtung. Ausdrücklich sagt er gleich zu Anfang von V.6, daß er bei seinen Lesern die nötige Kenntnis voraussetzt. Vor dem Hintergrund dieses Wissens sollen sie nun auf die Gegenwart blicken. Durch sein zweites Argument will der Verfasser erreichen, daß nun wirklich kein Zweifel mehr daran bestehen kann: Die Gegenwart hat in sich selbst eine eigene Bedeutung, abgehoben und scharf getrennt von allem, was noch kommt. Die Gegenwart behält diese Bedeutung vorläufig auch noch. Umso mehr gilt es, diese Zeit ernst zu nehmen und in Verantwortung durch rechte Gestaltung des Lebens zu füllen.

Fragt man jetzt genauer nach den Inhalten des «Wissens», das der Verfasser bei seinen Lesern voraussetzt, gerät man in Schwierigkeiten, weil der Verfasser selbst kaum Hilfen bietet, die Frage zu beantworten. Ist das Absicht? Jedenfalls konstruiert der Verfasser seinen griechischen Text nicht wirklich durchsichtig und formuliert so knapp, daß man bei der Übersetzung gezwungen ist zu ergänzen, um überhaupt einen verständlichen Zusammenhang zu erreichen.

Einen wenigstens leidlich sicheren Hinweis kann man lediglich dem Anfang von V.6 entnehmen. Der Verfasser scheint betonen zu wollen, daß die Leser *nun* etwas wissen. Damit will er doch wohl sagen, daß es sich um ein Wissen handelt, das über die (alte) «paulinische Lehre» hinausgeht, auf die er in V.5 hingewiesen hatte. Die war bisher schon bekannt, *nun* aber ist etwas hinzugekommen. Was das ist, läßt sich, zumindest in seiner Tendenz, aus dem Kontext erschließen. Früher hat man in den paulinischen Gemeinden damit gerechnet, daß das Ende dieses alten Äons in naher Zukunft zu erwarten ist. Dafür konnte man sich dann auch unmittelbar auf

---

[22] Schwierig wird die Auslegung dieses Verses nur dann, wenn man den 2.Thess. für paulinisch hält. Denn «historisch» sah die Verkündigung des Apostels wirklich anders aus. Und hätte Paulus den 2.Thess. sehr bald nach dem 1.Thess. geschrieben, wäre darüber hinaus nicht zu erklären, warum er neben der Erinnerung an seine Verkündigung nicht auch auf Ausführungen in seinem früheren Brief verweist.

Briefe des Apostels berufen. Inzwischen hat man jedoch die Erfahrung gemacht, daß die Parusie auf sich warten läßt. Das konnte Enttäuschung und Resignation zur Folge haben. «Spötter» traten auf und stellten die Zuverlässigkeit Gottes in Frage (vgl. 2. Petr. 3,3f.). Auch in der Apokalyptik war Entsprechendes immer wieder einmal geschehen. Dort fand man dann aber auch die Antwort: Die Verzögerung der Äonenwende hat einen durchaus positiven Sinn. Sie sollte ja nicht nur den Einbruch des Gottesreiches bringen, sondern zunächst einmal war das Gericht zu erwarten. Sind die Menschen aber schon genügend gerüstet, im Gericht zu bestehen? Wenn Gott jetzt, entgegen dem ursprünglichen Plan, das Ende hinauszögert, dann verfolgt er damit die Absicht, den Menschen noch Zeit zur Buße zu lassen (vgl. 2. Petr. 3,9). Der Inhalt des Wissens, das die Leser *nun* besitzen, ist also: Sie kennen den positiven Sinn, der darin besteht, daß das Ende noch *aufgehalten* wird. Und das geht in der Tat über die «paulinische Lehre» (V. 5) hinaus.

Nun formuliert der Verfasser dieses «neue Wissen» jedoch so, daß er dafür ein Bild benutzt. Und bei diesem *Bild* bleibt wirklich vieles unklar. Insbesondere gilt das für die Nebeneinanderstellung von einem Neutrum in V. 6 (ihr wißt, *was* aufhält) und einem Maskulinum in V. 7 (der, *der* aufhält). Man hat gefragt, ob der Verfasser hier bewußt unterscheiden wollte zwischen einer Macht, die man sich vielleicht als eine jenseitige Größe vorstellen könnte, und einer Person, die dann (ähnlich wie V. 3b.4) eine menschliche Gestalt meint, die die Leser identifizieren sollen. Man hat das auch noch konkretisiert, indem man erwog, ob die Macht vielleicht den römischen Staat, die Person den römischen Kaiser (oder gar einen bestimmten römischen Kaiser) meint. Diese wären es dann, die das Auftreten des widergöttlichen Menschen aufhalten und so verhindern, daß jetzt schon das Chaos sichtbar hereinbricht, das die Zeit unmittelbar vor dem Ende bestimmt. – Auslegungen in dieser Richtung hatten dann auch Konsequenzen in der Nachgeschichte des 2. Thess. Oft nahm man an, daß der Verfasser hier Voraussagen auf die Zukunft machen wollte. Hier wirkte dann in erster Linie die Deutung auf den Staat nach. Man verstand den «christlichen Staat» als Nachfolger des römischen Staates, insbesondere in seiner Funktion als Ordnungsmacht. In ihm sah man dann die Größe, die das Chaos noch bändigte und so das Kommen des Endes noch aufhielt.

Alle solche Erklärungsversuche (einschließlich der Konsequenzen, die man in der Nachgeschichte des 2. Thess. daraus zog) gehen aber an der Absicht des Verfassers vorbei. Das hängt zusammen mit einem methodischen Fehler, den man immer wieder beging. Wenn der Verfasser seine Aussage mit Hilfe eines Bildes macht, muß man unterscheiden zwischen der Aussage selbst und dem Bild, das der Verfasser in den Dienst seiner Aussage stellt. Seine Aussage ist einigermaßen klar: Es hat für die Gegenwart einen positiven Sinn, *daß* der widergöttliche Mensch noch aufgehalten wird. Unklar ist nur das Bild, das der Verfasser benutzt, und das heißt: Unklar ist die Antwort auf die Frage, *wie* man sich dieses Aufhalten konkret vorstellen soll. Wenn man dann sieht, daß der Verfasser dieselbe Aussage auch mit einem anderen Bild hätte machen können, ist man davor gewarnt, die einzelnen Elemente des Bildes, das der Verfasser benutzt, als Bestandteil der von ihm beabsichtigten Aussage zu interpretieren.

Beachtet man diese Unterscheidung, kann man nun aber auch erklären, warum der Verfasser so undeutlich formuliert. Mit Absicht redet er in Rätseln. Diese Rätsel soll man gar nicht auflösen können; und darum darf man das auch nicht versuchen wollen. Es kommt dem Verfasser darauf an, seinen Lesern mit Nachdruck einzuschärfen: Der Mensch der Ungesetzlichkeit ist bisher nicht nur nicht aufgetreten (eine «Suche» nach ihm also vergeblich), sondern er kann auch noch gar nicht aufgetreten sein, weil er noch aufgehalten wird. Würde der Verfasser jetzt mehr sagen, würde er seinen Lesern ja gerade eine Hilfestellung für die Vorausberechnung des Tages der Parusie an die Hand geben. Daran kann ihm jedoch auf keinen Fall liegen. Durch die bewußt unklare sprachliche Gestaltung verhindert er also, daß seine Leser in die falsche Richtung blicken. Dort gibt es eben nichts zu entdecken. Wenn dann Ausleger versuchen, das Bild zu entschlüsseln, versuchen sie etwas, was der Verfasser gerade verhindern will und was er durch seine Formulierungen schon selbst unmöglich gemacht hat.

Das alles gilt freilich nur für die «Offenbarung» (V. 3b), also für das *sichtbare* In-Erscheinung-Treten dieses widergöttlichen Menschen. Der Verfasser will aber nicht ausschließen, daß die *Macht,* die er einmal sichtbar verkörpern wird, bereits in der Gegenwart wirksam ist. Sie ist es allerdings nur als Mysterion (als «Geheimnis»). Gesagt ist damit, daß nicht jeder diese Macht erkennen und benennen kann, deren Wirkungen konkret erfahrbar sind. Die Leser aber sollen es können. Der Verfasser will nämlich verhindern, daß sie auf den Gedanken kommen könnten: Da die Endereignisse noch nicht angebrochen sind, leben wir einstweilen noch in Sicherheit. Der Tag des Herrn ist zwar Zukunft. Er bleibt auch mit allem, was er einmal bringen wird, vorläufig noch Zukunft. Was den «Tag des Herrn» betrifft (V. 2b), gibt es aber in keiner Weise eine Antizipation. Dadurch ist die Gegenwart indes nicht etwa völlig leer. Eine andere Antizipation gibt es durchaus: Die *Macht* des Menschen der Ungesetzlichkeit wirkt, wenn auch als «Geheimnis», bereits in die Gegenwart hinein. Sie ist charakterisiert als Ungesetzlichkeit. Das kann man durchaus wörtlich nehmen: Man hält sich nicht an das Gesetz, handelt wider das Gesetz. Das geschieht ja wirklich. Die Leser sollen nun wissen: Hier ist bereits eine endzeitliche Macht am Werke. Darum ist höchste Wachsamkeit geboten.

Bezeichnend ist an dieser Stelle wieder die erhebliche Differenz gegenüber paulinischen Aussagen. Für den Apostel ist charakteristisch, daß die Gegenwart von zwei Antizipationen bestimmt ist. Die erste betrifft den kommenden Tag. Die mit ihm zu erwartende Heils-Zukunft prägt bereits jetzt die Christen. Jetzt schon wandeln sie dem Gott angemessen, der sie in seine Herrschaft und Herrlichkeit ruft (vgl. 1. Thess. 2,12 und Kommentar zum 1. Thess., S. 46f.). Jetzt schon leben sie als «Söhne des Tages» und als «Söhne des Lichtes» (1. Thess. 5,5). Daß aber Christen in ihrem Wandel immer wieder diese Heils-Zukunft antizipieren, ruft den Satan auf den Plan (vgl. 1. Thess. 2,18), der es zur Verfolgung von Christen kommen läßt (vgl. 1. Thess. 2,14). Solche Verfolgungen und die Verhinderung der eigenen Mission versteht Paulus als Antizipation des «Zornes», der die Endereignisse vor dem Ende bestimmt (vgl. 1. Thess. 2,16 und Kommentar zum 1. Thess., S. 48–51).

Das Miteinander dieser beiden Antizipationen und ihre Beziehungen zueinander kennt der Verfasser nicht (oder nicht mehr). Die erste entfällt bei ihm. Sie kommt im ganzen Schreiben nicht vor. Dadurch ist die zweite Antizipation nun isoliert. Will man die Differenzen zwischen Paulus und dem Verfasser des 1. Thess. auf eine kurze Formel bringen, kann man etwa sagen: Paulus ermahnt die Christen zur Wachsamkeit, indem er sie ermuntert, immer wieder getrost den neuen (den eschatologischen) Wandel zu wagen, *obwohl* dann bei ihnen und in ihrer Umgebung die Mächte des endzeitlichen Zornes wirksam werden können und auch werden. Der Verfasser des 2. Thess. ermahnt seine Leser zur Wachsamkeit, *weil* die endzeitliche Macht der Ungesetzlichkeit verborgen schon wirksam ist.

Genau diesen Gedanken vertieft er nun **V. 8–12**. Im Zusammenhang des Abschnitts 2,1–12 bilden diese Verse einen **Anhang**, mit dem der Verfasser dem bisher Gesagten Nachdruck verleihen will. Zwar wird, zumindest am Anfang, der Blick der Leser scheinbar nun doch in die Zukunft gelenkt. Doch fällt dabei sofort auf, daß das nicht in der dann zu erwartenden «logischen» Reihenfolge geschieht. Zuerst ist vom Geschick die Rede, das den Gesetzesfeind bei seiner Offenbarung treffen wird, seine Vernichtung (V. 8), dann erst von seinem verheerenden Wirken (V. 9–10). So wird man auf die Funktion achten müssen, die diese Zukunftsaussagen im Rahmen der Ausführungen des Verfassers haben. Man erkennt diese, wenn man sieht, daß der Verfasser an das Stichwort «Geheimnis der Ungesetzlichkeit» in V. 7 anknüpft. Wir haben es hier sozusagen mit einer Überschrift über V. 8–12 zu tun. Gerade weil diese die Leser bedrohende Macht jetzt noch und nur als Mysterion (Geheimnis), also verborgen, am Werke ist, können sie so leicht auf sie hereinfallen. Besonders deutlich wird das am Schluß: Diese Macht hat die Kraft des Irrtums, der man erliegen kann. Dann glaubt man der Lüge und hat sogar Wohlgefallen an der Ungerechtigkeit (V. 11–12). Davor will der Verfasser seine Leser warnen. Um ihnen zu zeigen, wie dringend nötig das ist, deckt er in V. 8–10 sozusagen das Mysterion auf. Bei der Offenbarung des Gesetzesfeindes wird *an ihm* sichtbar werden, wie verheerend und erschreckend diese *Macht* in Wirklichkeit ist. Noch kann man das nicht sehen. Wenn die Leser aber einen Blick hinter den Schleier tun können, der noch zwischen Gegenwart und Zukunft liegt, dann haben sie die sichtbare Gestalt vor Augen und wissen, was es mit der gegenwärtig wirkenden Macht auf sich hat. Sie sind dann davor gewarnt, diese Macht nur deswegen für harmlos zu halten, weil sie jetzt lediglich verborgen am Werke ist und nicht eindeutig identifiziert werden kann. Was der Verfasser V. 8–10 über den Gesetzesfeind sagt, dient also der Veranschaulichung der jetzt schon wirkenden Macht. Das wird im griechischen Text noch deutlicher, als es die Übersetzung auszudrücken vermag. Die Gestalt, die bei ihrer Offenbarung die Ungesetzlichkeit (*anomia*) verkörpern wird, wird mit dem Namen Gesetzesfeind (*anomos*) bezeichnet.

Als Tenor der Aussage des Anhangs ergibt sich also: Laßt euch nicht durch die jetzige Verborgenheit der Ungesetzlichkeit (V. 7) über ihre tatsächliche Gefährlichkeit (V. 8–10) täuschen, denn sonst fallt ihr auf sie herein (V. 11–12), und es könnte sein, daß euch die Augen zu spät aufgehen.

Von der Erörterung über die Macht muß der Verfasser nun zunächst übergehen zur Charakterisierung der Person. Das geschieht in **V. 8** nicht ungeschickt durch eine dreifache Anknüpfung. Einmal nimmt er den Faden wieder auf, den er nach V. 4 liegengelassen und durch zwei Einschübe unterbrochen hatte. Es ist also wieder von dem widergöttlichen Menschen der Verse 3b.4 die Rede. Den hatte der Verfasser aber auch V. 6–7 nicht ganz aus dem Auge verloren, wenn er davon sprach, daß er noch aufgehalten und erst «zu seiner Zeit» offenbar werden wird. An diese Zeitangabe knüpft er nun auch an, und zwar durch das «dann» am Anfang von V. 8. Schließlich aber macht er mit der neuen Namensbezeichnung «Gesetzesfeind» im Anschluß an die «Macht der Ungesetzlichkeit» deutlich, daß es ihm, auch wenn er von einer Person redet, tatsächlich um eine Charakterisierung dieser Macht geht (siehe oben).

Zwei Aussagen stellt der Verfasser nebeneinander. Die erste hatte er schon V. 3b vorbereitet. Der Mensch ist ein «Sohn des Verderbens», und das heißt, er ist nicht nur einer, der Verderben verbreitet, sondern der selbst auch zum Verderben bestimmt ist. Das wird nun konkret dargestellt: Der Herr Jesus wird ihn mit dem

Hauch seines Mundes töten und vernichten. Das Motiv hat eine Vorgeschichte in Jes. 11,4b. Dort ist vom Sproß aus dem Stamme Isais die Rede, der dereinst die Gewalttätigen mit dem Stocke seines Mundes schlagen und die Gottlosen mit dem Hauch seiner Lippen töten wird. Diese Richterfunktion überträgt der Verfasser auf den Herrn Jesus. Dieser wird sie bei der Erscheinung (bei) seiner Parusie ausüben. (Vgl. die ganz entsprechende Übertragung 1,8–9.) Wenn die Leser nun das zukünftige Geschick des Gesetzesfeindes kennen, dann wissen sie über die gegenwärtig wirkende Macht der Ungesetzlichkeit: Wer sich auf sie einläßt, hat keine Zukunft, weil die Macht auch ihn beim Gericht ins Verderben führen wird.

Die zweite Aussage des Verfassers (**V. 9–10**) beschreibt sodann, wie die Macht der Ungesetzlichkeit wirkt und was sie bei den Menschen erreicht, die einmal verlorengehen werden. Da der Verfasser aber zunächst (**V. 9**) wieder an der Gestalt des Gesetzesfeindes demonstriert, entsteht am Anfang eine grammatisch und logisch seltsame Konstruktion. Mit dem Relativpronomen (dessen) knüpft der Verfasser formal an die Gestalt an, von der gerade die Rede war. Damit führt er aber die frühere Aussage nicht weiter, sondern stellt eine neue daneben. Das Auftreten des Gesetzesfeindes wird als Parusie bezeichnet. Dadurch stehen am Ende von V. 8 und am Anfang von V. 9 zwei Parusien nebeneinander. Das hat zu manchen Spekulationen geführt (bis hin zum Entwurf einer Anti-Christologie), doch liegt hier sehr wahrscheinlich nicht mehr als eine Stichwortverknüpfung vor. Die ist möglich, weil der Begriff Parusie kein christlicher terminus technicus ist, sondern ganz allgemein das sichtbare In-Erscheinung-Treten meint, das erst durch den jeweiligen Kontext (und die jeweilige Gestalt) näher bestimmt wird (vgl. oben, S. 78). Wir haben es hier also nicht mit einer Weiterführung des Motivs Parusie Christi zu tun, das nun auch den Anti-Christus einbezieht, sondern der Verfasser knüpft einfach an den traditionellen Sprachgebrauch an.

Wie solche Begriffe und Vorstellungen ineinander übergehen können (dann nachträglich verschmelzen), darum nicht immer präzise auf eine Bedeutung festgelegt werden dürfen, zeigt sich auch daran, daß das Wirken der *einen* Gestalt jetzt einen anderen Akzent bekommt, als es in V. 3b.4 hatte. Stand dort das Wirken dieses widergöttlichen Menschen im Dienste seiner Selbstverherrlichung, so wird es nun unter dem Gesichtspunkt der Verführung von Menschen gezeichnet. Außerdem geschieht das Wirken nun nicht mehr aus eigener Macht, sondern in der Kraft des Satans. Ursprünglich sind das zwei selbständige Vorstellungskomplexe. Der Verfasser aber bezieht beide auf eine Person; und so darf man, von der Vorstellung des Verfassers aus, nicht einzelne Züge der jeweiligen Vorstellungen so betonen, daß nun Widersprüche entstehen.

In der Schilderung des Wirkens begegnen wieder traditionelle Motive. Der Satan als Gegenspieler Gottes, aber auch falsche Propheten täuschen Menschen durch imponierende Demonstrationen (vgl. Mk. 13,22; Offbg. 13,13f.). Mit Machtbeweisen, die vor allem in Zeichen und Wundern bestehen, treten sie auf. Sie verfolgen damit das Ziel, Menschen von Gott wegzubringen, denn das außergewöhnliche Tun ist sichtbar und beeindruckend. Daß das dennoch Täuschung ist, wird von vielen nicht durchschaut. Das alles ist bei der Parusie des Gesetzesfeindes zu erwarten.

Mit **V. 10a** lenkt der Verfasser nun aber fast unmerklich in die Gegenwart zurück und kommt dabei zu seinem eigentlichen Anliegen. Nach dem Wortlaut spricht er zwar davon, daß die Verführung zur Ungerechtigkeit erst bei der Parusie des Gesetzesfeindes geschehen wird; nur – die *Macht* der Ungesetzlichkeit ist ja schon am Werk (V. 7). Die Leser müssen also diese formal an der Zukunft orientierte Darstellung dennoch so hören: Solche Verführung geschieht schon jetzt und bedroht sie darum. Erliegen werden ihr die, die verlorengehen. Daß sie aber verlorengehen, trifft sie als Strafe.

Das ist bei der Auslegung von **V. 10b–12** zu beachten. Die, die einmal verlorengehen werden, haben die Möglichkeit gehabt, die «Liebe zur Wahrheit» anzunehmen. Dann wären sie gerettet worden. Daß sie aber die Wahrheit ausgeschlagen haben, ist Schuld. *Zur Strafe dafür* schickt Gott ihnen die Kraft des Irrtums. Hier liegen also keine Gedanken vor, die man im Sinne einer Prädestination verstehen darf. Solche Spekulationen liegen dem Verfasser fern. Wohl aber kann man davon reden, daß Gott mit der Entsendung der Kraft des Irrtums das Gericht antizipiert. Und da muß der Verfasser natürlich von Gott reden, denn das Gericht des Herrn Jesus ergeht erst bei seiner Parusie. Ob der Verfasser hier nun auch zum Ausdruck bringen will, daß Gott auch über dem Satan steht (vgl. V. 9), läßt sich kaum sagen. Wahrscheinlich ist es nicht.

Deutlich ist aber das Anliegen des Verfassers. Er will seinen Lesern mit Nachdruck einschärfen, daß die Entscheidung über ihre Zukunft jetzt fällt. Und das muß natürlich auf dem Hintergrund der falschen Parole von V. 2b verstanden werden. In ihrer Konsequenz verlor die Gegenwart ihre Bedeutung. Dagegen stellt der Verfasser, daß sie Zeit der Entscheidung ist. Die Leser selbst fällen diese Entscheidung. Sie tun es aber dadurch, daß sie die «Wahrheit» entweder annehmen oder ablehnen. Nehmen sie sie an, werden sie gerettet werden. Verweigern sie die Annahme (und das trifft ja für die Vertreter der Parole zu), dann verfallen sie (jetzt schon) dem Irrtum, glauben der Lüge. In ihrem Wandel wird das konkret: Sie haben Wohlgefallen an der Ungerechtigkeit. Damit stehen sie jetzt schon unter dem Urteil Gottes, das der Herr Jesus dann bei seiner Parusie vollstrecken wird.

Man könnte sagen, daß hier (mindestens im Prinzip) paulinische Gedanken anklingen: Den Menschen wird jetzt das in Christus geschenkte Heil angeboten. Wer sich in seinem Wandel darauf einläßt (= wer glaubt), ist gerettet, denn er ist «Sohn des Tages» (1. Thess. 5,5). Und weil er Sohn des *Tages* ist, hat diese Rettung auch einen Zukunftsaspekt. – Aber bringt der Verfasser das zum Ausdruck?

Auffällig ist doch zunächst, daß er nur *eine* Antizipation kennt (vgl. oben, S. 85): Die, die verlorengehen, gestalten jetzt schon ihr Leben aus der «Kraft des Irrtums». Von der Antizipation des Heils im Leben der «Glaubenden» schweigt der Verfasser aber. Ihre Rettung ist ausschließlich eine Sache der Zukunft.

Man muß auf die genaue Entsprechung zu dem achten, was in der Zusammenfassung der Exegese des Kap. 1 herausgestellt wurde (vgl. oben, S. 76). Dann wird auch deutlich, was der Verfasser unter der «Wahrheit» versteht, die die, die verlorengehen, nicht lieben und der sie nicht glauben. «Wahrheit» ist nicht das in Christus geschenkte Heil im paulinischen Sinne, das die Christen jetzt schon bestimmt. Hier ist vielmehr 1,8 zu vergleichen. Dort hatte der Verfasser den (wahrscheinlich von ihm selbst geprägten) Begriff «Evangelium unseres Herrn Jesus» eingeführt. Jetzt spricht er von «Wahrheit». In beiden Fällen handelt es sich um Formeln, mit denen ganz allgemein das «Christliche» bezeichnet werden soll. Der wesentliche Inhalt ist das Gebot zum Tun. Die Wahrheit fordert Gehorsam (im prägnanten Sinne); der Gehorsam aber ist die Bedingung dafür, beim Gericht des Reiches Gottes würdig geachtet zu werden (vgl. 1,5).

Im Blick auf das vom Verfasser beabsichtigte Ziel liegen also zwischen Kap. 1 und dem Abschnitt **2,1–12** Parallelen vor: In beiden Fällen geht es um Gehorsam in der Gegenwart. Lediglich die Akzente sind verschieden. Kap. 1 ging es vor allem darum, den Lesern einzuschärfen, daß sie immer noch auf dem Wege zum Endheil sind. 2,1–12 sagt der Verfasser dasselbe auf dem Hintergrund der falschen Parole und orientiert an denen, die als Konsequenz aus dieser Parole den Gehorsam mißachten. Da die Leser in der Gefahr sind (oder sein könnten), auf diese Parole hereinzufallen, will der Verfasser sie warnen. Das tut er mit zum Teil sehr ausdrucksstarken Bildern, die er verschiedenen Traditionen entnimmt und zusammenstellt. Die Exegese muß sich nun hüten, diese Bilder als unmittelbare Aussage des Verfassers zu verstehen. Das ist vor allem deswegen immer wieder geschehen, weil die Bilder fremdartig wirken und eine solche Zusammenstellung im Neuen Testament so nicht wieder begegnet. Auf diese Weise wurde der Abschnitt zu einer der klassischen Stellen, mit deren Hilfe man versuchte, eine Lehre vom Antichristen und über die letzten Dinge zu entwerfen. Das führt aber nicht nur in Spekulationen, sondern geht sogar schon an der Intention des Verfassers vorbei. Nicht an einem Ausmalen von Zukunft liegt ihm, auch nicht an apokalyptischer Information über eine noch zu erwartende Gestalt und über die Macht, die diese Gestalt noch aufhält. Die Leser sollen vielmehr ihre Gegenwart verstehen, die, was das Heil betrifft, ganz und gar unter dem Zeichen des «Noch nicht» steht. Sie ist nur eine Vorbereitungszeit auf das Heil. Diese muß entschlossen genutzt werden. Das aber ist deswegen so schwer, weil die Macht der Ungesetzlichkeit (V.7) schon am Werk ist. Und genau sie ist es, die die Vertreter der falschen Parole bestimmt.

2,13–3,5   Verschiedene Ermahnungen

2,13 Wir aber sind es schuldig, Gott allezeit für euch zu danken, vom Herrn geliebte Brüder, [dafür] daß Gott euch von Anfang an erwählt hat zur Rettung in Heiligung durch den Geist und im Glauben an die Wahrheit, 14 wozu er euch auch berufen hat durch unser Evangelium, die Herrlichkeit unseres Herrn Jesus Christus zu erwerben.
15 Daher nun, Brüder, steht fest und ergreift die Überlieferungen, die ihr gelehrt worden seid, sei es durch ein Wort, sei es durch einen Brief von uns. 16 Er selbst aber, unser Herr Jesus Christus und Gott unser Vater, der uns geliebt hat und (uns) ewigen Trost und gute Hoffnung in Gnaden gegeben hat, 17 tröste eure Herzen und festige (sie) in jedem guten Werk und Wort.
3,1 Im übrigen betet, Brüder, für uns, damit das Wort des Herrn laufe und [an anderen Orten so] verherrlicht werde wie auch bei euch, 2 und damit wir errettet werden von den unredlichen und bösen Menschen, denn der Glaube ist nicht jedermanns [Sache].
3 Treu aber ist der Herr, der euch stärken und vor dem Bösen bewahren wird. 4 Wir haben aber im Herrn Vertrauen zu euch, daß ihr das, was wir befehlen, auch tut und [weiterhin] tun werdet. 5 Der Herr aber richte eure Herzen auf die Gottes-Liebe und die Christus-Geduld.

Nachdem der Verfasser in 2,1–12 sein Hauptanliegen zur Sprache gebracht hat, läßt er bis zum Briefschluß einen längeren paränetischen Teil folgen. Am Anfang ist das Gefüge sehr locker; und erst 3,6–12 begegnet mit dem Stichwort «die Unordentlichen» noch einmal ein längerer zusammenhängender Komplex. Ob der Verfasser diesen von Anfang an vorgesehen hatte oder nicht, läßt sich zwar nicht sicher sagen (vgl. oben, S.39f.); seine relative Eigenständigkeit rechtfertigt jedoch, daß wir ihn abtrennen und gesondert behandeln, obwohl er eigentlich (wie das Schreiben nun einmal vorliegt) zum dritten Teil des Briefes dazugehört.

Das Zwischenstück (2,13–3,5), das durchaus auch einen Schluß hätte bilden können, bietet zunächst in 2,13–14 eine Art Überleitung. Diese hebt sich ein wenig von dem Nachfolgenden ab. Das gilt jedoch nur für den Inhalt, nicht dagegen für die Art, wie der Verfasser hier literarisch gestaltet (siehe gleich). Es empfiehlt sich daher nicht, diese beiden Verse gesondert zu betrachten, weil Wichtiges für die Auslegung dann nur schwer in den Blick kommt. – Bei den nächsten drei Abschnitten ist es wegen der sprunghaften Gedankenführung nicht leicht, das jeweilige Thema präzise anzugeben. Es liegen einige Überschneidungen und auch Wiederholungen vor. 2,15–17 beginnt der Verfasser mit einer Ermahnung an die Leser, an der (paulinischen) Tradition festzuhalten, leitet dann aber sofort zu einem Zuspruch über, den er in die Form einer Fürbitte kleidet. – Ihre Fortsetzung findet diese in 3,3–5. Doch handelt es sich 3,3.5 fast um eine Wiederholung des bereits 2,16.17 Gesagten, wenn auch in anderer Terminologie und dadurch ein wenig anders akzentuiert. Die Richtung der Aussage wird durch 3,4 bestimmt, wahrscheinlich aber nicht nur die Richtung der Aussage dieses kleinen Abschnittes, sondern des ganzen Zwischenstückes. – Die Verse 3,1–2 wirken zwischen 2,15–17 und 3,3–5 wie eine Unterbrechung. Das allgemeine Thema Fürbitte wird zwar durchgehalten, begegnet nun aber umgekehrt: Es geht nicht um eine Fürbitte für die Leser, sondern jetzt werden diese zur Fürbitte für «Paulus» aufgefordert.

Der Überblick über die Inhalte zeigt, daß das Ganze einigermaßen umständlich wirkt. Womit das zusammenhängt, ist aber leicht zu erklären, wenn man auf die Arbeitsweise des Verfassers achtet: Nachdem er den Abschnitt 2,1–12 unabhängig vom Text des 1. Thess. gestaltet hatte, nimmt er nun wieder seine Vorlage zur Hand und benutzt sie ausgiebig. Bei keinem zusammenhängenden Abschnitt seines Schreibens wird die Abhängigkeit des Verfassers vom Aufbau und vom Text des 1. Thess. so deutlich wie 2,13–3,5. (Vgl. die Skizze S. 38). Psychologisch ist das nur zu verständlich. 2,1–12 hatte sich der Verfasser ganz auf das konzentriert, was *er selbst* den Lesern zu sagen hat. Nur einmal (2,5) deutet er wenigstens an, daß er sich mit seinen Aussagen auf Paulus beruft, weiß aber selbst sehr genau, daß er mehr sagt, als Paulus (früher) gesagt hat und sagen konnte (vgl. oben, zu 2,6). Gerade deswegen muß ihm nun daran liegen, seine Aussagen dennoch als «paulinisch» zu legitimieren. Genau das geschieht 2,13–3,5 mit Nachdruck. Die leitende Aussage (vgl. oben, S. 59), die der Verfasser in diesem Abschnitt machen will, läßt sich so formulieren: Es ist *Paulus*, der euch diesen Brief schreibt und der euch (insbesondere) das in 2,1–12 Ausgeführte zu sagen hat. *Dieser* Aussage ordnen sich die einzelnen Inhalte, die hier begegnen, unter.

Daß es *Paulus* ist, der zu den Lesern redet, bringt der Verfasser dadurch zum Ausdruck, daß er sich nun am 1. Thess. orientiert. Dabei hält er sich einerseits an den Aufbau seiner Vorlage: In 2,13 nimmt er die zweite Danksagung aus 1. Thess. 2,13 auf; und in 2,16 und 3,5 begegnen Wendungen aus 1. Thess. 3,11 (also gleich dem ersten Vers nach dem Abschnitt 1. Thess. 2,1–3,10, den der Verfasser ausgelassen hat). Andererseits hält er sich an Sprachmaterial aus dem 1. Thess.: In fast allen Versen des Abschnittes 2,13–3,5 begegnen Wörter und Begriffe, die der Verfasser verschiedenen Stellen seiner Vorlage entnimmt. An dieser formalen Entsprechung zum 1. Thess. und an den sprachlichen Anklängen *sollen* die Leser erkennen: Was ihnen vorliegt, ist *der* Brief des Paulus nach Thessalonich; und darum ist es wirklich *Paulus*, der zu ihnen redet.

Wenn der Verfasser aber so damit beschäftigt ist, den 1. Thess. zu imitieren, treten demgegenüber die mitgeteilten Inhalte zurück. Dann kann es gar nicht ausbleiben, daß sowohl der Eindruck eines lockeren Gefüges entsteht als auch der eines sprunghaften Gedankenganges. Die tatsächlich mitgeteilten Inhalte sind dem Verfasser (nicht etwa gleichgültig, wohl aber) weniger wichtig. Doch gibt es da erkennbare Ausnahmen. Schon die Skizze auf S. 38, an der die Arbeitsweise des Verfassers ablesbar ist, signalisiert, in welchen Versen die Ausnahmen zu finden sein werden: neben 2,15 vor allem in 3,2 und 3,4. – Die Auslegung muß entsprechend differenzieren. Die Übergänge sind freilich gelegentlich fließend.

Die Überleitung **2,13–14** könnte ein unmittelbarer Anschluß an 2,10–12 sein – wenn V. 13a fehlen würde. Hatte der Verfasser zuletzt von den Verlorenen geredet, auf die das Gericht wartet, dann stellt er diesen in V. 13b.14 die Leser gegenüber: Ihnen wird Rettung in Aussicht gestellt und das Erwerben der endgültigen Herrlichkeit. So ergäbe sich von V. 12 zu V. 13b ein nahtloser Übergang. Da der Verfasser aber jetzt nicht nur die Leser in den Blick nimmt, sondern ihm vor allem daran liegt, zu betonen, daß *Paulus* zu ihnen redet, schiebt er **V. 13a** (orientiert an 1. Thess. 2,13) eine zweite Danksagung ein, die an dieser Stelle nicht recht motiviert ist.[23] Auffällig ist sodann, daß der Verfasser für ihre Gestaltung die gleiche umständliche Formulierung wählt, die er bereits 1,3 benutzt hatte. War das dort aber im Rahmen seines Kontextes zu verstehen (vgl. oben, S. 62), ist das hier nicht der Fall. Man gewinnt daher den Eindruck, als benutze der Verfasser nun auch noch seinen eigenen Text als Vorlage. (Entsprechendes geschieht alsbald noch einmal; vgl. V. 15.) Überraschend ist, daß die Leser als «vom Herrn geliebte Brüder» angeredet werden, denn eine solche Herzlichkeit ist in dem sonst so unpersönlichen Schreiben ganz ungewöhnlich. Ein Blick auf 1. Thess. 1,4 zeigt jedoch, daß der Verfasser an seiner Vorlage orientiert ist, die Anrede also nicht herzlich *ist*, sondern nur herzlich *wirkt*. Hatte Paulus (gleich zu Beginn seines Briefes) die Thessalonicher als «von *Gott* geliebte Brüder» angeredet, ersetzt der Verfasser wieder «Gott» durch «Herr». Er denkt dabei aber an den Herrn Jesus Christus. Deutlich wird das daran, daß er unmittelbar vorher und nachher von Gott spricht.

Nachdem der Verfasser durch V. 13a ausdrücklich Paulus als den herausgestellt hat, der die Leser anredet, kommt er in **V. 13b.14** nun zur Anrede selbst. Wegen der Fülle der hier unmittelbar nebeneinanderstehenden Begriffe, deren Inhalte sich zum Teil überschneiden, und wegen der damit zusammenhängenden Schwierigkeit, ihre Beziehung zueinander präzise anzugeben, sind die Ausführungen wenig durchsichtig. Das hängt indes wieder mit der Arbeitsweise des Verfassers bei der Gestaltung seines Textes zusammen, denn sie hindert ihn, das, was er sagen will, unmittelbar zum Ausdruck zu bringen. Inhaltlich liegt dem Verfasser daran, ein Gegenbild zu V. 10–12 zu entwerfen: Die Leser brauchen nicht zu denen zu gehören, die auf die Macht des Gesetzlosen hereinfallen und dann verlorengehen, denn sie haben die Möglichkeit, das Endheil zu erreichen. Das formuliert der Verfasser jedoch nicht mit eigenen Worten. Nachdem er sich seit V. 13a erneut in die Abhängigkeit vom 1. Thess. begeben hatte, bleibt er jetzt in dieser Abhängigkeit gefangen. Mehr als die Hälfte der innerhalb seiner Aussage begegnenden Begriffe sind aus seiner Vorlage zusammengetragen, und zwar aus ganz verschiedenen Stellen. Mit der herzlichen Anrede (vgl. V. 13a) war schon 1. Thess. 1,4 das Motiv der *Erwählung*

---

[23]   Am griechischen Text wird das noch deutlicher, denn das Wir ist ausdrücklich betont (vgl. oben, S. 20). Zur Motivation der zweiten Danksagung im 1. Thess. vgl. den Kommentar zum 1. Thess., S. 47.

verbunden. Im unmittelbaren Anschluß daran (1. Thess. 1,5) findet der Verfasser die Begriffe *Evangelium* und *Geist.* In 1. Thess. 4,7 ist von *Berufung* und *Heiligung* die Rede, in 1. Thess. 5,9 vom *Erwerb* des Heils durch *unseren Herrn Jesus Christus.* Es dürfte einleuchten, daß man Begriffe, die so aus ihrem früheren Zusammenhang herausgelöst und dann (durch einige andere ergänzt) ganz neu zusammengestellt worden sind, nicht in dem Sinne verstehen darf, den sie jeweils im Kontext des 1. Thess. (oder sonst bei Paulus) haben. Die Exegese kann daher nicht von den Begriffen ausgehen, sondern diese sind in ihrem jetzigen Zusammenhang neu zu interpretieren, der aber nicht einfach und nur der Zusammenhang der V. 13b.14 ist. Dahinter steht vielmehr die Aussage der V. 10–12. Diese liefert den Schlüssel für die Auslegung unserer Verse. Was dort negativ gesagt wurde über die, die verlorengehen, wird nun in einem Gegenbild positiv formuliert und auf die Leser bezogen. Wir haben es also V. 13b.14 mit einer Entsprechung zu V. 10–12, aber in Umkehrung, zu tun.

Wenn Paulus von Erwählung oder Berufung redet, dann handelt es sich (selbst wenn man im einzelnen differenzieren muß) immer um etwas, was der Christ in der Gegenwart erfahren kann: In seinem eschatologischen Wandel wird zukünftiges Heil antizipiert (indem er jetzt schon als Sohn des Tages lebt, nimmt er in seinem Leben den kommenden Tag vorweg), und *das* vermittelt ihm die Gewißheit, von Gott erwählt oder berufen zu sein. Der Verfasser versteht die Begriffe aber anders. Schon 1,11 hatte er gesagt, daß es darauf ankomme, sich der Berufung «würdig» zu erweisen. Das aber geschieht dadurch, daß die Leser sich zum Tun des Guten entschließen und die Werke des Glaubens vollbringen. So kann der Verfasser in unserem Zusammenhang dann zwar sagen, daß Gott die Leser wirklich erwählt hat. Das ist aber reine Behauptung, die nicht mit der Erfahrung von Heil (bzw. Rettung) in der Gegenwart zusammenhängt, sondern die «Rettung» ist das Ziel, auf das die Leser aufgrund der Erwählung aus sind. Rettung (bzw. Heil) ist also eine Angelegenheit der Zukunft. Konkret geworden ist die Erwählung in der Berufung. Diese geschah dadurch, daß das Evangelium des Paulus zu den Lesern kam. Da der Apostel dieses schon bei der Gründung der Gemeinde zu den Thessalonichern gebracht hat, kann der Verfasser davon reden, daß die Erwählung «von Anfang an» geschehen ist. Mit all diesen Aussagen blickt der Verfasser also zurück. Insofern kann man jetzt sogar sagen, daß das alles auch von denen gilt, die verlorengehen werden. Die Frage ist nur, was man jeweils aus dieser Vorgabe macht – und zwar in der Gegenwart. Die, die verlorengehen werden, lassen sich jetzt von der Macht des Gesetzlosen bestimmen. Die Gegenwart der Leser aber soll bestimmt sein durch «Heiligung durch den Geist» und durch «Glauben an die Wahrheit». Für den Verfasser sind diese beiden Wendungen miteinander identisch. Man kann das wieder an seinem sonstigen Sprachgebrauch erkennen. Glaube an die Wahrheit ist gleichbedeutend mit «Liebe zur Wahrheit». Wo die «angenommen» wird (vgl. 2,10), ist man «dem Evangelium gehorsam» (vgl. das Gegenbild in 1,8). In solchem Gehorsam hat man nicht «Wohlgefallen an der Gesetzlosigkeit» (vgl. 2,12), sondern gestaltet sein Leben in Heiligung durch den Geist. Die Leser sollen also das, was ihnen vorgegeben ist (die Erwählung, die Berufung durch das Evangelium), im Tun im Alltag bewähren. Geschieht das, wird das einmal mit Rettung belohnt werden, denn durch solches Tun *erwerben* die Leser die später zu erwartende Herrlichkeit. Das ist ganz präzise zu verstehen: Es geht um eine zu erbringende Leistung, die belohnt werden wird. Als Lohn in Aussicht gestellt wird «die Herrlichkeit unseres Herrn Jesus Christus».

Diese seltsame Genitivverbindung bereitet den Auslegern oft Schwierigkeiten. (Entsprechendes gilt auch von den beiden anderen Genitivverbindungen am Ende von 3,5. Alle drei dürften Formulierungen des Verfassers sein.) An unserer Stelle kann man aber wohl das Zustandekommen erklären. Man ist dann davor gewarnt, die Wendung zu pressen oder überzuinterpretieren (etwa in dem Sinne, daß es – bei einem subjektiven Genitiv – der Herr Jesus Christus ist, der bei seiner Parusie diese Herrlichkeit schenken wird). In seiner Vorlage (1. Thess. 5,9) las der Verfasser, daß Gott die Christen «nicht gesetzt hat zum Zorn, sondern das Heil zu erwerben *durch* unseren Herrn Jesus Christus ...». Paulus spricht in diesem Zusammenhang von dem von Gott in der Vergangenheit bereiteten Heil (Christus ist «für uns gestorben»; 1. Thess. 5,10), aufgrund dessen die Christen in ihrem Wandel (vgl. 1. Thess. 5,8) *jetzt* schon Endheil erfahren und *dadurch* des kommenden Heiles gewiß sind. Diese komplexe Aussage durchschaut der Verfasser offenbar nicht. (Die an der Vergangenheit, an Tod und Auferstehung Jesu, orientierte Christologie fehlt in seinem Schreiben völlig.) Er orientiert sich offenbar einfach an den vorkommenden Begriffen und gestaltet mit ihnen seine eigene Aussage. Den *Begriff* «Heil» nimmt er zwar auf, verbindet ihn aber V. 13b mit dem Motiv der Erwählung und versteht ihn als zukünftige «Rettung». Will er diese nun V. 14b beschreiben, kann er denselben Begriff nicht noch einmal benutzen, sondern greift nun auf den Begriff «Herrlichkeit» zurück, der ja schon im Rahmen der Zukunftsaussagen 1,9–10 eine Rolle spielte. Diesen stellt er mit dem aus der unmittelbaren Vorlage entnommenen Genitiv «unseres Herrn Jesus Christus» zusammen. Auf diese Weise entsteht zwar grammatisch eine Genitivverbindung. Tatsächlich aber muß man im Sinne des Verfassers beide Begriffe nebeneinanderstellen. Was die Leser durch ihr gegenwärtiges Leben («in Heiligung durch den Geist» und «im Glauben an die Wahrheit») erwerben, ist, wenn «unser Herr Jesus Christus» zu seiner Parusie kommen wird, eben «Herrlichkeit». Beide «Größen» werden an jenem Tage in Erscheinung treten. Wie sie zusammengehören, hat der Verfasser offenbar gar nicht reflektiert. Jedenfalls läßt er es nicht erkennen.

Nun liegt die ganze Aussage der **V. 13.14** in der Form einer Danksagung vor. Orientiert man sich ausschließlich am vorliegenden Wortlaut, kann der Eindruck entstehen, daß der Verfasser, was seine Leser betrifft, sehr zuversichtlich ist: Im Unterschied zu denen, die verlorengehen werden (V. 10–12), sind *sie* auf dem Wege zur Herrlichkeit. Eben das ist dann der Grund für sein Danken. Tatsächlich aber hat der Verfasser diese Zuversicht keineswegs (vgl. nur oben, zu 1,3.4). Man muß davon ausgehen, daß die Form der Danksagung dadurch vorgegeben ist, daß der Verfasser in V. 13a die Danksagung aus 1. Thess. 2,13 aufnimmt. Daran anknüpfend, kann er dann zunächst etwas nennen, wofür er wirklich danken kann: für die Erwählung der Leser, für ihre Berufung und dafür, daß das Evangelium des Paulus zu ihnen gekommen ist. Gedankt wird also lediglich für die «Vorgabe». Jetzt kommt es aber darauf an, was die Leser *selbst* daraus machen. Hier hegt der Verfasser zwar positive Erwartungen (vgl. 3,4). Diese müssen aber noch durch die Leser selbst verwirklicht werden. Dazu bedarf es der Ermahnung; und eben hier liegt das eigentliche Interesse des Verfassers. Wir haben es also in V. 13.14 trotz der «Form» der Danksagung mit einer Paränese zu tun.

Diese bestimmt nun auch das ganze nachfolgende «Zwischenstück» 2,15–3,5. Dabei fällt auf, daß der Verfasser immer neu einsetzt, ein wirklicher Gedankenfortschritt aber kaum feststellbar ist. Man hat, sicher zu Recht, von einem «Versiegen des Gedankenflusses» gesprochen. Wahrscheinlich möchte der Verfasser bald zum

Schluß kommen, aber das gelingt ihm nicht recht. So fügt er, einigermaßen unverbunden, mehrere Aussagen aneinander, bis er mit 3,6–12 noch einmal zu einem zusammenhängenden Thema kommt. Mit «daher nun» schließt **V. 15** unmittelbar an die vorangegangene Ermahnung an. Hatte der Verfasser bisher aber nur indirekt (durch Orientierung am 1. Thess.) zum Ausdruck gebracht, daß *Paulus* zu den Lesern redet, dann thematisiert er das nun gleichsam, wenn er auch seine Arbeitsweise nicht ändert. Die Leser sollen (im Unterschied zu denen, die verlorengehen werden) fest stehen (vgl. den Anklang an 1. Thess. 3,8). Das geschieht dann, wenn sie die Überlieferungen (vgl. den Anklang an 1. Thess. 4,1) «ergreifen». Was der Verfasser damit inhaltlich meint, ergibt sich aus dem unmittelbaren Kontext: Die Leser sollen sich am Evangelium des Paulus (vgl. V. 14), das als (verbindliche) Lehre zu ihnen gekommen ist, wirklich ausrichten. Wenn der Verfasser jetzt bei der Nennung des Ortes, wo die Überlieferungen zu finden sind, «Wort» und «Brief» nebeneinander stellt, kann leicht der Eindruck entstehen, daß die verbindliche Lehre sowohl in mündlicher als auch in schriftlicher Tradition besteht, beide also gleichen Rang besitzen. Demgemäß ist diese Stelle in der kontrovers-theologischen Diskussion oft zum Zankapfel geworden. Abgesehen aber davon, daß es unzulässig ist, exegetische Ergebnisse unmittelbar in dogmatische Sätze zu überführen (vgl. oben, S. 69), werden hier auch die unterschiedlichen Perspektiven in dieser Aussage übersehen. Der Verfasser muß nämlich differenzieren. Sofern er als «Paulus» an die Thessalonicher schreibt, muß und kann er nur auf das «Wort», also auf die Verkündigung, verweisen (vgl. 2,5). Da er aber in späterer Zeit schreibt, kann er eigentlich nur und muß darum auch die Paulus-Briefe heranziehen. Auf den 1. Thess. kann er damit, nach allem, was wir bisher gesehen haben, nicht anspielen wollen, denn der soll ja gerade durch sein eigenes Schreiben ersetzt werden (vgl. oben, S. 35). Der Singular «Brief» steht (zumindest grundsätzlich) für einen Plural. Darum muß der Verfasser dann auch betonen, daß die Leser sich nur an die «echten» Paulus-Briefe halten dürfen (vgl. 3,17). Er stellt nun (in Anlehnung an seine eigene Formulierung in 2,2, jedoch zugleich in sachlichem Gegensatz dazu) nebeneinander: «Wort» und «Brief von uns». Auf diese Weise verwischt er selbst die unterschiedliche Perspektive, von der er bei der Gestaltung ausgegangen war. Es ist ja auch in der Tat für ihn nicht einfach, die Pseudonymität konsequent durchzuhalten. Darüber hinaus wird man bezweifeln müssen, daß der Verfasser überhaupt ein Interesse daran hat, seine Leser an andere Paulus-Briefe heranzuführen. Daß er selbst mehrere kennt, ist ziemlich wahrscheinlich (vgl. oben, zu 1,2). Für seine Leser gilt das dann wohl auch. Eben darum muß er grundsätzlich formulieren – und hält dennoch alles in der Schwebe. Denn der «wichtigste» der Paulus-Briefe, auf den die Leser auf keinen Fall verzichten dürfen und um dessen willen er letztlich gerade diese Aussage macht, ist – sein eigenes Schreiben. Was er in ihm als Lehre des Paulus mitteilt, das sollen die Leser «ergreifen». Darum ist unter «Brief» nach Meinung des Verfasers in erster Linie der 2. Thess. selbst zu verstehen.[24]

---

[24] Oft hat man in 2,15 einen frühen Ansatz für das Entstehen des neutestamentlichen Kanons finden wollen. Das ist aber (gerade schon exegetisch) einigermaßen problematisch. Wohl steht hinter diesem Vers ein Prinzip, das dann einmal (neben anderen Momenten) zur Bildung des Kanons führte: Den Paulus-Briefen kommt Autorität zu, weil sie das Bleiben an der Anfangstradition garantieren. Dieses Prinzip stammt aber nicht vom Verfasser. Er findet es bereits vor und benutzt es – eigentümlicherweise aber so, daß er es mißbraucht. Denn er verankert nun ja gerade seinen eigenen späteren Brief in den alten «Überlieferungen».

An die Ermahnung, daß die Leser fest bleiben sollen, knüpft der Verfasser in
V.16.17 einen Gebetswunsch an. Sagen will er: «Zu dieser Festigkeit möge Gott
euch seine Hilfe geben». Er formuliert das aber umständlich und volltönend. Die
Umständlichkeit hängt damit zusammen, daß er seiner Vorlage verpflichtet bleibt,
die Volltönigkeit damit, daß er auch innerhalb des Gebetswunsches sein Anliegen
zum Ausdruck bringen will, das er mit diesem Brief verfolgt.

Formal macht V.16 den Eindruck eines Neuansatzes. Das hängt damit zusammen,
daß mit «er selbst aber» der Anfang von 1.Thess.3,11 aufgenommen wird. Dieser
Vers muß den Verfasser sehr beschäftigt haben, denn sein Inhalt bereitet ihm sichtbar Schwierigkeiten. Paulus hatte ja «Gott unseren Vater und unseren Herrn Jesus
Christus» gebeten, er möge seinen eigenen Weg zu den Thessalonichern «richten».
Kann der Verfasser aber in seinem Schreiben einen Besuch in naher Zukunft in
Aussicht stellen? Würde er an den «historischen» Paulus denken, dann müßte er
doch bedenken, daß der Apostel zumindest auf der sogenannten dritten Missions-
reise noch einmal in Thessalonich war. Dann müßte der Verfasser aber auf das eingehen, was damals zur Sprache kam. Das wäre ziemlich kompliziert; und außerdem
ist ja nicht einmal sicher, ob der Verfasser darüber genauere Kenntnisse hat. So
muß er den Gedanken an einen in Aussicht gestellten Besuch aus 1.Thess.3,11
streichen. Doch gerade weil der Verfasser hier unter Zwang steht, beschäftigt ihn
eben dieses Problem, und er behält es beim Weiterschreiben im Gedächtnis. Das
Verhältnis des «Paulus» zur Gemeinde formuliert er 3,1.2 neu und drückt das nun
in einer Bitte um Fürbitte aus; und in 3,5 nimmt er dann wenigstens das Verbum
aus seiner Vorlage auf (in gleicher grammatischer Form, doch in einem ganz anderen Sinne; vgl. unten).

Nun kann er aber auch nicht die Reihenfolge (Gott/Christus) beibehalten, denn er
möchte anschließend auf die Gegenwart zu sprechen kommen. Von einem Wirken
des Herrn Jesus Christus in der Gegenwart weiß der Verfasser aber nichts; das kann
er nur von Gott aussagen. So nennt er (weil er an seiner Vorlage orientiert bleiben
will) zuerst den Herrn Jesus Christus, dann Gott unseren Vater. Durch diese Um-
stellung schafft er sich die Möglichkeit, unmittelbar anzuschließen mit zwei Aussagen, die er nebeneinander stellt. Zunächst: Gott hat «uns geliebt». Worin die Liebe
Gottes besteht, sagt der Verfasser nicht. Auf keinen Fall darf man die Wendung
von Paulus her auffüllen und dann die Liebe Gottes in seinem Heilshandeln in Jesus
Christus sehen. Auch dieser Gedanke ist dem Verfasser fremd. Wenn es sich dann
um mehr als eine allgemeine Wendung handelt, kann man höchstens aus dem Kontext ergänzen: Gottes Liebe besteht darin, daß er das Evangelium des Paulus zu den
Lesern gebracht hat. Jetzt schließt sich auch die zweite Aussage glatt an: Dadurch,
daß die Leser das Evangelium haben, haben sie Trost in der Gegenwart inmitten
der sie bedrohenden Anfechtungen (vgl.2,2) und der äußeren Schwierigkeiten, die
sich einstellen können, wenn sie ihr Leben nach dem Evangelium gestalten (vgl.
oben, zu 1,4). Zugleich haben sie für die Zukunft Hoffnung. Trost und Hoffnung
charakterisiert der Verfasser mit Eigenschaftswörtern, die zwar gewichtig klingen,
aber doch nur eine blasse Bedeutung haben. Der «ewige» Trost ist ein bis zur Parusie anhaltender. Daß es sich um eine «gute» Hoffnung handelt, soll wohl heißen,
daß sie gut begründet ist. Daß sie «in Gnaden» gegeben ist, sagt der Verfasser mit
einem zur Formel gewordenen paulinischen Begriff. Mit diesem Trost und dieser
Hoffnung möge Gott nun die Herzen der Leser trösten, um sie dadurch zu festigen
(vgl. die Anklänge an 1.Thess.3,2 u. 12f.). Das wird sie in die Lage versetzen zu jedem guten Werk (vgl. 1,11) und Wort, also zur rechten Gestaltung des Lebens.

Der Fürbitte des Verfassers für die Leser schließt sich in **3,1–2** eine Bitte um Fürbitte für «Paulus» an. Sie wird zwar formal mit einem Neuansatz eingeleitet, doch
ist die Formulierung 1.Thess. 4,1 entnommen. V. 2 gestaltet der Verfasser dagegen
selbständig. Das hängt damit zusammen, daß er zwei verschiedene Perspektiven
miteinander verbindet. Man kann ja doch die Frage stellen, wieso der Verfasser in
einer Zeit, in der Paulus nicht mehr lebt, seine Leser um Fürbitte für Paulus bittet.
Sofern er einen Paulus-Brief schreiben will, ist das natürlich kein Problem. Der
Verfasser hat jetzt die Möglichkeit, das gute Verhältnis des Paulus zu den Thessalonichern neu zu formulieren (vgl. oben, zu 2,16). Die Fürbitte wird ausdrücklich als
gegenseitig charakterisiert. Dennoch kann der Verfasser die Pseudonymität nicht
so durchhalten, daß er konsequent an den «historischen» Paulus bei der Abfassung
des Briefes an die Thessalonicher denkt. Wahrscheinlich weiß er gar nicht, daß Paulus bei der Abfassung des 1.Thess. in Korinth keineswegs inmitten von «unredlichen und bösen Menschen» lebte, obwohl er dem 1.Thess. hätte entnehmen können, daß das genaue Gegenteil der Fall war (vgl. Kommentar zum 1.Thess.,
S. 14.16).[25] Der Verfasser weiß aber, daß Paulus, blickt man auf sein gesamtes, inzwischen abgeschlossenes Leben und Wirken zurück, immer wieder gegen Anfeindungen zu kämpfen hatte. Der, für den um Fürbitte gebeten wird (und zur Zeit des
Verfassers auch noch gebeten werden kann), ist also nicht der «historische» Paulus,
sondern es ist (über das vom Verfasser in V. 2 gezeichnete Paulusbild) der «nach-
wirkende» Paulus. Dem Evangelium des Paulus ist es so ergangen, daß «unredliche
und böse Menschen» sich ihm in den Weg gestellt haben und auch jetzt immer noch
stellen (vgl. 2,2). Die Leser werden also, wenn sie um Fürbitte für «Paulus» gebeten
werden, um Fürbitte dafür gebeten, daß das «Wort des Herrn» (das sie im Evangelium des Paulus – und nun auch im vorliegenden Schreiben – haben) ungehindert
laufe und in der Gestaltung des Lebens seine Wirkung habe. Es geht also, um es
einmal so zu formulieren, um Fürbitte für «die Sache des Paulus», wie der Verfasser sie versteht und vertritt. Die soll sich aber nicht nur im Umkreis der Leser
durchsetzen, sondern auch an anderen Orten, zumal die Probleme, die die Leser
beunruhigen und bedrängen, nicht lokal begrenzt sein dürften. Fürbitte ist aber besonders deswegen nötig, weil sich Erfolg beim Durchsetzen des paulinischen Evangeliums offenbar nur schwer, manchmal gar nicht einstellen will. Der Glaube ist nun
einmal nicht jedermanns Sache. Das ist aber weder, wie man gemeint hat, eine ba-
nale, noch ist es eine resignierende Feststellung. Es wird vielmehr nüchtern konstatiert, daß für Erfolg nicht garantiert werden kann, damit aber zugleich darauf hingewiesen, daß Mißerfolg, mit dem man immer rechnen muß, kein Argument gegen
das Evangelium ist.
Gerade weil es ungewiß ist, ob sich «die Sache des Paulus» bei anderen durch-
setzt, lenkt der Verfasser **V. 3–5** nun wieder den Blick auf die Leser zurück und
drückt aus, daß für sie Gewißheit besteht. Das geschieht in V. 3 und V. 5 wieder
in der Form von Fürbitten, die als solche das wieder aufnehmen, was der Verfasser 2,16.17 bereits gesagt hatte. In V. 4 bringt der Verfasser seine Zuversicht
zum Ausdruck, daß er mit seinem Schreiben (wenigstens) bei den Lesern Erfolg
haben wird. Auffällig ist nun, daß V. 4 selbständig gestaltet ist, während in V. 3
eine Formulierung aus 1. Thess. 5,24 aufgenommen wird, in V. 5 das Verbum aus
1. Thess. 3,11.

---

[25] Im übrigen ist diese Angabe wieder ein Argument gegen die paulinische Verfasserschaft des 2.Thess.
Denn wenn Paulus diesen Brief geschrieben hätte, müßte das bald nach dem 1.Thess. geschehen sein.
Da lebte er aber eben nicht in einer Situation, aus der er gerettet werden möchte.

Hatte Paulus 1.Thess. 5,24 ganz allgemein formuliert (treu ist der, der euch ruft), dann spricht der Verfasser **V.3** von der Treue des «Herrn». Es ist an dieser Stelle nicht ganz klar, wen er darunter versteht. Nach dem überwiegenden Sprachgebrauch des Verfassers müßte man an den Herrn Jesus Christus denken. Doch das, was vom «Herrn» erwartet wird, nämlich das Stärken der Leser und das Bewahren vor dem Bösen, ist nun gerade etwas, was der Verfasser sonst von Gott aussagt (vgl. oben, zu 2,16). So liegt es am nächsten, schon hier einen formelhaften Sprachgebrauch anzunehmen, wie er dann zweifellos alsbald in V.4 wieder begegnet, und noch einmal in V.5. Würde man den Verfasser fragen, was er genau meint, und dann auf terminologische Präzisierung drängen, würde er sicher von Gott reden. Sein Anliegen ist es (gerade nach V.2), für die Leser noch einmal (vgl. 2,17) die Gewißheit auszudrücken, daß sie die nötige Stärke bekommen, um vor dem Bösen bewahrt zu werden. Auch was er mit dieser Wendung meint, ist nicht ganz klar. Möglich ist, daß der Verfasser auf die Zukunft blickt und sagen will: Die Leser werden, wenn sie die Gegenwart «gestärkt» bewältigen, dem Bösen (= Verderben) beim Gericht in der Zukunft entgehen. Es kann sich aber auch um eine ausschließlich präsentische Aussage handeln. Das Böse wäre dann das, was die tun, die sich von den «bösen Menschen» (V.2) beeinflussen lassen, der Gegensatz also zu «jedem guten Werk und Wort» (2,17). Wegen der Wiederaufnahme desselben Begriffs und wegen der Parallele zu 2,17 liegt die zweite Erklärung näher.

Dann schließt sich auch **V.4** unmittelbar an. Im Grunde laufen alle Ermahnungen seit 2,13 auf diesen Vers zu. Das Gewicht, das der Verfasser dieser Aussage beimißt, erkennt man schon daran, daß er sie ohne Rückgriff auf seine Vorlage formuliert. Bezeichnend für ihn ist dann aber auch die Zuspitzung innerhalb der Aussage. Zunächst knüpft er im Ton an V.3 an und spricht vom Vertrauen, das er «im Herrn» (vgl. oben, zu V.3) zu den Lesern gewonnen hat. Sie werden schon auf das hören, was er ihnen geschrieben hat. Er meint, unterstellen zu können, daß sie es jetzt tun, und erwarten zu dürfen, daß sie es weiterhin tun werden. Eben dadurch unterscheiden sie sich von denen, die sich von den «bösen Menschen» beeinflussen lassen. Dann aber kennzeichnet er seine Ausführungen als Befehl. Er kann das sagen, weil ihnen ja die Autorität des Paulus zukommt, als der der Verfasser schreibt. Zugleich kommt damit aber der gesetzliche Zug zum Ausdruck, der für die «Theologie» des Verfassers charakteristisch ist. Weil für die Leser zu viel auf dem Spiel steht, muß er deutlich und mit Nachdruck reden (vgl. 3,6), will aber dennoch nicht auf den werbenden Ton verzichten.

Der bestimmt dann auch in **V.5** die letzte Fürbitte. Hier sind verschiedene Begriffe so locker zusammengefügt, daß der Ausleger sich hüten sollte, sie von der Grammatik her zu pressen. Bestimmend dürfte das Verbum «richten» sein. Seit 2,16 (siehe dort) begleiten den Verfasser beim Niederschreiben Aussage und Text von 1.Thess. 3,11. Nun endlich kann er wenigstens noch das Verbum aus diesem Vers verwenden. Er läßt es im Optativ stehen (vgl. oben, S.25), benutzt es aber dennoch in einem anderen Sinne. Wenn er sich in seiner Fürbitte an den «Herrn» wendet (der die Herzen der Leser richten möge), dann kann (wie V.3 u. V.4) nur ein formelhafter Gebrauch vorliegen. Denn wenn der Verfasser hier präzise an Christus oder an Gott gedacht hätte, dann hätte er schwerlich formulieren können, daß dieser (wer?) die Herzen der Leser auf die *Gottes*-Liebe oder auf die *Christus*-Geduld richten möge. Umgekehrt aber ergibt sich daraus, daß man über diese beiden (vom Verfasser offensichtlich ad hoc gebildeten) Genitive keine Spekulationen mit Hilfe der Grammatik anstellen sollte.[26] Die ganze Aussage ist wirklich ganz allgemein: Die Herzen der Leser möchten so gelenkt werden, daß diese den Weg durch ihre Gegenwart in Besonnenheit gehen, an der Liebe zu Gott (vielleicht in der Bedeutung: an der Liebe zur Wahrheit; vgl. 2,10) festhalten und dabei als Christen nie die Geduld verlieren.

Eigentlich hätte der Verfasser hier sein Schreiben beenden und den Briefschluß folgen lassen können. Er setzt aber noch einmal ein.

3,6–12   Die «Unordentlichen»

6 Wir befehlen euch aber, Brüder, im Namen des Herrn Jesus Christus, euch zurückzuziehen von jedem Bruder, der unordentlich wandelt und nicht nach der Überlieferung, die sie von uns empfangen haben.
7 Denn ihr selbst wißt, wie man uns[er Beispiel] nachahmen muß, denn wir haben nicht unordentlich unter euch gelebt; 8 auch haben wir nicht umsonst jemandes Brot gegessen, sondern [wir haben das] in Mühe und Anstrengung Nacht und Tag arbeitend [getan], um niemandem unter euch zur Last zu fallen; 9 nicht, daß wir kein Recht [dazu] hätten, sondern damit wir uns euch zum Vorbild gäben, daß ihr uns[er Beispiel] nachahmt. 10 Denn auch als wir bei euch waren, haben wir euch dieses befohlen: Wenn jemand nicht arbeiten will, soll er auch nicht essen.
11 Wir hören nämlich, daß einige von euch unordentlich wandeln, nicht arbeiten, sondern unnütze Dinge treiben. 12 Diesen [Leuten] befehlen wir und ermahnen sie in dem Herrn Jesus Christus, daß sie, indem sie in Ruhe ihre Arbeit tun, ihr eigenes Brot essen.

Mit 3,6–12 bringt der Verfasser noch einmal einen längeren zusammenhängenden Abschnitt. Unter den Auslegern ist umstritten, ob die scharfe Zurechtweisung der unordentlich Wandelnden konkret veranlaßt ist oder nicht. Für konkrete Veranlassung könnten zwei Argumente sprechen. Zunächst kann man darauf hinweisen, daß sich das vom Verfasser angeprangerte ethische Fehlverhalten im Zusammenhang mit der falschen Parole (2,2) verstehen läßt, vielleicht sogar als Konsequenz daraus. Sodann ist nicht zu übersehen, daß der Verfasser in V. 11 ausdrücklich sagt, er habe von dem unordentlichen Wandel «gehört». – Diese Argumente sind jedoch nicht wirklich überzeugend. Bei einer konkreten Veranlassung hätte man doch erwartet, daß der Verfasser mit der Bemerkung in V. 11, er habe von dem unordentlichen Wandel gehört, begonnen hätte. Da er das aber erst später sagt, wirkt diese Aussage eigentümlich nachhinkend. Dazu kommt, daß es kaum möglich ist, den Zusammenhang zwischen Irrlehre und Ethik wirklich durchsichtig zu machen (vgl. oben, S. 55f.). Man darf doch kaum unterstellen, daß die, die nach V. 11 arbeitsscheu sind und unnütze Dinge treiben, identisch sind mit den Vertretern der Irrlehre. Nicht einmal, daß sie unter deren Einfluß stehen, deutet der Verfasser an. So ist viel eher anzunehmen, daß V. 6–12 ohne konkrete Veranlassung in der Situation der Leser formuliert worden sind.

Das läßt sich wohl auch noch erhärten, wenn man darauf achtet, wo dieser Abschnitt im Zusammenhang des Schreiben begegnet und wie er selbst aufgebaut ist – wenn man also wieder den Verfasser bei seiner Arbeit beobachtet.

---

[26]   Genitive können ganz unterschiedliche Bedeutung haben. Das gilt besonders im Griechischen.

Der Verfasser hätte in der Tat seinen Brief mit 3,5 beenden und dann unmittelbar 3,17–18 als Schluß anfügen können. Er dürfte aber Bedenken gehabt haben, das zu tun, weil dann (gemessen am 1. Thess.) ein gar zu kurzer Brief herausgekommen wäre. Dazu kommt, daß er wohl selbst den Eindruck hatte, seine letzten Ausführungen müssen als Schluß seines Schreibens irgendwie unbefriedigend wirken. Wenn man dann aber sieht, daß er zuletzt (vor allem 3,1 u. 3,3) immer neue Ansätze für eine weitere Aussage macht, die alle irgendwie einem Schluß zustreben, er aber mit seinen Gedanken im Grunde gar nicht wirklich von der Stelle kommt, dann schließt sich zunächst einmal V. 6 als ein weiterer solcher Ansatz an die vorhergehenden an. Man sollte diesen Vers vorläufig einmal nur für sich betrachten. Aus 1. Thess. 5,14 wird das Stichwort «die Unordentlichen» aufgenommen. Mit dessen Hilfe gestaltet der Verfasser eine durchaus eigenständige Aussage, die sich ganz im Rahmen der vorangegangenen kurzen Aussagen hält. Insofern schließt sich V. 6 an den mit 2,13 begonnenen Abschnitt an und könnte durchaus in ihn hineingehören. Danach hätte der Verfasser, um dem Brief die gebührende Länge zu geben, noch einige Zeit in der gleichen Weise fortfahren können. Denn wirklich zu sagen hat der Verfasser nichts mehr.

Doch beim Niederschreiben des V. 6 kommt es bei ihm zu dem, was Heinrich von Kleist «*die allmähliche Verfertigung der Gedanken beim Reden*» genannt hat; und eben auf diese Weise sind die nächsten Ausführungen entstanden. Das Stichwort «Überlieferung» gibt offensichtlich den Anstoß. Bisher hatte der Verfasser darunter in erster Linie die *Lehre* des Paulus verstanden. Doch gehört zur Überlieferung ja auch, wie mehrfach im Brief erkennbar war, das *Bild*, das man in späterer Zeit von Paulus hat (vgl. zu 1,3–4; 2,5; 3,1–2). Das entfaltet der Verfasser in V. 7–9 und gestaltet es weiter zu einem Paradigma für rechtes Verhalten der Christen. In V. 10 fügt er noch eine zusammenfassende Sentenz an, die er durch den Hinweis auf die frühere Verkündigung des Paulus in Thessalonich in der Lehre des Apostels verankert. Jetzt erst kommt er auf das Stichwort aus V. 6 (unordentlich wandeln) zurück; und jetzt kann er es auch inhaltlich füllen. Er tut das, indem er das gerade gezeichnete Paulusbild umkehrt und behauptet, diese Umkehrung trifft auf «einige» im Umkreis der Leser zu. Da er aber mit einer solchen Behauptung in jeder Gemeinde recht haben dürfte, kann er ohne Bedenken sagen, er habe davon «gehört». Mit dieser Bemerkung kann er dann zugleich der abschließenden Ermahnung in V. 12 besonderen Nachdruck verleihen.

Da der Verfasser bei der Gestaltung dieses Abschnittes vor allem durch die «allmähliche Verfertigung der Gedanken» bestimmt ist, erfährt die Art, wie er den 1. Thess. benutzt, eine gewisse Modifizierung. Von V. 7 an tritt die Anlehnung an *einzelne* Worte und Motive zurück gegenüber der Orientierung an *zusammenhängenden* «Zitaten», die er zur Auffüllung seines Paulusbildes benutzt.

Das Wortmaterial für die Gestaltung von **V. 6** entnimmt der Verfasser sehr weitgehend 1. Thess. 4,1 (vgl. oben, S. 21). Auffällig ist dabei, daß er die von Paulus benutzten Verben («bitten» und «ermahnen») verschärft, indem er wieder (vgl. 3,4!) von «befehlen» redet. Es handelt sich also um eine autoritative Anordnung, die nicht nur durch die «Überlieferung», also von Paulus her, begründet ist, sondern die zugleich dadurch Nachdruck erhält, daß sie (volltönender als 1. Thess. 4,1) «im Namen des Herrn Jesus Christus» ergeht. Für den Inhalt der Anordnung nimmt der Verfasser aus 1. Thess. 5,14 das Stichwort «die Unordentlichen» auf. Paulus hatte die Thessalonicher aufgefordert, diese zurechtzubringen. Er verstand sie also durchaus als Brüder. Daß der Verfasser die Unordentlichen auch so bezeichnet, ist in seinem Zusammenhang unangemessen, denn er ordnet ja gerade die Trennung von ihnen an. (Erst V. 14f. erfolgt so etwas wie eine Milderung; doch darf man diesen Gedanken hier noch nicht eintragen.) Wie man sich die «Unordentlichkeit» dieser Leute *konkret* vorstellen soll, läßt der Verfasser offen; und *vorläufig* scheint er darüber auch noch gar nicht zu reflektieren. Ganz und gar unwahrscheinlich ist es, daß er hier schon das im Auge hat, was er V. 11 ausführt. Die Ausleger unterstellen das meist und wundern sich dann darüber, daß ein so relativ «mildes» Vergehen wie Arbeitsscheu und vielgeschäftige Nichtstuerei so harte Konsequenzen nach sich ziehen soll. Das wäre auch wirklich verwunderlich. Man muß hier auf den ganzen Zusammenhang achten. In den vorangegangenen Ermahnungen hatte der Verfasser auf vielfache Weise zum Ausdruck gebracht, wie sich die Leser verhalten und ihr Leben gestalten sollen: in Heiligung (2,13), im Herzen gefestigt zu jedem guten Werk und Wort (2,17). Dieses Bild vom rechten Leben der Christen kehrt der Verfasser um und bezeichnet es zusammenfassend mit dem aus 1. Thess. 5,14 entnommenen Stichwort: Wer nicht so wandelt, wie er wandeln soll, der wandelt eben «unordentlich». Er gehört vielleicht zu den unredlichen und bösen Menschen, von denen «Paulus» errettet werden möchte (3,2), auf jeden Fall aber zu denen, die dem Evangelium unseres Herrn Jesus Christus nicht gehorsam sind (1,8). Das aber ist nun wirklich ein «schweres» Vergehen, denn das ist eine bewußte Mißachtung des überlieferten Evangeliums. So muß der Verfasser (aus seiner Sicht folgerichtig) den Lesern befehlen, daß sie sich von «jedem Bruder» zurückziehen, der nicht nach der Überlieferung wandelt, «die *sie* von uns empfangen haben».[27] *Auch sie* kennen also die paulinische Tradition, halten sich aber nicht daran. Die Konsequenz *muß* dann die Trennung von diesen Leuten sein.

In **V. 7** nimmt der Verfasser die Motive «Überlieferung» und «unordentlich» auf und verbindet sie im Weiterdenken miteinander. Zur Überlieferung gehört ja auch ganz wesentlich das Paulusbild. Das ist nun aber geeignet, wenn auch zunächst in Umkehrung, das zu entfalten, was unter einem unordentlichen Wandel verstanden werden kann. Den Leitgedanken für seine Ausführungen entnimmt der Verfasser 1. Thess. 1,6f. Dort findet sich das Begriffspaar «Vorbild» und «Nachahmer». Paulus benutzte es jedoch im Dienste einer christologischen Aussage (vgl. Kommentar zum 1. Thess., S. 38f.). So paßt es aber in den Gedankengang des Verfassers nicht hinein. Er verengt es und gestaltet es um zu einem ethischen Modell für Imitation. Die Leser «wissen», wie Paulus in der Gemeinde aufgetreten ist, denn sein Verhalten ist ja unmittelbar ablesbar. Der Sinn dieses Verhaltens war, den Lesern ein Beispiel zu geben, das für sie verpflichtende Bedeutung hat: Sie *müssen* es nachahmen. An eben diesem Beispiel kann man zunächst einmal feststellen: Das Leben des Paulus unter den Thessalonichern war *nicht* unordentlich. Wieso es das nicht war, wird **V. 8** entfaltet, zunächst negativ, dann positiv. Paulus hat sich nicht von irgendjemandem aushalten lassen, sondern sein eigenes Brot gegessen (vgl. V. 12). Warum er dazu in der Lage war, erläutert der Verfasser, indem er 1. Thess. 2,9 nahezu wörtlich abschreibt (vgl. oben, S. 26f.). Äußerlich gesehen decken sich die beiden Paulusbilder. Sie haben aber in ihren jeweiligen Kontexten durchaus unterschiedliche

---

[27]   Der Verfasser versteht den grammatischen Singular logisch als Plural und fährt daher im Plural fort. Spätere Abschreiber haben an der so entstandenen sprachlichen Härte Anstoß genommen und versucht, sie zu beseitigen, einige davon auf eigenartige Weise: Sie lassen zwar einen Plural stehen, beziehen in ihn aber die Leser mit ein und formulieren nun «die *ihr* von uns empfangen habt». Diese sekundäre Lesart, die im Kontext natürlich auch Sinn gibt, findet sich in den meisten deutschen Übersetzungen, entspricht aber schwerlich dem Urtext.

Funktionen. Paulus brachte im 1. Thess. die Erinnerung an sein Auftreten mit dem Motiv der Verkündigung des Evangeliums zusammen. Seine Anstrengung und Mühe Nacht und Tag, um niemandem zur Last zu fallen, war in seinem Dienst an der Gemeinde begründet; und insofern hatte Paulus sozusagen gar keine andere Wahl. Der Verfasser des 2. Thess. sieht aber gerade das anders, wie aus seiner Interpretation des Auftretens des Apostels in **V. 9** deutlich wird. Paulus hätte nämlich, so sieht er es, durchaus die Möglichkeit gehabt, ganz anders zu leben, denn er hätte das Recht gehabt, sich von der Gemeinde unterhalten zu lassen. Man kann hier fragen, ob der Verfasser 1. Kor. 9,4 gekannt hat. Jedenfalls entspricht es viel mehr der Vorstellung, die der Verfasser von «apostolischer Autorität» hat, daß sie den Anspruch auf Versorgung durch die Gemeinde einschließt. Wenn Paulus aber in Thessalonich darauf verzichtet hat, dann geschah das aus dem einen Grund: Er wollte der Gemeinde ein Vorbild geben, das sie nachahmen kann, nun aber auch nachahmen muß. Und eben das wird **V. 10** noch einmal unterstrichen. Paulus hat, als er in Thessalonich war, der Gemeinde nicht nur das Beispiel vorgelebt, sondern er hat ihr auch ausdrücklich (und zwar: damals schon) gesagt, daß es verpflichtenden Charakter habe. Er hat nämlich *befohlen*, daß, wer nicht arbeiten will, auch nicht essen solle. Ob der Verfasser hier ein Sprichwort aufnimmt oder diese Sentenz selbst formuliert hat, läßt sich nicht sicher entscheiden. Vordergründig betrachtet, klingt sie durchaus plausibel. Dieser Grundsatz muß darum eigentlich einleuchten. Auf jeden Fall schließt er den Gedankengang nicht ungeschickt ab.

Mit **V. 11** wendet sich der Verfasser nun wieder unmittelbar an die Leser und nimmt das V. 6 Gesagte noch einmal auf. Hatte er dort allgemein und ohne bestimmte Inhalte zu nennen vom unordentlichen Wandel gesprochen, dann kann er dem jetzt ein wenig Farbe geben. Dadurch wird freilich die Sache, um die es dem Verfasser ursprünglich ging, erheblich abgemildert. Unter den Lesern gibt es ganz sicher *einige*, die nicht arbeiten, sondern unnütze Dinge treiben. Daß der Verfasser davon «gehört» haben will, darf man nicht pressen. Diese Bemerkung will nicht – historisch – auf die Situation unter den Lesern anspielen, sondern sie ist ein literarisches Mittel, das der Verfasser einsetzt, um beim Übergang von V. 10 zu V. 11 zu einer unmittelbaren Anrede an die Leser kommen zu können. – Schließlich kann der Verfasser in **V. 12** auch nicht mehr das Motiv der Trennung aus V. 6 aufrechterhalten. Es kann (nach den V. 7–10) nun nicht mehr die Rede davon sein, daß die Leser sich von denen, die unordentlich wandeln, zurückziehen sollen, sondern nun wird erst einmal das genaue Gegenteil von ihnen erwartet: eine Hinwendung zu gerade diesen Leuten. Zwar bleibt der Verfasser dabei, daß er befiehlt. Doch der Befehl wird alsbald abgemildert zu einer Ermahnung an eben diese unordentlich Wandelnden. Sie sollen in Ruhe ihre Arbeit tun und (wie Paulus) ihr eigenes Brot essen. Sieht man also, daß der Verfasser in den V. 6–12 seine Gedanken beim Schreiben langsam entwickelt hat und dabei von der anfangs beabsichtigten Schärfe abgekommen ist, dann darf man nicht nachträglich (wie die meisten Kommentatoren) das am Schluß Ausgeführte in den Anfang eintragen und nun ein einheitliches Bild von den «Unordentlichen» voraussetzen. Das wandelt sich gerade im Verlauf der Darstellung. – Dadurch entsteht dann freilich eine andere Spannung: Es ist nicht mehr klar, wie sich die Leser denen gegenüber verhalten sollen, die (nur *begrifflich* einheitlich) die unordentlich Wandelnden genannt werden. Sollen sie sich von ihnen zurückziehen, oder sollen sie sich (mit dem Verfasser zusammen) an der Ermahnung beteiligen und den Erfolg der Ermahnung abwarten? Eben diese Spannung spürt der Verfasser selbst und macht sich nun daran, sie zu lösen.

3,13–16   Zusammenfassung der Ermahnungen

13 Ihr aber, Brüder, werdet nicht müde, Gutes zu tun.
14 Wenn aber jemand unserem Wort durch den (= diesen) Brief nicht gehorcht,
den merkt euch [und] habt keinen Umgang mit ihm, damit er beschämt werde.
15 Aber haltet ihn nicht für einen Feind, sondern weist ihn zurecht wie einen Bru-
der.
16 Er selbst aber, der Herr des Friedens, schenke euch den Frieden allezeit auf alle
Weise. Der Herr [sei] mit euch allen.

Die Frage, ob man V. 13–16 zu einem eigenen Abschnitt zusammenfassen soll, hat
keine grundsätzliche, sondern höchstens praktische Bedeutung. Da der Verfasser
seit 2,13 seine Ausführungen nicht nach einem bestimmten Plan gestaltet und die
Auslegung von 3,6–12 zeigte, daß er seine Gedanken erst beim Niederschreiben
entwickelt, erweist sich jede Gliederung als nachträglich an das Ganze herangetra-
gen. Der gelegentliche Streit unter den Exegeten über die «richtige» Gliederung ist
daher wenig sinnvoll. So läßt sich V. 13 (trotz des Neuansatzes mit der Anrede
«Brüder») durchaus als Abschluß von V. 6–12 verstehen. Das gilt dann aber auch
noch für die V. 14–15, denn hier versucht der Verfasser mit der Spannung fertigzuwerden, in die er sich selbst hineinmanöveriert hat bei der Frage, wie man sich zu
den unordentlich Wandelnden verhalten soll (vgl. oben, zu V. 6 u. V. 12). Andererseits hebt sich jedoch insbesondere V. 14 auch vom Vorhergehenden ab, weil der
Verfasser hier auf sein ganzes Schreiben zurückblickt. Er hat nun also wirklich den
Briefschluß im Auge, zu dem er dann mit V. 16 überleitet.
Hatte der Verfasser V. 11 die Leser nur indirekt angeredet (einige *von euch*), dann
tut er das **V. 13** direkt. Im Unterschied zu den Unordentlichen sollen *sie* nicht müde
werden, Gutes zu tun. Der Zusammenhang macht deutlich, daß das keine Aufforderung zu karitativem Handeln ist, wie man nach dem Wortlaut vermuten könnte.
«Gutes tun» ist vielmehr der Gegensatz zum «unordentlichen Wandel». Der Verfasser drückt sich so allgemein aus, weil er zwei Gegenüberstellungen in einem Begriff zusammenfassen will. Einmal hat er die Gestalt des unordentlichen Wandels
vor Augen, an die er bei der Abfassung von V. 6 dachte, sodann aber auch die inhaltlich zwar präzisierte, sachlich aber abgemilderte Gestalt, die er V. 11 beschrieb.
Was der Verfasser meint, läßt sich dann etwa so ausdrücken: Die Leser sollen nicht
müde werden, sich an «Paulus» zu orientieren, und zwar sowohl an den Überlieferungen (V. 6), als auch an dem in V. 8 (nach 1. Thess. 2,9) gezeichneten Paulusbild.
Sind sie in beidem gehorsam, tun sie Gutes.
Das wird dann in **V. 14–15** weitergeführt. Der Verfasser konnte ja kaum damit
rechnen, daß «jene Leute», an die er sich V. 12 gewandt hatte, den Brief unmittelbar in die Hand bekommen. Darum weist er nun die Leser an sie und gibt ihnen
Anweisungen, wie sie sich den Ungehorsamen gegenüber verhalten sollen. Dabei
möchte der Verfasser zwar möglichst grundsätzlich formulieren, doch weil er das
will, werden die Einzelausführungen etwas unklar. Ungehorsam sind ja nicht nur
die, die (sei es im Sinne von V. 6, sei es im Sinne von V. 11) unordentlich wandeln,
sondern auch die, die die Leser durch die falsche Parole (2,2) verwirren. Ungehorsam sind also alle, die sich nicht an das Wort des Paulus (vgl. 2,5; 3,10) halten und
die sich nicht am 2. Thess. orientieren. So nimmt der Verfasser noch einmal (vgl. zu
2,15; aber auch 2,2) die Begriffe Wort und Brief auf, stellt sie aber anders zusam-

men. Wenn er am Ende seines Schreibens von einem Ungehorsam gegenüber dem
«Wort durch den Brief» spricht, dann bindet er die mündliche Paulus-Tradition in
den vorliegenden Brief ein. Und da man nie weiß, was sonst noch an angeblicher
Paulus-Tradition umläuft (vgl. zu 2,2), macht der Verfasser mit dieser Wendung
seinen Brief zu der allein verbindlichen Instanz. Wer sich an Paulus orientieren will,
muß dem vorliegenden Brief (und eigentlich: nur ihm) gehorsam sein.
Ist jemand das aber nicht, dann sollen sich die Leser ihn «merken». Man darf dieses
Wort auf keinen Fall pressen (etwa im Sinne von: auf irgendeine Liste setzen). Es
geht vielmehr darum, daß ein solcher Mensch den Lesern auffallen muß, denn sie
müssen jetzt reagieren. Wie das aber zu geschehen hat, läßt der Verfasser in der
Schwebe. Nach seinen Ausführungen in V. 6–12 kann er das auch gar nicht mehr
präzise angeben. Die Aufforderung, sich von ihnen zurückzuziehen, die V. 6 als
scharfer Befehl erging und vom Verfasser dort auch so gemeint war, klingt nach:
Die Leser sollen keinen Umgang mit einem Ungehorsamen haben. Von einer voll-
ständigen Trennung kann aber nicht mehr die Rede sein, denn in die Kategorie der
Ungehorsamen gehören nun ja eben auch die hinein, die «nur» arbeitsscheu sind
und unnütze Dinge treiben. So mildert der Verfasser wieder ab: Diese Leute sollen
«beschämt» werden, dadurch in sich gehen und so wieder auf den richtigen Weg zu-
rückfinden. Dann ist es nur konsequent, daß sie nicht als Feinde gelten dürfen, sondern Brüder bleiben, die aber der Zurechtweisung bedürfen.
Nach allem, was der Verfasser bisher in seinem Brief geschrieben hat, dürfte dieser
fast versöhnlich klingende Schluß kaum dem entsprechen, was er vor Augen hatte,
als er sich an seine Arbeit machte: der leidenschaftliche Kampf gegen die, die nach
seiner Meinung die Leser ins Verderben bringen. Streng durchgehalten hat er die
Schärfe bis 2,12, einigermaßen auch noch in den Ermahnungen bis einschließlich
3,6. Dann aber hat er seine Gedanken treiben lassen und hat nun offenbar nicht
mehr die Kraft, den Ton des Anfangs noch einmal aufzunehmen. Er ist mit seiner
literarischen Gestaltungskraft am Ende.
So steuert er mit **V. 16** konsequent dem Ende zu. Er formuliert einen Segenswunsch, wobei er noch einmal seine Vorlage zur Hand nimmt und 1. Thess. 5,23 in
für ihn charakteristischer Weise umwandelt (vgl. oben, S. 22). Wenn er «Gott des
Friedens» durch «Herr des Friedens» ersetzt, orientiert er sich wohl an 2,16, wahrscheinlich aber nur formal und nicht inhaltlich. Denn auch wenn er «Herr» schreibt,
denkt er an dieser Stelle eher an Gott als an den Herrn Jesus Christus. Erbeten wird
der Friede ja für die Leser als ein gegenwärtiges Gut; gegenwärtig aber wirkt nach
der Konzeption des Verfassers nur Gott. Es ist freilich sehr unwahrscheinlich, daß
V. 16 reflektiert formuliert wurde. – Formelhaft ist dann auch der zweite Segenswunsch, der später (verkürzt) als Salutatio in die Liturgie eingegangen ist. Paulus
benutzt diesen Gruß nie (vgl. aber 2. Tim. 4,22).

3,17–18   Briefschluß

17 Der Gruß [ist geschrieben] **mit meiner, des Paulus, Hand, was** (das) **Zeichen ist
in jedem Brief: So schreibe ich.**
18 Die Gnade unseres Herrn Jesus Christus [sei] **mit euch allen.**

Wenn in der Antike Briefe diktiert wurden, setzte der Absender meist einen eigenhändig geschriebenen Gruß oder Wunsch unter das Schreiben. Der Sinn dieses

Brauches versteht sich von selbst: Die persönliche Verbindung zu den Empfängern soll zum Ausdruck gebracht werden. Auch in den Paulus-Briefen können wir diesen Brauch erkennen (vgl. Kommentar zum 1. Thess., S. 73). – Der Briefschluß des 2. Thess. hat aber nun offensichtlich eine ganz andere Funktion: Er will die «Echtheit» des Schreibens dokumentieren. Das ist jedoch ein Motiv, das niemals bei Paulus begegnet und deshalb einige Fragen aufwirft.

Am Anfang stimmt **V. 17** wörtlich mit 1. Kor. 16,21 überein. Nicht ausgeschlossen ist, daß dem Verfasser dieser Vers als direkte Vorlage gedient hat. Bereits die Erweiterung des Präskriptes in 1,2 ließ die Vermutung aufkommen, daß dem Verfasser andere Paulus-Briefe bekannt waren (vgl. oben, S. 60); und 3,9 konnte diese Vermutung sogar direkt im Blick auf den 1. Korintherbrief ausgesprochen werden, denn da begegnet ein Motiv aus 1. Kor. 9,4. – Nun wird dieser Gruß aber vom Verfasser ausdrücklich ein «Zeichen» genannt. Er läßt zwar nicht erkennen, worin dies besteht: in der Aufnahme der Wendung aus 1. Kor. 16,21 oder in der Art, wie er schreibt (vgl. Gal. 6,11)? Dennoch muß gemeint sein: Die Leser sollen mit diesem «Zeichen» eine Möglichkeit haben, wirkliche Paulus-Briefe von solchen zu unterscheiden, die sich fälschlicherweise als von Paulus geschrieben ausgeben. Denn Paulus bringt dieses Zeichen «in jedem Brief» an.

Alle die, die den 2. Thess. als echten Paulus-Brief ansehen, müssen nun in Schwierigkeiten kommen. Es ist ja nicht entscheidend, *daß* Paulus seine Briefe eigenhändig zu unterschreiben pflegte (wie oft ausgeführt wird), der 2. Thess. also keine Ausnahme von der Regel ist. Die Ausnahme besteht in der *Funktion*, die der eigenhändige Briefschluß in diesem Fall hat. Unterstellt man aber, daß Paulus mit dieser Bemerkung diesen Brief als authentisch kennzeichnen (und damit die Leser vor möglichen Fälschungen bewahren) wollte, dann läßt sich das historisch einfach nicht erklären. Bei paulinischer Verfasserschaft müßte nämlich der 2. Thess. sehr bald nach dem 1. Thess. geschrieben worden sein. Gab es damals aber schon gefälschte Paulus-Briefe? Und bestand die Gefahr, daß es die auch in Thessalonich gab? Was soll dann aber in dieser frühen Zeit die Bemerkung bedeuten, daß dieses Zeichen «in jedem Brief» anzutreffen ist? Paulus müßte mit diesem Hinweis doch gleich eine Sicherung auch für die Zukunft eingebaut haben: Die Leser wissen nun bei späteren Briefen Bescheid, wie sie echte von gefälschten Paulus-Briefen unterscheiden sollen. Plant Paulus denn jetzt schon weitere Briefe nach Thessalonich oder überhaupt einen umfangreichen Briefverkehr? Man muß sich doch vergegenwärtigen, an welchem «Ort» in der Reihenfolge der Briefe der 2. Thess. als Paulus-Brief stehen müßte. Ob Paulus im Osten Briefe geschrieben hat, wissen wir nicht. Erhalten sind keine. Ist der 2. Thess. ein Paulus-Brief, war es der zweite Brief, den er im Westen schrieb. Noch nicht geschrieben (und doch auch noch nicht geplant) sind die Briefe nach Galatien, Philippi, an Philemon, die Korinther und Römer. Worauf soll sich dann aber der Hinweis auf «jeden Brief» beziehen?

Bei den Erwägungen, V. 17 als paulinische Aussage zu verstehen, muß man weiter unterstellen, daß der Apostel sich selbst für eine völlig unangefochtene Autorität gehalten habe: Wenn Gegner oder Irrlehrer ihre eigenen Gedanken gegen Paulus verbreiten wollen, dann kann ihnen das nur so gelingen, daß sie die fälschlicherweise als von Paulus stammend ausgeben, denn unter ihren eigenen Namen hätten sie keine Chance. Nun läßt sich aber nirgendwo erkennen, daß Paulus selbst dieser Meinung war, noch, daß er tatsächlich von anderen als eine solche Autorität angesehen wurde. Das Gegenteil trifft zu. Irrlehrer und Gegner setzen ihre Gedanken offen gegen Paulus durch und bekämpfen ihn, nicht selten sogar ganz persönlich.

Oft genug muß Paulus darum kämpfen, überhaupt als Autorität anerkannt zu werden. Aus der Situation des «historischen Paulus» ist also der V. 17 ein nicht zu erklärendes Rätsel.

Einige Jahrzehnte später ist alles ganz anders. Jetzt beruft man sich auf Paulus, wenn man Leser in paulinischen Gemeinden (und bald darauf auch darüber hinaus) überzeugen will. Um sich auf Paulus berufen zu können, benutzt man seine Briefe. Genau diese Situation muß man voraussetzen, wenn man V. 17 verstehen will. Die Bemerkung, daß Paulus «in jedem Brief» so schreibe, setzt die Kenntnis mehrerer Paulus-Briefe, wahrscheinlich sogar eine erste Sammlung voraus. Der Verfasser will nun sein eigenes Schreiben in diese Sammlung einfügen. Er weiß genau, daß er in späterer Zeit schreibt. Darum muß er damit rechnen, daß man diesem neu auftauchenden Schreiben mit Skepsis begegnen könnte. Ihr tritt er entgegen, und zwar so, daß er etwaigen Zweifeln an der Authentizität seines Briefes sofort den Wind aus den Segeln nimmt: Über die Echtheit *dieses* Briefes kann gar keine Diskussion entstehen, da er ja das «Zeichen» des Paulus trägt.

Offenbar will der Verfasser aber noch mehr. Da er doch weiß, daß kein anderer Brief dieses «Zeichen» aufweist, bekommt sein eigenes Schreiben nun gleichsam eine Vorrangstellung. Noch einmal stoßen wir damit auf ein Motiv, das bei der Auslegung mehrfach begegnete: Der Verfasser will mit dem 2. Thess. den 1. Thess. ersetzen (vgl. oben, S. 35). Sollte jemand nach der Lektüre des 2. Thess. auf den Gedanken kommen und dann auch die Möglichkeit dazu haben, ihn mit dem 1. Thess. zu vergleichen, und sollte er dabei Widersprüche feststellen, kann durch V. 17 kein Zweifel mehr daran bestehen, welcher von beiden der «echte» Paulus-Brief ist. Es ist der 2. Thess.

Daß der Verfasser auch die anderen Paulus-Briefe verdrängen wollte, wird man in dieser Ausdrücklichkeit kaum sagen können. Dennoch ist zumindest eine Tendenz in dieser Richtung erkennbar. Auffällig ist doch, daß der Verfasser zwar auf diese Briefe hinweist (vgl. oben, zu 2,2 und 2,15). Aber weder nennt er jemals einen bestimmten, noch geht er auf Inhalte aus anderen Briefen ein. (1. Kor. 9,4 in 3,9 ist in diesem Zusammenhang keine Ausnahme.) Man muß einfach feststellen: Obwohl der Verfasser Paulus-Briefe kennt, ignoriert er sie praktisch. In seiner Lage ist das verständlich. Bei den Problemen, mit denen es seine Leser zu tun haben, helfen seiner Meinung nach andere Paulus-Briefe nicht. Zumindest aber fehlt dem Verfasser das Vermögen, sie so zu benutzen, daß sie helfen könnten. In der Situation der Leser hilft nur eine Ausrichtung an «Paulus». An diesem Punkt kann er bei seinen Lesern wahrscheinlich sogar ein Einverständnis mit ihm voraussetzen. Es muß sich jedoch um eine Ausrichtung an dem Paulus handeln, wie der Verfasser ihn versteht. Mit eben dem aber haben die Leser es im 2. Thess. zu tun, und eigentlich nur im 2. Thess. Und genau das bringt er in V. 17 zum Ausdruck.

Erst wenn man dieses *Anliegen* sieht, sollte man die Frage stellen, wie die *Durchführung* dieses Anliegens zu beurteilen ist. Formal haben wir es mit dem zu tun, was man eine «Gegenfälschung» zu nennen pflegt: Der Verfasser bedient sich einer Fälschung, um eine andere «Fälschung» zu bekämpfen, die aber tatsächlich keine Fälschung ist, sondern von ihm erst als solche diskreditiert wird. Daß das unter moralischen Gesichtspunkten ein höchst anfechtbares Vorgehen ist, sollte man nicht wegdisputieren. Gleichwohl muß man die Frage stellen, ob es sinnvoll ist, sein Interesse darauf zu konzentrieren. Zur Diskussion sollte doch in erster Linie das stehen, was der Verfasser zu sagen hat, nicht aber seine moralische Qualität. Sicher kann man beides nicht immer voneinander scheiden; dennoch sollte man hier unterscheiden. Im letzten Teil des Kommentars soll daher noch kurz auf das Problem der Pseudonymität eingegangen werden.

In **V.18** zeigt der Verfasser noch einmal seine literarische Abhängigkeit vom 1. Thess.: Mit dem letzten Vers seiner Vorlage beendet er auch sein eigenes Schreiben. Lediglich am Schluß ändert er. Ging der Zuspruch der Gnade 1. Thess. 5,28 unmittelbar an die Leser, dann läßt der Verfasser ihn «an alle» ergehen. So kommt hier noch einmal der Zug distanzierter Unpersönlichkeit zum Tragen, der im 2. Thess. durchgehend zu beobachten ist. Zugleich aber läßt der Verfasser erkennen, daß das, was er zu sagen hat, nicht nur die Leser angeht, sondern eben alle. Dadurch wird die literarische Form des Briefes ein wenig gesprengt. Das Schreiben bekommt den Charakter eines Traktates.

III. Der 2. Thess. als pseudonymer Paulus-Brief

In den «Vorüberlegungen» gingen wir von der Selbstaussage des Briefes aus, nahmen also an, daß er von Paulus geschrieben worden sei. Erst als in der «Hinführung zur Auslegung» dagegen erhebliche Bedenken auftauchten und diese immer zahlreicher wurden, faßten wir die Möglichkeit ins Auge, der 2. Thess. könne von einem anderen geschrieben worden sein, der den Brief jedoch unter dem Namen des Paulus herausgebracht hat. Mit dieser neuen Arbeitshypothese ließ sich dann manches erklären, was vorher nur schwer oder gar nicht erklärt werden konnte. So schien sich die Arbeitshypothese zu bewähren. Dementsprechend versucht dann die «Auslegung», das Schreiben als Werk eines unbekannten Mannes zu interpretieren, der den 1. Thess. als Vorlage benutzt hat. Wegen dieser literarischen Abhängigkeit lag es nahe, den Verfasser bei seiner «Arbeit am Schreibtisch» zu beobachten. Das erwies sich als entscheidende Hilfe zum Verstehen dessen, was er seinen Lesern in ihre Situation hinein sagen wollte. Im Zusammenhang mit einer Bemerkung im Briefschluß mußte dann aber auch noch die Annahme erwogen werden, daß es sich bei diesem Schreiben um eine bewußte Fälschung handeln könnte. Spätestens hier meldete sich dann die dringende Frage, wie man sich zum Problem einer solchen Pseudonymität stellen soll.

Beim Versuch, diese Frage zu beantworten, herrscht bis heute eine ziemliche Unsicherheit. Nun sollte man genau darauf achten, womit das zusammenhängt. Wäre der 2. Thess. ein beliebiges altes literarisches Dokument, würde man die Konstatierung von Pseudonymität als ein rein historisches Urteil betrachten und sich dann kaum weitere Gedanken darüber machen. Nun handelt es sich beim 2. Thess. aber um eine Schrift, die Bestandteil des neutestamentlichen Kanons ist. Eben das wirft dann die eigentlichen Fragen auf: Welche Beziehungen bestehen zwischen der Pseudonymität einer Schrift und ihrer Zugehörigkeit zum Kanon? Ist beides miteinander vereinbar, oder schließt das eine das andere aus? – Um das hier vorliegende Problem etwas anschaulich zu machen, sollen zwei Positionen kurz skizziert werden, die man üblicherweise (wenn auch sehr unglücklich) als «konservativ» und als «kritisch» zu bezeichnen pflegt.

Für sogenannte *konservative Bibelleser* ist zunächst einmal wichtig, daß der 2. Thess. eine Schrift des Kanons ist. Sie begegnen daher den Ergebnissen historischer Forschung oft mit Vorbehalten. Beim Gedanken an Pseudonymität geraten sie in Schwierigkeiten, weil sie jetzt, wie sie es wohl ausdrücken, ihren «Glauben an das Neue Testament» in Gefahr sehen. Man müßte ja doch zugeben, daß manche Angaben im Neuen Testament nicht zuverlässig sind; und der Gedanke, daß eine neutestamentliche Schrift gar von einem Fälscher stammen soll, ist vollends unerträglich. So versuchen dann diese Bibelleser, Argumente gegen die Pseudonymität vorzutragen. In manchen Einzelfällen wird ihnen das auch gelingen. Die Schwierigkeit besteht indes gerade darin, daß die Einzelfälle alle miteinander zusammenhängen, darum in ihrer Gesamtheit widerlegt werden müssen, wenn die Widerlegung überzeugen soll. Da das aber kaum möglich ist, rettet man sich meist dadurch, daß man die kritischen Fragen nicht zur Kenntnis nimmt und das Schreiben weiter als Paulus-Brief versteht. Tauchen dennoch hier und dort Probleme auf, werden sie als (einstweilen noch) unlösbar zurückgestellt. Man ist eher geneigt, etwas für unerklärbar zu halten, als einer Erklärung zuzustimmen, die mit Kritik an Angaben des Neuen Testaments erkauft werden muß.

Kritische Bibelleser sehen das nicht ein. Sie halten den anderen nun vor, daß sie nicht genau auf die Texte achten, und zwar nicht so sehr auf die Einzelstellen, sondern auf die Zusammenhänge, auf die Texte als Einheiten. Sie weisen dann auf die Fülle der miteinander zusammenhängenden Beobachtungen hin, die man seit 1801 gesammelt hat, als erstmalig (vorgetragen durch J. E. Chr. Schmidt) die Vermutung auftauchte, der 2. Thess. sei nicht von Paulus verfaßt. Diese Meinung hat sich bis heute fast überall unter den «wissenschaftlichen» Theologen durchgesetzt. Bahnbrechend wirkten dabei vor allem die Untersuchungen, die W. Wrede 1903 vorlegte. Hier wurde (in dieser Geschlossenheit erstmalig) das literarische Verhältnis der beiden Thessalonicherbriefe zueinander herausgearbeitet und ausgewertet. Davon ist vieles in den vorliegenden Kommentar eingegangen, zumal die ganz seltenen Versuche Späterer, Wrede zu widerlegen, kaum jemanden überzeugt haben. Der weitgehende Konsens (zumindest im deutschen Sprachraum) lautet heute also: Der 2. Thess. stammt nicht aus der Feder des Paulus. Aber nun muß ja auch hier die Frage beantwortet werden, wie man sich angesichts der Pseudonymität des 2. Thess. zu seiner Zugehörigkeit zum Kanon stellen soll. Eine (vor allem in dieser Formulierung) extreme Position wurde 1931 in der Einleitung in das Neue Testament von A. Jülicher und E. Fascher vertreten. Sie konstatieren, daß wir bei der Feststellung nichtpaulinischer Verfasserschaft mit dem 2. Thess. «ja nicht allzuviel verlieren». Doch auch da, wo man das nicht so scharf aussprach, zog man in der Praxis oft dieselben Konsequenzen und zieht sie auch heute noch: Der 2. Thess. wird zwar nicht aus dem Kanon entfernt, wird jedoch kaum noch zur Kenntnis genommen. Ist das berechtigt?

Wichtig scheint mir, daß man zunächst einmal dieses sieht: Die sogenannten Konservativen und die sogenannten Kritischen stehen sich viel näher, als sie ahnen. Sie unterscheiden sich zwar in dem historischen Ergebnis, das sie gern vertreten möchten (der 2. Thess. stammt von Paulus) oder das sie erreicht zu haben meinen (der 2. Thess. stammt nicht von Paulus). Einig sind sie sich aber in der Konsequenz, die sie aus ihrem historischen Ergebnis ziehen: Die Verfasserschaft des 2. Thess. entscheidet darüber, ob man ihn weiterhin zum Kanon zählen darf oder nicht. Handelt es sich um ein pseudonymes Schreiben, dann ist, so sagt man auf der einen Seite, der Glaube an das Neue Testament gefährdet, weil es auch unzuverlässige Angaben enthält. Auf der anderen Seite hält man die Konstatierung der Pseudonymität für nicht so gravierend, weil wir, wenn wir dann schon den 2. Thess. aus dem Kanon herausnehmen müssen, nicht allzuviel verlieren.

Pseudonymität ist also in beiden Fällen gleichbedeutend mit Entfernung aus dem Kanon; nur soll das das eine Mal verhindert werden, während man es im anderen Fall in Kauf nimmt. Doch genau diese Konsequenz ist in hohem Maße problematisch.

Es ist unmöglich, in unserem Zusammenhang das Problem des neutestamentlichen Kanons in der an sich nötigen Ausführlichkeit zu behandeln. Mit einigen Hinweisen soll aber gezeigt werden, in welcher Richtung die Lösung wohl zu suchen ist.

Für die beiden Positionen, die eben skizziert wurden, ist der Kanon eine sozusagen statische Größe: Der heutige Leser wird ihm unmittelbar konfrontiert. «Was (im Kanon) geschrieben steht», ist für Lehre und Leben der Christen und der Kirche verbindlich. Wer so argumentiert oder auch nur (ohne es ausdrücklich so zu formulieren) in dieser Weise mit dem Neuen Testament umgeht, ignoriert eine unbestreitbare Tatsache, obwohl er sie kennt: Das Neue Testament ist eine Sammlung von Schriften, die nicht alle gleichzeitig, sondern in einem längeren Nacheinander (von 50 n.Chr.bis etwa 130 n.Chr.) niedergeschrieben worden sind. Diese Tatsache darf man doch aber nicht einfach, ohne Konsequenzen daraus zu ziehen, überspringen. Sicher ist doch z.B., daß kein Verfasser einer neutestamentlichen Schrift je daran gedacht hat, daß er etwas aufschrieb, was heutige Leser *unmittelbar* etwas angehen sollte. Sie alle hatten vielmehr einen bestimmten Leserkreis in ihrer eigenen Zeit vor Augen. Sie gingen auf Fragen und Probleme ein, die mit den ganz konkreten Situationen zusammenhingen, in denen sie ihre Leser wußten. Das erklärt ja auch die Vielfältigkeit der Aussagen in den neutestamentlichen Schriften, die sich manchmal sogar zu widersprechen scheinen. Dieser Eindruck entsteht durchweg aber nur dann, wenn ein heutiger Leser die Aussagen unmittelbar auf sich selbst bezieht.

Die Frage ist nun, ob man inmitten dieser Vielfältigkeit ein gemeinsames Anliegen erkennen kann. Das ist in der Tat der Fall: Jeder Verfasser möchte nämlich seinen Lesern eine alte Botschaft ausrichten. Er möchte sie aber so ausrichten, daß sie bei seinen jeweiligen Lesern in gerade ihrer Situation ankommt. Sie sollen sie verstehen und damit leben können. Der Inhalt dieser alten Botschaft ist der Glaube, daß Gott in vergangener Geschichte, nämlich im Leben, Wirken, Sterben und Auferstehen Jesu Christi, das für alle Menschen entscheidende Heil bereitet hat. Von Jesus Christus an geht es zu allen Zeiten immer um dasselbe Heil. Es muß aber in ablaufender Zeit, unter gewandelten äußeren Bedingungen, angesichts ganz neu auftauchender Probleme und daher in sehr voneinander unterschiedenen Situationen jeweils neu formuliert werden. Es geht also, um es ganz knapp auszudrücken, um die Kontinuität desselben Glaubens in der Diskontinuität der Zeiten. Sieht man diesen Zusammenhang, wundert man sich nun wirklich nicht mehr darüber, daß Aussagen in neutestamentlichen Schriften oft gegenüber anderen widersprüchlich erscheinen. In Palästina dachte und redete man eben anders als im griechisch-hellenistischen Raum, in der Mitte des ersten Jahrhunderts anders als um 130 n.Chr.

Daraus folgt zunächst: Wer sich «statisch» am neutestamentlichen Kanon orientiert, kann sich zwar auf «Texte» berufen, nimmt aber weder die Verfasser der einzelnen Schriften ernst noch die konkrete Situation, die die Gestaltung der Texte in gerade dieser Form veranlaßt hat. Er nimmt darum aber auch den Wortlaut der Texte selbst nicht ernst, der ja gerade in seinem Zusammenhang zeigt, daß wir es nicht mit zeitlosen (und darum immer «gültigen») Dokumenten zu tun haben. Er sieht jetzt gar nicht die lebendige Bewegung, die sich durch die Schriften des Neuen Testaments hindurchzieht, die man freilich auch nur dann erkennt, wenn man diese Schriften in ihrem geschichtlichen Nacheinander liest, nicht jedoch in der zufälligen Reihenfolge, in der sie im Kanon stehen.

Daraus folgt weiter: Von einem «Glauben *an* das Neue Testament» darf man gerade dann nicht reden, wenn man das Neue Testament mit seinen Schriften ernst nimmt. Man muß hier anders formulieren. Die Schriften sind daraufhin zu befragen, wie in ihnen (und zwar unter den jeweiligen Bedingungen) die Gemeinsamkeit zum Ausdruck kommt: der Glaube an das, was Gott in der Geschichte Jesu Christi zum Heil der Menschen gewirkt hat. Es geht also um ein Mit-Glauben mit den Verfassern dieser Schriften. Auch in späterer Zeit wollte keiner von ihnen etwas Neues sagen; gerade darum aber mußte er in einer veränderten Situation das Alte neu sagen.

Sieht man diesen inneren Zusammenhang zwischen den Schriften des Neuen Testaments, stellt sich jetzt die Frage nach der Art und Weise, wie in ihnen das Festhalten am «alten Glauben» zum Ausdruck kommt. Ein einheitliches Modell dafür gibt es nicht. Man kann aber (in freilich etwas schematischer Einteilung) zwei Wege unterscheiden: Das eine Mal liegt der Schwerpunkt mehr bei den Inhalten, das andere Mal mehr bei der Form. Doch beeinflußt das eine immer auch das andere.

Den ersten Weg kann man vor allem an den Evangelien beobachten. Wer sie sorgfältig liest, stellt fest, daß Jesus im Markus-Evangelium oft etwas anderes sagt als im Matthäus- und Lukas- oder gar im Johannes-Evangelium. Matthäus und Lukas, die das Markus-Evangelium gekannt und benutzt haben, haben gar keine Hemmungen, Jesu Worte einfach zu verändern, und der Evangelist Johannes konzipiert Reden Jesu oft überhaupt ganz neu. Dennoch behaupten sie alle, daß es trotz der wechselnden Inhalte der Verkündigungen immer Jesus ist, der hier redet. – Es muß doch einleuchten, wie wenig sinnvoll es ist, den «Wert» dieser Reden an ihrer historischen Genauigkeit zu messen. Im letzten Drittel des ersten Jahrhunderts wollten die Evangelisten ihren Lesern vermitteln, was Gott durch und mit Jesus gebracht hat. An dieser Stelle liegt ihr Interesse an Kontinuität. Sie erreichen sie aber in ihrer Zeit nur dadurch, daß sie ganz unbekümmert Inhalte verändern. So wollen sie den «alten Glauben» durchhalten.

Der andere Weg (bei dem die Kontinuität mehr in der Form zum Ausdruck kommt) zeigt sich vor allem bei den Briefen. Der erste (und, soweit wir wissen, einzige) Verfasser brieflicher Verkündigung in der Urchristenheit war Paulus. Seine Briefe, die er ursprünglich an ganz bestimmte Empfänger gerichtet hatte, wurden schon einige Jahrzehnte später unter den Gemeinden ausgetauscht, wurden abgeschrieben und gesammelt. In ihnen sah man Zeugnisse des «alten Glaubens». Man interessierte sich aber nicht mehr für das auf die alten Situationen bezogene Besondere in den Briefen; und oft genug wußte man wohl auch gar nicht mehr davon. Dann geriet man aber in Schwierigkeiten, wenn ganz neue Probleme auftauchten, mit denen man nun fertigwerden mußte. Gelegentlich griff man wohl auf einzelne (aus dem Zusammenhang gerissene) Sätze zurück. Häufig ging man aber einen anderen Weg. Da man am «alten Glauben» festhalten wollte, das Alte jedoch neu sagen mußte, drückte man die beabsichtigte Kontinuität mit dem «alten Glauben» so aus, daß man die neue Aussage in die Form eines «Paulus»-Briefes kleidete. Man behauptete damit, daß Paulus, wenn er heute noch leben würde, in die neue Situation hinein genau diesen Brief geschrieben hätte. Das Mittel, mit dem man das zum Ausdruck brachte, war die Angabe eines Pseudonyms als «Verfasser».

Man muß nun wissen, daß man mit diesem Mittel in jener Zeit viel unbekümmerter umgehen konnte, als es uns heute möglich ist. Im jüdischen und hellenistischen Altertum hat es eine große Anzahl von Schriften gegeben, die pseudonym abgefaßt und in Umlauf gebracht wurden (vgl. oben, S. 35 A9). Das geschah zu unterschiedlichen Zwecken. Die gesamte jüdisch-apokalyptische Literatur nennt als Verfasser bekannte Gestalten der Vorzeit (wie: Abraham, Henoch, Baruch, Daniel). Dadurch sollte einerseits dem Inhalt Nachdruck verliehen werden; andererseits wollte man die Zuverlässigkeit der Zukunftsaussagen herausstellen. Im Hellenismus gab es die Sitte, daß Schüler zumindest ihr Erstlingswerk unter dem Namen ihres Lehrers herausgaben. Sie wollten damit einerseits ihre Abhängigkeit vom Lehrer, andererseits ihre Dankbarkeit für das Erlernte bekunden. Wenn Ärzte Veröffentlichungen als von Hippokrates geschrieben ausgaben, wollten sie damit eine große Epoche der Vergangenheit aktualisieren. – Daneben gab es natürlich auch bewußte Fälschun-

gen, mit denen man andere hinters Licht führen wollte. – Auf jeden Fall aber gilt:
Die antike Pseudepigraphie ist zunächst lediglich ein Stilmittel, das erst durch die
Absicht qualifiziert wird, der es jeweils dienstbar gemacht wird.

Gerade der Blick auf das, was in der Umwelt des Neuen Testaments durchaus üb-
lich sein konnte, auf uns aber befremdend wirkt, sollte uns davor warnen, zu schnell
mit einer moralischen Apologie zu beginnen, wenn wir zum historischen Urteil der
Pseudonymität einer Schrift gelangen. Wir dürfen vielmehr im allgemeinen unterstellen: Die Verfasser sind überzeugt, in «apostolischer Tradition» zu stehen, und
drücken eben das durch Namen von «Aposteln» aus (Paulus, Petrus, Jakobus, Ju-
das). Wenn sie dann also auf einen «falschen» Verfassernamen zurückgreifen, dann
ist das für sie nicht eigentlich die Bezeichung des Verfassers, sondern der «Verfas-
sername» ist für sie im Grunde ein Bestandteil des Inhalts ihrer Schrift. Den Lesern
wird damit angesagt, daß sie es in dem Schreiben mit dem «alten Glauben» zu tun
haben, und zwar auch dann noch, wenn er nun auf ihre Situation und Probleme bezogen und dementsprechend neu formuliert wird.

Gilt das Gesagte in etwa von allen pseudonymen Schriften des Neuen Testaments,
muß man gleichwohl in jedem einzelnen Fall auf die Besonderheit der Pseudonymität achten. Hier fällt nun der 2. Thess. ohne Zweifel aus der Rolle des sonst Üblichen heraus. Es kommt zwar häufiger vor, daß in den sogenannten deuteropaulinischen Briefen die Pseudonymität nicht nur im Präskript erscheint, sondern auch im
Briefschluß, wo dann persönliche Notizen, Grüße usw. die «paulinische» Verfasserschaft noch einmal unterstreichen sollen (vgl. vor allem Kol. 4,7–18). Der Verfasser
des 2. Thess. geht aber noch erheblich weiter. Er übernimmt große Partien des Textes des 1. Thess. (was nicht einmal annähernd so irgendwo sonst begegnet), um so
bereits durch die Anklänge an einen bekannten Paulus-Brief den eigenen als paulinisch zu legitimieren. Darüber hinaus konstruiert er Hinweise auf die Verkündigung des Paulus in Thessalonich (vgl. zu 2,5.15) und auf das jetzige Geschick des
Apostels (vgl. zu 3,2). Vor allem aber macht er durch den Verweis auf gefälschte
Paulus-Briefe (vgl. zu 2,2; 3,17) deutlich, daß er sich des Problems einer Brieffäl-
schung bewußt ist. Für ihn ist Pseudonymität also keine vergleichsweise harmlose
Angelegenheit. Wenn er aber von anderen Briefen ausdrücklich behauptet, daß sie
sich zu Unrecht als von Paulus geschrieben ausgeben, selbst aber doch einfach weiß,
daß sein eigener Brief auch nicht von Paulus stammt, dann kommt man wohl nicht
umhin, ihm dasselbe vorzuwerfen, was er anderen zum Vorwurf macht: Er verfaßt
einen gefälschten Paulus-Brief. Mit eben dem aber will er darüber hinaus auch noch
einen echten Paulus-Brief ersetzen oder verdrängen.[28]

Diskreditiert das nun den 2. Thess.? Ehe man hier vorschnell aus einem moralischen Urteil Konsequenzen zieht, sollte man sich an die alte Regel erinnern, daß
man zwischen einem Botschafter und seiner Botschaft (wenn auch gewiß nicht immer scheiden kann, es eigentlich auch nicht dürfte, dann doch wenigstens grundsätzlich) *unter*scheiden muß. Daß der Verfasser das, was er in seinem Schreiben
vorträgt, für paulinisch hält, wird man nicht bestreiten dürfen. Mindestens an diesem Punkt kann man ihm den guten Glauben nicht absprechen. Wenn er dann
meint, sein Anliegen seinen Lesern nur mit Hilfe einer Fälschung vermitteln zu
können, muß ihn das noch nicht gleich zu einem Betrüger stempeln. Zumindest
subjektiv hält er sich bestimmt nicht dafür. Viel eher ist das daher ein Ausdruck sei-

---

[28] Gelegentlich hat man erwogen, der Verfasser habe den 1. Thess. tatsächlich für einen gefälschten Pau-
      lus-Brief gehalten. Ganz unmöglich ist das nicht, wenn auch wenig wahrscheinlich. Das würde aber
      nichts daran ändern, daß man den Verfasser als Fälscher bezeichnen muß.

ner eigenen Hilflosigkeit, wobei ganz offen bleiben muß, ob er sich die eingesteht oder ob er sie gleich überspielt. In der Sache, die er vertritt, ist er sich sehr sicher. Ganz und gar unsicher aber ist er darin, wie er diese Sache gestalten soll und zugleich mit Aussicht auf Erfolg bei seinen Lesern durchsetzen kann. Die Fähigkeit, eine andere Auffassung wirklich zu durchschauen und dann mit überzeugenden eigenen Argumenten dagegen zu diskutieren, fehlt ihm. Er hilft sich, indem er statt dessen dekretiert. Da er das mit besonderem Nachdruck tun möchte, greift er auf «Paulus» zurück. Dessen (auch bei seinen Lesern anerkannte) Autorität nimmt er in Anspruch. Dadurch, daß er sie «ganz dick aufträgt», kommt eine Fälschung heraus. Das ist dann sicher eine anfechtbare Methode. Schließt man von ihr auf den Verfasser zurück, disqualifiziert ihn das ohne Zweifel. Offen bleibt aber immer noch, in welcher Hinsicht das der Fall ist. Es empfiehlt sich kaum, jetzt die Motivforschung zu strapazieren.

Der Verfasser selbst bleibt uns ohnehin weitgehend unbekannt. Wir können nicht einmal genau angeben, wo er sein Schreiben abgefaßt hat (vgl. oben, S. 34f.) und wann das geschah (bald nach 70 n. Chr. oder erst um die erste Jahrhundertwende). Wer auch immer *er* war und mit welchen Motiven *er* gearbeitet hat, sollte hinter die Frage zurücktreten, *was* er meinte, sagen zu müssen. Die Auslegung hat versucht, darauf zu antworten. Wie aber ist das nun zu beurteilen?

Die Entscheidung darüber hängt davon ab, welchen Maßstab man zugrundelegt. Wir haben gesehen, daß es allen Verfassern neutestamentlicher Schriften darauf ankam, einen Anfang (den «alten Glauben») in späterer Zeit durchzuhalten. Das heißt dann aber zugleich, daß ein solcher Versuch gelingen und mißlingen kann. Die **kritische Frage**, die **an den 2. Thess.** anzulegen ist, lautet also: Ist der Versuch des Verfassers, das Anliegen des Paulus in einer neuen Situation durchzuhalten, geglückt – oder muß man ihn als mißglückt beurteilen?

Daß der 2. Thess., gemessen an den paulinischen Briefen, arm ist an Gedanken, sollte man dem Verfasser nicht zum Vorwurf machen. Er will ja nicht so etwas wie ein Kompendium der paulinischen Theologie in größtmöglicher Ausführlichkeit vorlegen, und *insofern* sollte man nicht kritisieren, daß Kreuz und Auferstehung nicht erwähnt werden. Daß der Verfasser im Grunde nur einen einzigen Gedanken bringt, hängt mit der Situation zusammen, der er sich konfrontiert sieht: Er hat Menschen vor Augen, die ihre Gegenwart nicht mehr als eine Zeit ernstnehmen, in der christliches Leben zu gestalten ist. Dieses eine Problem ist ihm wichtig, weil er der Meinung ist, daß angesichts der Situation seiner Leser dringend eine Lösung gefunden werden muß. Darauf konzentriert er sich in seinem Schreiben. Daß er dann viele andere Probleme nicht berührt, ist sein gutes Recht.

Bei der Lösung dieses Problems möchte er sich auf Paulus berufen, eine Autorität also, die auch seine Leser anerkennen. In gewisser Weise kann der Verfasser das ja tatsächlich. Denn wenn es Christen gibt, die meinen, auf die Ethik verzichten zu können, weil es im gegenwärtigen Leben auf das Tun nicht mehr ankommt, und wenn diese Christen das unter Hinweis auf Paulus tun, dann haben nicht sie, sondern dann hat der Verfasser den Apostel auf seiner Seite. Sein *Widerspruch* ist darum durchaus berechtigt. Gilt das aber auch für seine *Argumentation*?

Es bleibt eben diese Frage: Trifft der Verfasser wirklich dadurch das Anliegen des Paulus, daß er gegenüber einer fehlenden oder mangelhaften Ethik, die das Tun vergißt, nun seinerseits einfach und nur mit umso größerem Nachdruck zum Tun aufruft? Auch die jüdische Apokalyptik wußte um die Bedeutung der Ethik. Und der Pharisäer Paulus nahm die Ethik ganz ernst, lange bevor er Christ wurde. An den Erfolgen, die beim Tun herauskamen, gab es für Paulus durch sein Christ-Werden nichts zu verbessern, vielmehr rückte das Tun jetzt an eine andere Stelle. Für den Apostel Paulus ist nicht einfach und nur entscheidend, *daß* Christen etwas tun sollen (das bleibt für ihn selbstverständlich), sondern es kommt ihm darauf an, zu zeigen, warum Christen etwas tun *können* – und *dann* auch sollen. In theologischer Fachsprache drückt man das so aus: In der christlichen Ethik geht dem Imperativ (mit dem zum Tun aufgefordert wird) *immer* ein Indikativ voran (der die Gabe nennt, aufgrund der ein Christ zum Tun befähigt wird). Daß Christen tun sollen, ist also immer Konsequenz aus einem Können. Beides darf man nicht auseinanderreißen. Wenn das Tun nicht klappt, muß daher immer *zuerst* von der Gabe gesprochen werden, die das Tun ermöglicht. Wenn man angesichts eines unzureichenden oder gar fehlenden Tuns statt dessen nur und mit noch größerem Nachdruck zu vermehrten Anstrengungen beim Tun aufruft (also den Imperativ ohne Indikativ vermittelt), verfehlt man schon im Ansatz das, was die Eigenart einer *christlichen* Ethik ausmacht. Auf Paulus kann man sich damit nicht berufen. Wenn der Verfasser das dennoch tut, vielleicht sogar in guter Absicht, wird man sagen müssen, daß er den Apostel nicht wirklich verstanden hat. Seine Berufung auf ihn geschieht also zu Unrecht.

In diesem Zusammenhang muß dann noch einmal die Christologie in den Blick genommen werden und ihre Bedeutung für die Ethik. Paulus trägt mit seiner Christologie ja keineswegs Spekulationen vor, die die Christen zur Kenntnis nehmen und deren Richtigkeit sie anerkennen sollen; vielmehr formuliert er mit ihrer Hilfe durchweg den Indikativ, der dem Imperativ vorangeht (vgl. Kommentar zum 1. Thess., S. 38f.). Sieht man diesen Zusammenhang, dann bekommt das Fehlen von Kreuz und Auferstehung im 2. Thess. nun doch Gewicht. Wenn Paulus darauf verweist, dann verweist er damit auf ein Handeln Gottes, das allem Handeln von Menschen vorausgeht. Er hat verschiedene Möglichkeiten, das auszudrücken. Ich nenne zwei Beispiele. Paulus kann sagen, daß Gott im Kreuz Christi die Welt mit sich selbst versöhnte – und die Christen, wenn sie das glauben (wenn sie das in ihr Leben hineinnehmen), glaubend als Versöhnte nun selbst Versöhnung leben können. Oder: Paulus kann sagen, daß Gott mit der Auferweckung Christi inmitten dieser alten Welt seine neue Welt hat einbrechen lassen – und die Christen, wenn sie das glauben (wenn sie «in Christus» sind), selbst neue Kreatur sind und als neue Kreatur leben.

Wenn der Verfasser nun diese (oder entsprechende) christologischen Aussagen des Paulus verschweigt, dann fehlen bei ihm nicht einfach bestimmte Lehraussagen, sondern dann streicht er damit den Indikativ. Er sagt nicht mehr, daß das Handeln der Christen eine Konsequenz ist aus dem vorausgegangenen Handeln Gottes, durch das er sie allererst instandsetzen will, selbst zu handeln. Damit hat der Imperativ, der Aufruf zum Tun, seine entscheidende Grundlage verloren. – Wenn dann aber diese Grundlage fehlt, dann kann es sehr leicht geschehen, daß man den Aufruf zum Tun mit immer größerem Nachdruck vorträgt, weil man befürchtet, daß ohne diesen Nachdruck der nötige Ernst zum Tun fehlt und dieses dann verkümmert oder ganz unterbleibt. An die Stelle der Gabe, die das Tun *ermöglicht,* tritt die Drohung, die das Tun *erzwingen* will. Genau das ist bei unserem Verfasser der Fall. Auf diese Weise entartet bei ihm christliche Ethik zu Gesetzlichkeit; und in der von ihm neu entworfenen Christologie wird Jesus als «Herr» (Kyrios) zu einem Gesetzgeber. Das Evangelium, das er gebracht hat, wird nicht mehr (wie bei Paulus) als Angebot der befreienden Gabe Gottes verstanden, sondern als Gesetz, dem die Leser Gehorsam schuldig sind. Sie sind es aber umso mehr, als dieser Gesetzgeber zugleich der Richter beim Endgericht sein wird. Er ist ausschließlich der Kommende geworden und ist nicht mehr der, in dessen helfender Gegenwart die Christen leben und handeln können. – Ganz entsprechend verändert der Verfasser das Bild des Paulus. Der Apostel wird nicht mehr verstanden, wie er sich selbst verstand: als einer, der durch sein Leben unter den Thessalonichern sich selbst diesen geschenkt (vgl. 1. Thess. 2,8) und sie dadurch «geprägt» hat (vgl. 1. Thess. 1,6), sondern der Verfasser zeichnet ihn als ein nachzuahmendes Beispiel, an dem die Leser erkennen sollen, wie man «ordentlich wandelt»; und sie sollen sich nun anstrengen, das auch zu tun. Sie werden in Pflicht genommen, sich in der Gestaltung ihres Lebens an Paulus zu orientieren.

Man wird daher urteilen müssen: Der Verfasser will zwar das Anliegen des Paulus durchhalten, aber sein Versuch ist ganz offensichtlich mißglückt.

Das wirft dann zum Schluß aber noch einmal die Frage auf, wie man sich dazu stellen soll, daß der 2. Thess. eine Schrift des neutestamentlichen Kanons ist. Soll man ihn nun doch daraus entfernen, weil er das Anliegen des Paulus verfehlt hat und wir darüber hinaus mit ihm «ja nicht allzuviel verlieren» würden? So verständlich diese Konsequenz auf den ersten Blick auch scheinen mag, sie wäre dennoch ein verhängnisvoller Kurzschluß. Wir würden nämlich doch etwas verlieren, und nun gerade etwas Hilfreiches.

Erkennen kann man das, wenn man sich um einen sachgemäßen Umgang mit den Schriften des Kanons bemüht. Ausgehen muß man von dem, was die Verfasser der einzelnen Schriften beabsichtigten: Alle wollten in ihrer Zeit und für Menschen ihrer Zeit den «alten Glauben» durchhalten. Zu betonen ist: Sie *wollten* das. Das kann und darf uns aber nicht von der Frage entbinden, ob ihnen das tatsächlich geglückt ist. Ungeprüft voraussetzen dürfen wir das nun gerade nicht, auch nicht bei den Schriften, die im Laufe der Zeit zum Neuen Testament zusammengefaßt wurden. Die Frage muß vielmehr immer neu gestellt werden.

Wenn wir dann zu dem Ergebnis kommen, daß das in einigen Fällen besser geglückt ist als in anderen – und manchmal auch mißglückt ist, dann darf uns ein hier und dort negatives Ergebnis nicht irritieren. Wir haben dann doch lediglich etwas festgestellt, was eigentlich zu erwarten war: Schon in den Jahren 50 n. Chr. bis etwa 130 n. Chr. ist genau dasselbe passiert, was seitdem immer wieder passiert ist und auch bis heute weiter passiert: Immer haben Christen versucht, den «alten Glauben» durchzuhalten. Es wäre doch mehr als nur erstaunlich, es wäre vielmehr ganz und gar unwahrscheinlich, anzunehmen, daß man in diesen 80 Jahren damit andere Erfahrungen gemacht hätte als in der Zeit danach. Das Neue Testament erweist sich so als ein Buch der ganz frühen Geschichte des Glaubens. Es gehört darum gerade zu seiner «Menschlichkeit», daß in ihm nicht nur gelungene, sondern auch mißlungene Versuche begegnen, den «alten Glauben» durchzuhalten.

Man würde dem Neuen Testament ein Stück von seiner Menschlichkeit nehmen, wenn man die mißlungenen Versuche nachträglich tilgen würde. Noch wichtiger aber ist: Wir würden dadurch auch ärmer. Wir bekämen frühere Fehler nicht mehr zu Gesicht und hätten nicht mehr die Möglichkeit, aus ihnen zu lernen. Viel eher sollten wir uns daher darum bemühen, die Gründe dafür zu erkennen, warum einige Versuche mißlungen sind. Sehen wir sie, können sie uns warnen, alte Fehler noch einmal zu begehen.

Unter diesem Gesichtspunkt kann gerade der 2. Thess. sehr hilfreich in unserer Gegenwart sein. Ich meine nämlich, daß sich beim Verfasser zwei Fehler erkennen lassen, die ganz ähnlich auch unter uns immer wieder vorkommen. Der eine betrifft die Sprache, der andere die Ethik.

Zur **Sprache**: Der Verfasser will seinen Lesern zeigen, daß er an Paulus orientiert ist. Ein Mittel, um das zu erreichen, ist: Er nimmt Worte und Begriffe aus dem 1. Thess. auf, sehr oft aber nur diese Worte und Begriffe selbst. Bei der Auslegung (als wir auf die Zusammenhänge und Sätze achteten) haben wir dann gesehen, daß der Verfasser diese Worte und Begriffe gar nicht mehr in dem Sinne versteht, wie Paulus sie einmal verstanden hat. Ob er das nun gemerkt hat oder nicht, kann man nicht immer sicher entscheiden. Wahrscheinlich hat er es aber meistens nicht gemerkt, denn er fügt diese Worte und Begriffe eben in ganz andere Zusammenhänge des 2. Thess. Das aber konnte der Verfasser doch eigentlich nur, wenn er davon überzeugt war, daß er die Worte und Begriffe so versteht, wie Paulus sie verstanden hat.

Ganz Ähnliches geschieht auch heute immer wieder. Es gibt ein bestimmtes «christliches Vokabular», mit dem wir recht unbefangen und selbstverständlich umgehen. Dazu gehören Worte und Begriffe wie Kreuz, Auferstehung, Rechtfertigung, Kirche, Christus, Gnade, Geist, Evangelium, Herr, Nachfolge und viele andere. Wir selbst verbinden mit diesen Worten und Begriffen ganz bestimmte Inhalte. Wir setzen auch, meist ungeprüft, voraus, daß der, mit dem wir reden, dieselben Inhalte damit verbindet. Und wenn wir dann im Neuen Testament lesen, sind wir davon überzeugt, daß die Schreiber der neutestamentlichen Schriften unter den Worten und Begriffen dasselbe verstanden haben, wie wir heute darunter verstehen. Dürfen wir das aber voraussetzen?

Der Verfasser des 2. Thess. hat es offenbar getan. Die Auslegung hat gezeigt, daß er damit oft geirrt hat. Sehen wir nun genau hin, entdecken wir, daß wir über diesen Irrtum eigentlich nicht verwundert sein dürften. Wir tun doch oft dasselbe wie er – und merken meist auch nicht, daß wir dadurch einem Irrtum verfallen. Wir meinen, wir treiben *Aus*legung; tatsächlich aber legen wir etwas *ein,* nämlich unser Verständnis dieser Worte und Begriffe in die Texte des Neuen Testaments.

Wie können wir diesem Fehler entgehen? Am einfachsten so, daß wir uns möglichst wenig mit isolierten Begriffen beschäftigen, statt dessen viel mehr mit Sätzen. Nehmen wir nämlich ganze Sätze und größere Zusammenhänge in den Blick, erkennen wir viel genauer, was innerhalb dieser Zusammenhänge und Sätze ein einzelner Begriff bedeutet. Und wir erkennen, daß manchmal dieselben Worte und Begriffe in verschiedenen Zusammenhängen unterschiedliche Bedeutungen haben. – Hilfreich kann aber auch sein, wenn wir versuchen, das «christliche Vokabular» sparsamer zu benutzen, als wir es meist tun. Ganz verzichten können wir natürlich nicht darauf, aber doch sehr viel mehr, als wir im allgemeinen denken. In den allermeisten Fällen ist es sogar so, daß wir einen «christlichen Begriff» überhaupt erst dann richtig verstanden haben, wenn wir in der Lage sind, seinen Inhalt durch einen ganz anderen Begriff auszudrücken.

Hätte der Verfasser des 2. Thess. das häufiger getan, würde uns das Verstehen dessen, was er seinen Lesern sagen wollte, sehr viel leichter gelingen, als das nun der Fall ist. Durch sein Vorgehen hat er aber auch seinen Lesern das Verstehen erschwert. Weil er paulinische *Worte und Begriffe* wiederholte, sollten die Leser den Eindruck gewinnen, daß auch seine *Aussage* «paulinisch» sei. Wir wissen nicht, ob ihm das gelungen ist, denn über die Wirkung seines Schreibens bei seinen Lesern können wir nichts mehr ermitteln. Nur dürfte deutlich sein: Man kann nicht (und man kann auch heute nicht) eine *Aussage* dadurch als «christlich» legitimieren, daß man sie einfach mit einigen *Worten und Begriffen* aus dem traditionell christlichen Wortschatz anreichert. Weil man es auf diese Weise nicht kann, darf man es auch nicht so versuchen wollen.

Zur **Ethik**: Es besteht wohl kaum ein Zweifel darüber, daß die Kirche und die Christen heute vor einer Fülle ethischer Probleme stehen. Sehr oft ist der christliche Glaube zu einer Privatsache oder zu einer Sache frommer Innerlichkeit geworden. Demgegenüber ist das Tun als notwendiger Bestandteil des Glaubens in den Hintergrund getreten, geschieht unzureichend oder fällt gar ganz aus. Wir leben zwar in einer sehr anderen Zeit als der Verfasser des 2. Thess., und es kommt wohl niemand auf den Gedanken, die Verpflichtung zur Gestaltung des Lebens in der Gegenwart deswegen zu bestreiten, weil der «Tag des Herrn» schon da sei (oder ganz unmittelbar bevorstehe). Dennoch gibt es diese Gemeinsamkeit: Nötig ist ein dringlicher Aufruf zum Tun auf den verschiedensten Gebieten, auf privaten und öffentlichen, wenn die Kirche und die Christenheit nicht ihre Glaubwürdigkeit verlieren wollen. Solche Aufrufe geschehen heute ja auch vielfältig, und man kann daher sagen, daß das Problem sehr wohl gesehen und viel Eifer darauf verwandt wird, es anzupakken. Die Frage ist nur, ob wir dabei nicht gar zu oft demselben Fehler verfallen wie der Verfasser des 2. Thess. Es gibt Imperative in mannigfachen Gestalten: als Appelle, Handlungsanweisungen, Resolutionen, Denkschriften, Ratschläge, Forderungen. Aber vergißt man dabei nicht fast immer den Indikativ ebenso, wie der Verfasser des 2. Thess. ihn vergessen hat? Man kann das etwa an Wendungen erkennen, die heute gern gebraucht werden: «Das Evangelium *verlangt* von uns ...», oder: «Das Evangelium *fordert*: ...». Genau ebenso formuliert doch der Verfasser des 2. Thess.! Er hat nicht gesehen, daß dem Imperativ ein *Indikativ* vorangehen muß, wenn die Ethik christliche Ethik bleiben will. Er hat nicht gesehen, daß zuerst von der *Gabe* geredet werden muß und daß die Aufgabe nur im Zusammenhang mit der Gabe und als (deutlich erkennbare!) Konsequenz aus ihr formuliert werden darf. Christen, bei denen das Tun nicht klappt, bedürfen daher nicht zuerst des Appells, sich noch mehr und besser und häufiger anzustrengen. Was ihnen fehlt, ist die Einsicht in die ihnen geschenkte Gabe, die sie zur Bewältigung der Aufgaben befähigt.

Es hilft nun aber auch nicht viel, wenn man formuliert, daß das Evangelium (keine Forderung, sondern) das Angebot einer Gabe ist. «Gabe» bleibt ein leerer Begriff, wenn man ihn nicht konkret füllt. Der, der zum Tun ermuntert werden soll, muß die Gabe «*sehen*» können, die ihn zum Tun führen will. Er muß erkennen, worin sie besteht, was sie schon bewirkt hat und wie das geschehen ist. Paulus hat das mit Hilfe der Christologie erreicht. Der Herr (Kyrios) ist der, der Paulus geprägt hat und der durch Paulus die Thessalonicher geprägt hat (vgl. 1. Thess. 1,6). Sie leben zwar noch inmitten der Dunkelheit der alten Welt, sind aber dennoch selbst schon Söhne des (kommenden) Lichtes, Söhne des (kommenden) Tages (vgl. 1. Thess. 5,5). Christen sind also veränderte Menschen. Ihre eigene Veränderung entspricht dem Bilde ihres Herrn; und eben das kommt bei Paulus durch mannigfache christologische Wendungen zum Ausdruck. Als selbst veränderte Menschen können (und sollen) sie nun die erfahrene Veränderung in ihrem Leben Gestalt werden lassen.

Das alles sieht der Verfasser des 2. Thess. nicht. Er redet zwar auch sehr oft vom Herrn (Kyrios), benutzt also dieselbe Vokabel. Doch dieser Herr ist nicht einer, der sich den Christen schenkt, sondern er ist einer, der ihnen ein Evangelium gebracht hat, das etwas von ihnen fordert und verlangt. Damit ist aber das Christliche der Ethik gerade preisgegeben. Er sieht nicht mehr, daß die Christologie unverzichtbar ist, wenn er Menschen helfen will, die bei der Gestaltung ihres Lebens in der Gegenwart versagen.

So stellt uns dieser alte, so problematische Brief eine Reihe von sehr aktuellen Fragen. Wir wären ärmer, wenn wir die nicht hörten. Unsere Kritik an den Antworten des Verfassers ist sehr oft eine heilsame Kritik – an uns.

118

Literaturhinweise

a) Kommentare

Für Leser ohne Griechisch-Kenntnisse:

G. *Friedrich*, Der zweite Brief an die Thessalonicher, in: Das Neue Testament Deutsch, Band 8, 14. Aufl. Göttingen 1976, S. 252–276.

K. *Staab*, An die Thessalonicher II, in: Regensburger Neues Testament, Band 7/2, 3. Aufl. Regensburg 1959, S. 47–63.

W. *Trilling*, Der zweite Brief an die Thessalonicher (Evangelisch-Katholischer Kommentar zum Neuen Testament 14), Zürich/Einsiedeln/Köln/Neukirchen 1980.

Für Leser mit Griechisch-Kenntnissen:

E. v. *Dobschütz*, Die Thessalonicher-Briefe (Kritisch-exegetischer Kommentar über das Neue Testament 10), 7. Aufl. Göttingen 1909, Nachdruck 1974.

M. *Dibelius*, An die Thessalonicher I.II. An die Philipper (Handbuch zum Neuen Testament 11), 3. Aufl. Tübingen 1937.

B. *Rigaux,* Saint Paul: Les épîtres aux Thessaloniciens (Études Bibliques), Paris/Gembloux 1956.

b) Untersuchungen

W. *Wrede*, Die Echtheit des zweiten Thessalonicherbriefes, 1903.

W. *Trilling*, Untersuchungen zum 2. Thessalonicherbrief, Leipzig 1972.

A. *Lindemann*, Zum Abfassungszweck des Zweiten Thessalonicherbriefes (Zeitschrift für die neutestamentliche Wissenschaft 68, 1977, S. 35–47).

Stellenregister

Zum leichteren Auffinden sind alle Stellen aus dem 2.Thess. aufgeführt, die in den «Vorüberlegungen» und in der «Hinführung zur Auslegung» besprochen oder genannt werden.

Pressestimmen

Zum Kommentarwerk

Wer aber einen Bibelkommentar sucht, der zwar die Heilige Schrift als «Wort Gottes» an die Menschen versteht, zugleich aber auch als menschliches Wort, als literarisches Erzeugnis aus menschlichem Geist und aus der Mentalität einer Epoche, der wird sich vielleicht lieber an Auslegungen halten, die das Theologische mit dem Historisch-Kritischen verbinden. Ein Beispiel dafür sind die Zürcher Bibelkommentare. (Aus: Zeitschrift Lebendige Seelsorge)

Walter Schmithals: Das Evangelium nach Lukas

Ziel der «Zürcher Bibelkommentare» ist es, unter Berücksichtigung neuer Forschungsergebnisse den biblischen Text so zu erhellen, daß sowohl die zeitgeschichtlichen Zusammenhänge ihrer Entstehung wie auch ihre Bedeutung für Leben und Glauben in unserer Zeit anschaulich werden. Das ist in diesem neuesten Band ganz besonders gut gelungen. – W. Schmithals erdrückt den Leser nicht mit Fachwissen, verwirrt ihn nicht mit Gelehrtenjargon, sondern arbeitet – fast wie ein Bildhauer aus seinem Stein – aus dem Text heraus, was daran das Wesentliche, das Besondere, das Wegweisende ist. (H. H. Brunner im Kirchenboten des Kantons Zürich)

Gerhard Barth: Der Brief an die Philipper

Dieser Kommentar geht streng nach der historisch-kritischen Methode vor, zeugt von breiter Literaturkenntnis und -verarbeitung, ist als wissenschaftlicher Kommentar anzusprechen, bemüht sich aber um Allgemeinverständlichkeit. So werden Sprachkenntnisse nicht vorausgesetzt, auch keine Literaturkenntnisse, die Anmerkungen sind verschwindend gering (nur neun!), die Sprache ist knapp, aber verständlich. B. gibt viel historische und philologische Information, so daß dieser Kommentar sich gut für eine schnelle Vorbereitung auf Predigt oder Unterricht eignet, sofern man nur exegetische Information benötigt. Er ist so allgemeinverständlich, daß man ihn als Hilfsmittel für die Bibelstunde und den Sek-II-Unterricht bereitstellen sollte. (Aus: Homiletische Monatshefte)

Willi Marxsen: Der erste Brief an die Thessalonicher

Man merkt, er ist durch die Arbeit wirklich hindurchgegangen und kann es am Ende nun recht einfach sagen. Also wieder ein Kommentar für die schnelle Vorbereitung, für die Gemeinde, für den Laien. Für die Gemeindearbeit ist er besonders gut geeignet, weil er methodisch Einübung in die Exegese vermitteln will. Deshalb die umfangreiche Hinführung zur Auslegung, deshalb dann auch die in der Exegese so folgerichtigen, langsamen Schritte. Kurz: ein besonderer Kommentar. (Aus: Homiletische Monatshefte)

Walther Zimmerli: 1.Mose 12–25 (Abraham)

Das ist ein Buch, das man für die praktische Arbeit in der Gemeinde, im Unterricht, in der Erwachsenenbildung usw. jedem mit bestem Gewissen in die Hand geben kann. (Aus: Kirchenblatt für die reformierte Schweiz)